LEOPOLD BANNY / WIND IM GESICHT

stv

Leopold Banny

Wind im Gesicht

Jagderlebnisse

Leopold Stocker Verlag
Graz–Stuttgart

Umschlaggestaltung: Paul Mangold, Graz
Umschlagfoto: Leopold Banny

CIP-Kurztitelaufnahme der Deutschen Bibliothek

Banny, Leopold:
Wind im Gesicht: Jagderlebnisse/Leopold Banny.
Graz – Stuttgart: Stocker, 1980.
ISBN 3-7020-0360-6

ISBN 3-7020-0360-6

Printed in Austria
Druck: Leykam AG, Universitätsbuchdruckerei & Grafische Industrie, Graz

So weit die Füße tragen
im grünen Wald und hellen Feld,
ewig möcht' so weit ich jagen
nur auf den Hund und mich gestellt.

Zum besseren Verständnis

Mein von einigen Jahren erschienenes jagdliches Buch betitelte ich nicht von ungefähr, sondern ganz bewußt „Gänseruf und Keilerfährte". Inzwischen sind nicht nur ein paar Jahre vergangen, sondern ich habe in dieser Zeit vieles erlebt und – noch so manches dazugelernt. Gerade was das Schwarzwild betrifft. Freilich, eines ist unverändert geblieben: Mein Herz sehnt sich noch immer nach dem Anblick einer urigen Keilerfährte, und meine Seele fliegt noch immer den ziehenden Gänsekeilen nach. „Wind im Gesicht." So der Titel dieses Buches. Warum? Den Wind im Gesicht, also guten Wind, braucht der Jäger jede Minute im Revier, so er Wild in Anblick bekommen will. Ob hier im mittleren Burgenland oder sonstwo, ist egal. Wind im Gesicht heißt aber auch, daß man manchem, das gerade in den letzten Jahren gehäuft auf uns zugekommen ist, die Stirn bieten muß, will man sein Handeln dereinst vor seiner Jägerseele verantworten können. Und Wind im Gesicht bedeutet letztlich, daß er einem das Erleben der Natur zuträgt. Wenn in sturmgepeitschter Nacht die Äste der Baumriesen stöhnen, der Wind um die Kanzel heult und tobt, daß man meint, jetzt und jetzt könnte sie ihm nimmer trotzen, müßte aus der Verankerung gerissen werden, ja, dann kommen und gehen die Gedanken, man lebt auf, fühlt sich eins mit den tosenden Gewalten, erhält Anregung und hält Zwiesprache mit all dem, was rund um uns ist und das im Alltagsrummel übersehen, vergessen wird.

Wie gesagt, seit „Gänseruf und Keilerfährte" sind ein paar Jahre ins Land gezogen. Wir wurden allesamt älter. Meine Jagdfreunde und ebenso ich. Ich jage heute noch mit allen, so es sich ergibt, wie eh und je, wenngleich jeder sich in eine bestimmte Richtung entwickelt hat. Sind's beim einen die röhrenden Hirsche in den Donauauen, die klingelnden Enten und ziehenden Gänse am heimatlichen Strom, gibt's beim anderen statt eines Gewehres nunmehr deren drei: Sohn und Schwiegersohn sind als Jäger hinzugekommen. Für Poldl, den Vater bzw. Schwiegervater, ist aber nach wie vor die schönste Musik der Welt das Geläute seines Terriers und das rollende Echo seiner guten alten 9,3!

Und „Scharol" ist mein Jagdgefährte wie vordem, der mit mir in meinem Revier im mittleren Burgenland, wo ich daheim bin und bleibe, durch dick und dünn geht.

Nur bei Latz hat sich nichts geändert. Sein berühmtes Waldrevier, „der Frauenbrunn", ist jetzt mit dem Feldrevier vereint, und beide Deutschkreutzer Reviere wurden an einen fermen einheimischen Jäger verpachtet.

Die ungarische Grenze verlor ihren Schrecken, ist für das Wild kein echtes Hindernis mehr, es kann wechseln von hüben nach drüben, von drüben nach hüben.

Bleibt für mich und alle Gleichgesinnten nur noch ein Zukunftswunsch: Möge die Einsicht aller, die unsere Natur wirklich lieben, obsiegen, möge es mehr einen Naturschutz der Tat geben, der auch einmal – im Interesse unserer Fauna und Flora und ebenso des Menschen – sich ein Nein zu sagen getraut, wenn es sein muß! Es nützt nämlich keinem, wenn in Wald und Flur Tür und Tor nicht nur aufgemacht, sondern schier blindlings aufgerissen werden. Und alles hinströmt und beim Schauen, beim Erlebenwollen nach eigener Vorstellung, das, was an Schönheit und Unberührtheit noch geblieben ist, sinnlos zerstört, zertrampelt. Freilich, ohne es zu wollen, in Unkenntnis, Gedankenlosigkeit. Aber doch!

Und das Wild? Es wird immer weiter zurückgedrängt, die Reviere schrumpfen förmlich stündlich, die Zivilisation, der „Lebensstandard" fressen sich weiter in sie hinein. Hoffen wir, daß, wie gesagt, die Einsicht aller obsiegt, ehe es ein für allemal zu spät. Und daß es in der Tat eine Minute vor zwölf ist, daran dürfte wohl keiner zweifeln...

So stellen auch diese Erzählungen bereits eine Erinnerung an schon zerstörte Paradiese dar.

Der Hahn, der keiner war

1. Teil

Draußen heult und tobt der Schneesturm. Hier, in der Ebene des Burgenlandes, bedeutet das sehr oft Verwehung, Straßenunterbrechungen, und für uns Jäger heißt das: Versorgen der Schütten und Fütterungen bei Reviergängen, wo einem der Schnee abwechselnd ins Gesicht und dann wieder ins Genick prasselt. Den halben Tag stapften wir durchs Gefild, und jetzt, da wir endlich in der warmen Hütte beim bullernden Ofen sitzen und behaglich den heißen Whiskytee schlürfen, sagt Tschetri so von ungefähr: „Wie wäre es eigentlich, wenn wir heuer auf einen Hahn fahren würden?"

Natürlich wollen wir, beide wollen wir! Und das Planen geht los. Wir sind uns bald einig, Tschetri und ich. Heuer schießen wir den Hahn selbst. Ob Großen oder Kleinen. Und draußen heult der Schneesturm, daß wir die Föhren, die dreißig, vierzig Schritt vor der Hütte stehen, durchs kleine Hüttenfenster nur wie wallende Schleier wahrnehmen können.

Drei Birkhahnen habe ich in den vergangenen Jahren verschenkt, dabei selbst noch keinen geschossen und im letzten Jahr auch die Fahrt auf den Großen Hahn aus Berufsgründen aufgegeben. „Wie es halt ist, der Mensch macht sich bekanntlich sein Unglück selbst!" Ja! Durch meine Verbindungen ins Waldviertel hatten schon Edmund, Fritz und Doc Longknife den schwarzen Ritter bejagt. Die beiden letzteren waren auch überglücklich mit den Trophäen wieder in unsere pannonischen Gefilde heimgekehrt. Nur Edmund hatte wohl eine Menge Birkhahnen in Anblick bekommen, aber bei ihm hat's eben nicht sein wollen.

Der glühende Ofen fraß Scheit um Scheit, Black and White mit russischem Tee wärmte uns den Magen, und das große Pläneschmieden um den Birk- oder Auerhahn nahm kein Ende.

Die größte Freude ist ja immer noch die Vorfreude. Schon nach einigen

Tagen hatten wir konkrete Unterlagen. Es würde in den Osten gehen. Solche Planungen überlasse ich gerne Tschetri. Er ist ein Mann, der erstens einmal berufsbedingt, weil er doch mit eisernen Pferden oder besser gesagt mit PS handelt, alle Preise, alle Lieferfirmen, alle Möglichkeiten, egal mit welchen Objekten, kennt. Ob Steirerhüte, Whisky im großen und Whisky im kleinen, Autos mit 30 PS und solche mit 230. Tschetri kennt die Details und alle Käufer. Und das bewundere ich an ihm. Also mit einem Wort, die Sache war dank seiner Verbindungen perfekt. Übrigens kehrte er erst vor kurzem von irgendeiner Jagdexpedition aus Jugoslawien zurück. Soviel ich weiß, muß es eine äußerst sumpfige, von Schwefeldämpfen durchwallte Gegend gewesen sein. Ich bekam da nicht viel aus ihm heraus, außer, daß sie zu zweit oder gar zu dritt auf denselben Hirsch geschossen hätten.

Das ließ sich nicht mehr so genau definieren, weil Tschetri immer wieder von leeren Slibowitzflaschen erzählte. Die scheinen auch die Ursache für das Vorgefallene gewesen zu sein. Er selbst hatte von dieser einwöchigen Jagdfahrt übrigens keine Trophäe nach Hause gebracht. Mit den Worten Sumpf, Nebel, Slibowitz, Hirsch und wieder Sumpf war alles definiert.

Nebenbei stammt auch der Name „Tschetri“ von besagter Jagdreise. Von den Skipetaren dort hatte er sich einen Ausdruck gemerkt, der eine Art Bekräftigung eines Bündnisses darstellte, nämlich mit kräftigem Handschlag „Tschetri“ zu sagen. Nach langem Hin und Her kamen wir dann aber doch darauf, daß es sich um eine Verballhornung des russischen Tschitiri, auf deutsch vier, handeln mußte. Sie waren nämlich insgesamt zu viert dort gewesen. Und bis auch er das schon daheim bei mir im Revier begriffen hatte, war ihm dieser Name geblieben.

Ich erzähle soviel von Tschetri und nichts vom Hahn, aber um die bewegte Geschichte dieser Hahnenjagd wirklich wahrheitsgetreu und verständlich schildern zu können, muß auch noch gesagt sein, daß Tschetri einen großen Fehler hat: Er ist, obwohl bereits ein guter Dreißiger, noch immer ledig.

Ich weiß nicht, ob sich jeder vorzustellen vermag, was es heißt, mit Tschetri auf den Hahn zu fahren, nämlich mit vielen, vielen schönen Frauen plaudern zu können – oder zu müssen.

Ende März war gekommen. Lungenkraut, Löwenzahn und Buschwindröschen lachten überall in den Gräben, und im heimatlichen Revier hatte man die ersten Schnepfen erlegt. Und um 9 Uhr vormittags, bei strahlendem Sonnenschein, passierten wir die österreichische Grenze in Richtung Osten. Runde 400 km Fahrt lagen vor uns. Es ist schon ein komisches Gefühl, so einfach und doch so kompliziert, plötzlich lebt man in einer anderen Welt, mit einer anderen Sprache und mit Menschen, die andere Gedanken haben. Aber eines verbindet uns, der grüne Rock.

Die Grenzformalitäten ziehen sich dahin, ein Dolmetscher, etwa 50, mit weißen Haaren und wasserblauen Augen, stellt sich vor.

Alles scheint perfekt zu sein. Tschetri aber stößt mich in die Seite und sagt tonlos: „Da Wossamann!" Mein Freund ist etwas irritiert, weil er mit einem weiblichen Dolmetsch gerechnet hat. Kismet! Besagter Dolmetscher erweist sich aber als liebenswürdiger Begleiter, der alles für uns tun und uns immer zur Seite stehen bzw. begleiten wird. Wie ein Schatten! Er weiß von allem, und eine weitere Viertelstunde danach sind wir im Hotel Devin. Über dicke, weiche Teppiche führt man uns in ein First-Class-Café, das keinen Vergleich mit ähnlichen Lokalen anderer europäischer Großstädte zu scheuen braucht. Wieder erwartet uns ein weiterer Manager. Angeblich ist er der Chef dieser Jagdinstitution, bei der wir gebucht haben. Er spricht geläufig deutsch, ist über alles informiert, und bei einem duftenden Mokka rückt Tschetri bescheiden mit der Sprache heraus. „Wo wohnen wir? Essen gut? Sollen wir Konserven für Hütte kaufen?" „Nein, nein", wehrt der leicht bärtige Chef unseres Dolmetschers ab. „Sie wohnen in Niedere Tatra, ein große Hotel, viele, viele Essen, alles, was Sie wollen. Trinken, was Sie wünschen!" Ich bin darüber baß erstaunt, weil ich dort mit einer Hütte gerechnet habe, weiß, was meinen Freund viel mehr interessiert, und ich nehme ihm die Arbeit ab: „Sagen Sie, ist dort auch Freundin für meinen Kameraden?"

Mit flacher Hand zeige ich ihm in Hüfthöhe an, daß lange Haare erwünscht wären. Tschetri wird ganz rot, als der Chef auf seine Oberschenkel klatscht. „Dort alles gute Gesellschaft! Wie Sie wünschen, alles für Sie!" Und Tschetri und ich schlucken zur selben Zeit verlegen.

Wir drei, das heißt Tschetri, „da Wossamann" und ich, sind mit Tschetris weißem Ascona 1900 S unterwegs, und bald fliegen die Häuserzeilen, Parkanlagen, Straßenbahnen und Pkw an uns vorbei. Auch langhaarige Blondinen, brünette und kohlschwarze maximal Fünfundzwanzigjährige, aber die alle wesentlich langsamer, denn da bremst der Ascona scheinbar immer von selbst. Wir sind auf der breiten, weiten Landstraße, es geht durch wellige Ebenen, und unser Wassermann, der im Fond sitzt, läßt seine Augen nicht vom Tachometer.

Endlich, wir haben auch ein Tempo drauf, als ob alle betrogenen Ehemänner Niederösterreichs und des Burgenlandes hinter Tschetri her wären, fragt uns er doch, warum der Tachometer kein Tempo anzeigt? Lächelnd geht Tschetri in die Kurve wie die japanischen Flieger beim Angriff auf Pearl Harbour. Auch mir ist nicht gut, aber Tschetri erklärt uns, daß der Tacho abgeschaltet wäre, weil „nix gut für Motor!" Ich mache mir meinen Reim darauf, es ist ja auch ganz egal, wenn wir nur lebend ankommen. Große, weite Genossenschaftsfelder säumen die Straße, die endlos durch immer hügeliger werdendes Land dahinführt. Verkehr ist wenig, nur alle paar Minuten ein Laster. Ab und zu ein Autobus, ganz wenig Pkw. Die Miniröcke, die wir auch beim Passieren kleinerer Städte sehen können, scheinen unseren Fahrer nun wieder zu beflügeln. Denn viel mehr kann dieser Aeroplan nicht mehr hergeben. Aber Tschetri meistert es doch. Nach jeder flüchtigen Bewegung scheint sich der Ascona aufbäumen zu wollen. Die Stunden vergehen, und natürlich meldet sich der Hunger. Aber wir sind uns einig, wir wollen noch vor dem Abend unser Ziel erreichen. Tschetris Kurvenstil vertreibt uns außerdem jeglichen Appetit.

Langsam, aber sicher werde nicht nur ich, sondern es wird auch unser „Wossamann" seekrank. Denn der, so bemerke ich im Rückspiegel, hängt rückwärts wie ein blaßgrünes Frotteehandtuch. Dem Gran entlang durcheilen wir Ort um Ort. Wir unterhalten uns über Birk- und Auerhahnen. 54 Große Hahnen sollen in den letzten 14 Tagen hier erlegt worden sein, so berichtet uns in abgehackten Sätzen, dem Fahrstil entsprechend, unser Begleitdolmetsch. Nur Tschetri läßt sich ausführlich von den einheimischen Mädchen berichten. Ihn interessiert einfach alles, vom Durchschnitt der Busenweite bis zur gebräuchlichsten Haarfarbe. Wir haben anscheinend sogar schon unseren Dometscher infiziert, denn auch er beginnt Freudenrufe oder wohlwollende Bemerkungen von sich zu geben, wenn sich irgendwo ein hübsches Mädchen zeigt.

Ich habe ihn jedoch in Verdacht, daß er dauernd nur Tschetris Tempo verlangsamen will. Aber es scheint wirklich so zu sein, die Damen hier sind reizvoller, natürlicher und vor allem noch kürzer bekleidet als bei uns. Tschetri ist im Fahrrausch. Wir eilen dahin, Berge schweben vorbei, wir sind im ehemaligen heißumkämpften Partisanengebiet; Tschetri sitzt am Steuer wie ein Roboter.

Auf einmal, ohne Verkehrszeichen, wird die Straße eng, alles geht sehr schnell, steile Bergwand links und so etwas wie ein Bahndamm rechts. Wir mit über 100 Sachen in die S-Kurve! In Hundertstelsekunden habe ich mit meinem Leben ohne Kleinen oder Großen Hahn abgeschlossen! Aber jetzt zeigt sich der wahre Tschetri. Es schleudert greulich, alle vier Räder scheinen zu blockieren. Quergestellt stehen wir auf der steilen Böschung rechter Hand. Der Motor ist stumm.

Von dieser Lage aus sehe ich jetzt sogar über die Böschungskante. Dahinter geht es steil bergab, nur so ungefähr 30, 40 Meter. Der Gran schimmert blausilbern herauf, und unter uns, an seinem Ufer, zuckelt ein Personenzug friedlich auf dem Geleise.

Einige junge Leute auf den Plattformen winken uns zu. Auch das läßt Tschetri kalt. Ich drohe ihm mit allem Erdenklichen. Unser Klabautermann rückwärts meint höflich, daß wir keine Eile hätten, das Tempo wäre nicht nötig. Aber fortan fährt Tschetri friedlich. Eine halbe Stunde danach rollen wir in Banska-Bystrica ein. Blaß, aber ungebrochen. Neptun führt uns in ein wunderbares Restaurant, in dem wir alles, was wir uns wünschen, angeboten bekommen. Wir zwei würgen trotz Hunger am Essen, diese Fahrerei verträgt kein normaler Magen. Tschetri aber nimmt die doppelte Portion, nur damit die hübsche Kellnerin öfter zu uns muß. Er ist eben ein wahrer Mann. Er will nochmals bestellen, wir halten ihn mit Gewalt zurück. Nun haben wir noch etwa 80 km vor uns. Eine kurze Stadtbesichtigung schalten wir noch ein. Es ist doch das alte, kulturhistorisch bekannte „Neusohl". Schon im 2. Jahrhundert hat hier Marc Aurel die Bergwerke erwähnt. Die Bürgerhäuser auf dem großen Hauptplatz sind restauriert, und alles macht einen gepflegten Eindruck. Parkanlagen überall. Und rundum, wohin wir blicken, spazierende Menschenmengen. Es ist ein schöner Frühlingstag, spät am Nachmittag.

Wir finden keine vergleichsweise Erklärung für uns daheim. Der Tagesrhythmus scheint hier anders zu sein. Vermutlich ist schon in den Büros, Ämtern und Fabriken Arbeitsschluß. Und noch etwas fällt uns auf: Hier hat niemand Eile. Es gibt viele hübsche Mädchen, die meisten blond mit langem Haar, und alle sind gut gekleidet. Tschetri stöhnt. Diese Lawine ist zuviel für ihn. Nur mit der Bemerkung auf den auf ihn wartenden Hahn bringen wir ihn zum Wagen. Wir müssen weiter, und beim letzten Dämmerlicht kommen wir in unserem Bestimmungsort an.

Rundum am Horizont leuchten verheißungsvoll die schneebedeckten Kämme der Niederen Tatra. Und ich freue mich richtig auf den schwarzen Ritter. Die Details hier im Ort sind gewiß nicht so interessant. Aber endlich haben wir den richtigen Mann und jetzt sogar, nach einer weiteren halben Stunde – es ist bereits Nacht, und die Sterne funkeln vom schwarzen Himmel –, im nächsten Ort den zweiten dazu. Der erste, ein zuvorkommender Förster in Tschetris Alter, erklärt uns, als wir über die holprige Holzabfuhrstraße rumpeln, daß es nicht mehr weit sei. Der zweite, ungefähr ebenso alt und sehr unscheinbar, handelt fast auch so, er spricht überhaupt nichts, will aber überall hilfsbereit sein. Der erste Eindruck ist immer der entscheidende, und wir haben ein gutes Gefühl. Unsere Scheinwerfer erfassen wahre Baumriesen, die den Weg zur Linken säumen, während rechts ein schäumender Gebirgsbach, dessen Rauschen zeitweise das Motorgeräusch übertönt, den Weg säumt. Eine etwa 100jährige Tanne liegt entwurzelt quer über dem Weg; wir halten an, und der Förster erklärt ruhig: „Jetzt Fuß auf Berg, Hütte schön, gut schlafen!" und neigt, uns zunickend, den Kopf charmant zur Seite.

Ich frage ungeschickt „Wie weit?" „Nix weit, zweihundert Meta! Morgen Hahn kaputt!"

Und der Förster mit seinem Bart à la Kronprinz Rudolf setzt das fescheste Lächeln auf, das wir uns denken können. Hier gibt es keine Frage mehr. Wir stehen unter einem sternenübersäten Himmel. Ein mächtiges Rauschen und Brausen des schmelzwasserführenden Baches umfängt uns. Die Luft ist herrlich würzig. Von dem Hotel mit den vielen Köstlichkeiten, mit den für Tschetri so wichtigen vielen, vielen Damen und den auch so wohligweichen Betten ist keine Rede mehr. Mit der Bar darin, mit schummrigem Licht und glutäugigen, uns umhegenden engelhaften Wesen ist es Essig. Aber die Luft hier, die uns vom Berg herab ins Gesicht streicht, ist wie ein Gruß, der wahre Jagd ahnen läßt. Wir beladen uns mit allem, was wir für die paar Tage brauchen werden. Mit einem Wort, mit allem, was wir mithaben: Gewehre,

Rucksäcke, Proviant, spärlich, aber doch immerhin, und die Flaschen mit den Elixieren, die wir sicherheitshalber schon von daheim mitbrachten. Aber unser Kronprinz Rudolf entpuppt sich jetzt erst richtig. Er ist aufrichtig hilfsbereit und bepackt sich selbst wie ein Muli. Warum auch nicht, wenn es ohnehin nur 200 Meter sind. Auch der zweite Förster ist sehr nett und will uns alles abnehmen. Es stellt sich heraus, daß wir insgesamt nur eine lächerlich schwache Taschenlampe haben. Wir müssen den vor uns querliegenden Baum überklettern, und es geht einige 100 Meter leicht bergauf, immer den im Dunkeln neben uns tosenden Bach entlang. Oben blitzen klare Sterne, und alles ist vom Rauschen erfüllt. Etwas Weißes, Breites, Festes verlegt uns den Weg: ein Lawinenkegel. Also ist der Schnee nicht mehr weit oben. Der Kegel ist aber gewiß schon einige Wochen alt. Ich denke an den Hahn, wieviel Sicheln der wohl haben mag. Wieder geht es über urzeitlich dicke, gestürzte Bäume, und einmal führt sogar eine schmale Brücke über das rauschende Wasser. Es ist hier finster wie in einem Sack. Jetzt verlassen wir den steinigen Weg, und auf steilem Bergpfad geht es durch die kohlschwarze Nacht.

Jeder versucht, mit dem anderen auf Tuchfühlung zu bleiben. Vorne blinzelt schwach Rudolfs Licht. Wir müssen verschnaufen. Auf dem schmalen Bergpfad, auf dem wir gerade Fuß fassen können, lehnen wir uns bergseitig an die steile Wand.

Mein Puls hämmert in den Ohren, von Tschetri höre ich nur ein Schnauben in gleichmäßigen Abständen. Er sitzt ober mir, irgendwo, sehen kann ich ihn nicht, weil ich hier im sterne- und himmelverdeckenden Hochwald die Hand vor den Augen nicht erkennen kann. Die zwei Förster unterhalten sich quietschlebendig mit unserem bedeutend matter antwortenden Dolmetscher; nach dem Tonfall muß es aber nichts Aufregendes sein. Mir ist auch, ehrlich gesagt, alles egal. Tschetri meint, daß vielleicht alles nur Mache ist und diese Kerle uns an das sagenhafte Hotel von wegen Spannung eben von hinten heranführen. Wer weiß? In dieser herrlich kühlen, wunderbaren Waldluft erholen wir uns aber doch schneller als vermutet. Nach einiger Zeit geht's im selben Steigungswinkel und wieder über gestürzte Baumriesen und an den Weg sperrenden Felsen vorbei, unserem Ziel zu. Bei der nächsten Pause, ich kann ja keinen erkennen, weiß nur, daß dort vorne 10 oder 15 Meter ober mir, wo das Fragment der Taschenlampe glost, unser

Führer, der Förster, sitzen muß, höre ich Tschetri fagen: „Kamerad, wie weit, wieviel Minut?" Und die kühle Antwort: „Jetzt noch 200 Meta!"

Also weiter. Diese 200 Meter wiederholen sich dann noch frage- und antwortmäßig zwei- oder dreimal. Letztlich sind wir doch, wenn auch schweißgebadet, auf dem Kamm angelangt. Es wird lichter, der nächtliche Himmel ist frei, alles ist weißlich grau, und wir stapfen auch schon durch fußhohen Schnee. Und jetzt ruft der Förster freudig aus dem grauen Dunkel: „Jetzt noch 200 Meta!" Aber diesmal stimmt es wirklich. Wir stehen dann auch bald vor einem spitzgiebeligen, soweit wir das hier oben – es ist ja viel heller, die Bäume stehen weiter weg – in diesem sternenfunkelnden, dem Himmel nahen Ende unseres schweißtreibenden Marsches ahnen können, neuerbauten Jagdhaus. Was soll ich sagen? Drinnen war's wirklich herrlich. Überall Spannteppiche, Holzverkleidung, wunderbare Betten und kaum eine Viertelstunde nach unserer Ankunft prasselnder offener Kamin. Aber selbstredend waren wir die einzigen hier. Ich glaube, es war auch besser so, jetzt beim Licht der Petroleumlampe und beim Flackern der riesigen Holzscheite betrachten wir einander. Neptun ist schweigsam geworden. Der Aufstieg dürfte ihm fast den Rest gegeben haben. Und Tschetri stöhnt nur dumpf. Mir selbst klebt jeder Faden am Leib. Fast habe ich für heute genug. Die beiden uns zugeteilten Förster kommen mit dampfendem Tee, selbstverständlich 50%ig, das heißt Hälfte Rum. Die beiden sind lebendiger als je zuvor und beratschlagen schon, wer mit wem und wohin morgen auf den Hahn gehen wird. Mit Tschetri liege ich dann in einem kleinen Raum, die Betten nebeneinander, und kaum habe ich die Augen geschlossen, höre ich auch schon wieder rumoren und die Worte „Auf, auf, Hahn schießn!" Der Aufstieg nach dem Schluck Tee – immerhin ist es noch dieselbe Nacht, und ich stolpere ergeben hinter meinem Führer – geht durch eine Art Kar steil in Serpentinen bergan. Nach etwa einer halben Stunde bin ich mit meinem Begleiter, Tschetri ist angeblich auf einem anderen Berg, am Ziel. Noch beim Weggehen funkelten die Sterne auf uns herab. Aber plötzlich ist es dämmriger geworden, und fast gleichzeitg fällt auch Nebel ein.

Im winterlichen grünen Dom.
Ungezählte Pirschgänge führten mich bei Tag und Nacht durch diese majestätischen Wälder.

Der wird immer dichter, bis wir dann fröstelnd an einen Baum gelehnt nach einer Stunde in einer richtigen Waschküche in die von uns erstiegene Almwiese hineinstarren. Der Nebel ist undurchdringlich, und doch meldet tatsächlich oberhalb einmal ein Großer Hahn. Er mag etwa 150 m ober uns stehen. Ein herrliches Gefühl, zu wissen, daß der Hahn da ist, und furchtbar niederschmetternd, gleichzeitig zu begreifen, daß er unerreichbar im Nebel steckt. Stumm lehne ich an der naßkalten Fichte und rühre mich nicht. Aber um so mehr deutet und gestikuliert mein Begleiter, der stille Förster, der so freundlich zu mir sein will. Nur verstehen wir einander nicht ganz, weil wir ja bloß radebrechen können. Aber das genügt bei der Jagd, wenn man sich ihr mit ganzem Herzen verschrieben hat. Immerhin, der Hahn ist da. Und trotz Zähneklappern sind wir beide doch noch voll Hoffnung. Wir geben eine halbe Stunde drauf, aber es hilft nichts, trotzdem der Tag nun da ist, kann man nur einzelne auf steilem Hang in den Nebel ragende Fichten oder Tannen erkennen. Ab und zu erkenne ich davor einige apere Stellen, aber gleich verwischt sie wieder der Nebel. Der Hahn bleibt stumm, und der Nebel unbarmherzig dicht wie eine Milchsuppe. Wir nicken einander traurig zu. Also Abstieg!

Kurz vor der Hütte sind trotz Nebel ein paar Krokusse im Schnee zu erkennen, und freudig nehme ich eine Handvoll dieser Frühlingsboten mit zur Hütte. Dort geht es schon hoch her. Tschetri ist bereits mit seinem Rudolf da, sie machten des dichten Nebels halber bald kehrt. Vernommen hat Tschetri aber ebenfalls einen Hahn. So ist auch er trotz der Nebelbrühe bester, hoffnungsvoller Stimmung.

Während wir beide uns umziehen, hantieren alle drei Begleiter in der Küche. Es wird ein feines Frühstück, so eine Art Begrüßung. Auch können wir einander jetzt beim prasselnden Kamin beschnuppern. Wir beratschlagen auf deutsch und etwas russich, weil diese Sprache jeder von uns ein wenig beherrscht, den zukünftigen Speisezettel. Unser Dolmetsch behauptet, es mit dem feinsten Koch aufnehmen zu können, im Gulaschkochen nämlich. Er kennt da eine eigene Mischung von Tatrakartoffelgebirgsrindsschweins-

Offenbarungen des letzten abendlichen Büchsenlichtes aus den Revieren unterm Pauliberg: Feisthirsche im Getreide und ein später „Geheimratsbock".

gulasch mit etlichen feinen Gewürzen. Davon wäre nämlich wirklich reichlich da. Von den Gewürzen! Wir wollen uns gerne überraschen lassen: Na, denke ich, Gott sei Dank haben wir uns nicht überflüssig mit Fressalien abgeschleppt. Hauptsache der Sprit, das heißt hier russisch Spirt, in unseren Rucksäcken ist mit.

Mittags werden wir geweckt. Der erste Blick aus dem Fenster; immer noch Nebel und leichtes Nieseln. Scheußlich! Die ganze Hütte riecht nach Gulasch. Es ist reichlich und trotzdem gut. Anschließend gibt's Tee mit. Der Nebel fällt um etwa 13 Uhr, und wir finden uns freudig erstaunt unter blauem Himmel und der so heiß ersehnten Sonne über dem weiten Nebelmeer in einer wunderbaren Mittelgebirgslandschaft. Unsere Hütte liegt etwas unter der Baumgrenze; wir haben aber freies Blickfeld. Rundum sieht man die kahlen, kuppenartigen Gipfel inselgleich aus den Nebelmeer ragen.

Das Ganze erinnert irgendwie an unsere Almen. Angeblich sind wir 1700 m hoch. Großes Palaver und Teetrinken beim offenen Kamin, unser Rudolf heißt wirklich Rudolf, aber der Teufel soll es holen, kaum wollen wir spätnachmittags raus auf den Hahn – es gibt 7 bestätigte Große –, da steigt rundum schon wieder der Nebel hoch, und zwar so dicht wie in der Früh. Wir gehen wenigstens raus vor unser Domizil, kehren aber reumütig um. Es ist sinnlos, so dicht wallt die Waschküche, daß sie wie ein wogender weißer Vorhang wirkt.

Am Abend eine große Überraschung! Es gibt wieder das fürstliche Gulasch. Jetzt sehe ich bei Inspektion der Küche auch das Gefäß, in dem es zubereitet wurde, dieses allerfeinste Supergulasch. Sicherheitshalber ist das nämlich ein Geschirr so für etwa gut zehn Mann reichend. Und praktisch ganz voll. Der Abend verläuft aber doch dank Kognak und ähnlichen Feinheiten bestens. Beim knackenden und prasselnden Kaminfeuer erzählt jeder Jagderlebnisse, und unser Dolmetsch übersetzt. Einmal für die beiden Förster und einmal für uns. Sehr interessant! Es sind richtige Kognakerlebnisse bzw. Obstbrandschilderungen. Und bald wissen wir auch, daß wir morgen unseren Hahn erbeuten werden.

Ob bei Ansitz oder auf der Birsch, morgen früh gehört er uns! Kurz bevor wir zu Bett gehen, stört Tschetri in „seiner bescheidenen Art“ ein wenig die Jagdatmosphäre. Er fragt nämlich unverblümt, wenn wir den Hahn hätten, wo denn dann das großte Hotel mir allen versprochen Annehmlichkeiten wäre. Der Dolmetsch übersetzt, und lächelnd zeigt unser Schnauzbart-Rudolf die Richtung, nämlich in die linke Zimmercke: „Nurr ein gutt Stund!"

„Buhm", antworteten wir beide wohlig. Also gut. „Morgen Hahn und dann ein gutt Stund!"

Wieder weckt uns unser um alles so bemühter Dolmetsch, kaum daß wir vermeintlich erst die Augen geschlossen haben. „Wie ist das Wetter?" Schlaftrunken fragen Tschetri und ich gleichzeitig. In der Miene unseres Begleiters ahnen wir auch so schon nichts Gutes. „Nicht besonders: Hat bißchen geschneit und etwas Nebel!" Aber erst einmal herankommen lassen, denke ich. Wenn's gar nicht will, so überqueren wir die kahlen Gipfel, vielleicht ist es drüben auf der andern Bergseite, so wie wir es abends besprochen haben, besser.

In der Küche rasselt schon wieder Rudolf mit dem Tee und den Gulaschgeschirren, und eine Viertelstunde danach sind wir draußen. Auf einer anderen Route tappe ich mit meinem Führer im nebligen Dunkel dahin. Tschetri ist wieder mit seinem Rudolf in die Gegenrichtung unterwegs. Etwa eine halbe Stunde steigen wir, von Nebel und Hochwald begrenzt, bergan. Kaum daß man in der aufsteigenden Dämmerung etwa 50 m sieht. Ich male mir schon wieder aus, daß es gar nicht weiter reichen bräuchte, wenn er da wäre. Der Große oder der Kleine Hahn nämlich. Doch es bleibt alles stumm. Nur das monotone Tropfen von den Bäumen durchdringt die stille, grauweißliche, von einzelnen urigen Bäumen und Felsen begrenzte Welt. Mein Begleiter zeigt auf einen kaum erkennbaren freien aperen Platz vor uns, etwa 40 bis 50 m weit. Dort hat er den Großen Hahn heuer schon etwa achtmal bei der Bodenbalz bestätigt. An eine mächtige Fichte gelehnt, einer links, einer rechts, erwarten wir den vollen Tag. Eine halbe, eine Stunde vergeht. Das Wetter ist die reinste Katastrophe, und mir ist schon mächtig kalt. Nicht ein Vogellaut dringt zu uns, und wir beschließen, auf einen anderen Hang zu birschen, dort könnte eventuell der Wind den Nebel etwas vertrieben haben. Fast zwei Stunden sind wir unterwegs. Hier oben ist es jetzt auch bereits lichter, der Nebel verfliegt. Zwei Auerhennen und ein wenig später eine Birkhenne machen wir hoch, doch vom Hahn ist weder was zu sehen noch zu hören. Ich kann nur die unermeßlichen Wälder ringsum ahnen, denn kein Laut der Zivilisation dringt zu uns. Wir haben wiederholt auf den Schneeflächen, die wir überquerten, Hahn- und Hirschfährten, ja sogar genügend Auerwildlosung, vereinzelt weiters Rehfährten und -losung gefunden. Während unter uns im Tal der graumilchige Nebel brodelt, frage ich meinen Begleiter, wo denn die nächste Ortschaft wäre. „Ah", meint er erstaunt und gleichgültig, „Daleko, daleko!" „Weit, weit!"

Der Vormittag ist da, alles frei, sogar die Sonne bricht durch große segelnde Wattebauschen. Von Tschetri haben wir keinen Schuß gehört, und nun auf dem Heimweg, den gras- und moosbedeckten Berggrat entlang mit dem Blick auf endlose am Horizont endende Waldrücken, frage ich meinen Förster danach, ob wir ihn hören könnten? „Njet! Nemoschne, eto daleko!" „Nein, unmöglich, es ist zu weit", meint er lächelnd, und ich beginne eine kleine Vorstellung von den hiesigen Jagdverhältnissen zu bekommen. Hier birschen wir in einem Paradies für Jäger. Wir finden einen im Herbst vom Bär zerfetzten Baumstumpf. „Medwed?" „Bär?" frage ich wieder. „Ano!" sagt er ganz selbstverständlich. Es ist eben für ihn das Selbstverständlichste auf der Welt, daß es hier Bär und Hirsch, Reh und Luchs gibt.

Nach langem, schwerem Marsch bergauf und bergab sind wir wieder bei der Hütte. Drinnen brodelt der Gulaschtopf aufs neue, und etwa eine halbe Stunde nach uns trifft Tschetri japsend mit seinem vollkommen frischen Rudolf ein. Im nebeligen, nassen Morgengrauen wäre ein Großer Hahn von einer riesigen Tanne abgeritten, stumm und ganz unerwartet. Sonst haben sie fast das gleiche wie wir erlebt. Auerhennen im Anblick, aber keine Balz zu hören und kein Hahn zu sehen, obwohl sie wie wir von Balzplatz zu Balzplatz marschierten. Der Nebel war auch bei ihnen gleich mächtig. Und als wir dann beim prasselnden Kamin und unserem unvermeidlichen süßen Brei – sprich Gulasch mit Tee – sitzen, meint Tschetri zu mir. „Poldl, mein Rudolf muß ein Yeti sein. Der geht über Berg und Tal und macht keinen Schnaufer, der hat Atomlungen!" Und unser Dolmetsch übersetzt, worauf Rudolf lachend zu erzählen beginnt (Selbstverständlich sind wir schon beim dritten Gang, dem Obstbrandgang). Berge wären, meint Rudolf, sein Leben und Entfernung für seine Füße nichts. Für tausend Kronen hätte er sogar im Urlaub schon ein etwa 100 kg schweres Wasserrad für eine Hütte auf irgendeinen Berg geschleppt. Seine Frau hätte vorne und sein Vater hinten gehalten, damit die Last nicht heruntergerutscht wäre. Aber in vier Stunden hätte er es geschafft. Und er lacht breit und offen.

Es gibt wieder Tee zum Obstler. Das ist gut so. Zeit scheint hier Schall und Rauch zu sein, und während die anderen plaudern, starre ich in die Glut der berstenden Scheite und denke an unsere ferne Welt und wie es scheint an die armen Irren, die sich bei uns in den Städten hetzen. Zeitungen müssen nachts gedruckt werden, um am Morgen schreiend verkauft zu werden. Benzin muß die Luft verpesten, und kaum beginnt der Tag, müssen die Leute telefonieren. Tempo, Tempo! Heiland der Welt, wozu?

Um so viel Geld zu verdienen, daß sie wieder neue Zeitungen, Autos und viele Artikel, die keiner braucht, kaufen können. Komisch, es ist unsere Welt, aus der wir gekommen sind. Hier dreht sich alles nur ums Wetter. Und ob wir zu unserem Hahn kommen werden oder nicht und ob noch genug Holz da ist, um zu heizen. Aber das wächst ohnedies vor der Hütte. Und letztlich, ob nicht das Gulasch doch bald anders schmecken könnte. Etwa nach Schwarzwäldertorte oder gebackenem Fogosch mit Sauce Tatar. Oder ... Oder ... Oder ... Aber angesichts des Gulaschtopfes wäre schon frisches Brot ein Leckerbissen gewesen. Und ob genug Obstbrand da sei, das ist bei diesem Nebel nämlich sehr wichtig.

Tschetri weckt mich am späten Nachmittag. Auf geht's, draußen ist es schon wieder unfreundlich, aber wir wollen es doch noch versuchen. Also raus! So nebenbei erzählt er mir, daß er kurz vorher den süßen Rudolf in der Küche ertappt hätte, wie er mit dem Schöpflöffel aus dem Gulaschtopf gegessen hätte. Auch der stolze Bart wäre ganz voll gewesen vom Paprikasaft, aber diesen hätte dessen Besitzer immer dezent abgestreift. Mit zwei Fingern. In den Topf natürlich.

Draußen steigt der Nebel hoch, kriecht von den Tälern zu Berg, und wir kehren mißmutig und erfolglos heim.

Es ist einhellig keine Besserung des Wetters zu erwarten. Ich gebe den Ausschlag. Wenn das Wetter morgen früh unverändert ist, steigen wir ab und wollen heim. Abends krachen die Scheite, und der letzte Obstbrand vertreibt die Gulaschluft. Wir reden von Bären und Hirschen. Wir wechseln das Thema, und natürlich kommt das sagenhafte Hotel wieder dran. Man klärt uns auf. Also ganz genau 47 Mädchen sollen dort drin sein, die dort im leeren Hotel auf den Saisonbeginn warten. Echte 47, selbstverständlich inklusive der Vollbusigen mit der rauchigen Stimme an der Bar und der Hauschefin. Auch inklusive der verschiedenen Serviererinnen. Ja, eine schöner als die andere. Und Vollschlanke und ganz Magere und ganz, ganz Magere und welche mit grünen und solche mit blauen meertiefen, nein ozeantiefen Augen. Wir wollen es beide ganz genau wissen, denn da bin ich Kamerad und stehe meinem Freund zur Seite. Denn Tschetri ist ja noch ledig, ich muß über ihn wachen.

Die Erzählungen der beiden Förster durch das Übersetzen des Wassermannes noch blumig verändert, machen Tschetri fertig. Auch in mir beginnen seltsame Gedanken zu kreisen. Ehrlich gesagt, auch ich möchte mit irgendeiner davon plaudern. Die eintönigen Tage mit den Förstern und der ewige Nebel haben mich etwas mürbe gemacht. Bald sind wir aber wieder beim Thema Jagd.

Da, direkt vor der Hütte, sei im Herbst ein guter Geweihter erlegt worden. Und wir beide haben nicht einmal unseren Hahn!

Am Morgen klopft es an der Tür. „Wetter neblig, ärger als gestern!" Wir resignieren und schlafen weiter bis zum Frühstück.

Einem Gulaschfrühstück! Was sonst? Wir haben bereits das Gulaschtertiärstadium erreicht, das heißt, daß beim Kämmen schon die Haare penetrant nach Paprika riechen. Dann machen wir uns „Landfein".

Um etwa 9.30 Uhr vormittags verlassen wir die Hütte und beginnen den Abstieg. Wieder ist das Wetter besser geworden. Es tropft von den Bäumen, die Sicht ist dunstig und reicht etwa 100 bis 200 m weit. Als wir alle fünf nach etwa 200 Metern östlich der Hütte den Kamm verlassen und es die berühmte 200-Meter-Strecke bergab geht, klart es vollkommen auf. Wir überblicken ein breites grünes Tal, und eine prächtige Waldgebirgslandschaft tut sich unter blauem Himmel auf. Bei einer kurzen Rast beratschlagen wir, ob wir nicht doch noch bleiben sollten. Aber ich gebe wieder den Ausschlag. Tschetri und ich glauben, daß nachmittags das Wetter doch wieder umschwenkt. Es geht heim!

Die berüchtigten 200 Meter schaffen wir über schmalem Pfad, über geborstene Baumriesem kletternd und mit weitem Herzen diese herrliche Landschaft einatmend, in nicht ganz einer Stunde. Zwischen grünem Moos sprießen schon allerlei Alpenfrühlingsblumen. Arten, die es bei uns in der Ebene gar nicht gibt. Glöckchenförmige in zartem Pastellblau, und Sterne, die lebhaft violett getönt für uns immer wieder ein Gruß des Frühlings sind. Nun, Hahn haben wir keinen, wir können nicht ins schwarzblaugrünlich schillernde Federkleid greifen und auch keine purpurrote Balzrosen bewundern, aber der Eindruck dieser Traumlandschaft gibt uns doch einen Teil der Gefühle, die wir uns eigentlich gemeinsam mit dem erlegten Hahn vorgestellt haben. Statt des Stoßes auf dem Hut sind's Krokusse in der Rucksacktasche, die vielen anderen zarten bunten Frühlingsblumen in unseren Händen und der herrliche rosa Seidelbast am Wege.

Unten empfängt uns der weißschäumende Wildbach, dessen Tosen wir schon eine ganze Weile hangaufwärts im schütteren Hochwald hörten.

Der sattrosa Seidelbast, der uns immer wieder bezaubert, wächst hier überall an den Uferböschungen; die laue Luft ist voller Frühlingssehnen, und Rudolf erklärt uns gern all die Pracht, die hier zu grünen und zu blühen beginnt.

Der weiße Ascona steht noch immer vor der umgestürzten Tanne, so wie wir ihn verlassen haben. Hier kommt kein Mensch her, was sollte der da auch tun. Und wenn, so hat er eine gute Absicht. Etwas traurig, ich sehe es auch Tschetri trotz seiner lauten Scherze an, beginnt die Abfahrt.

Der Wald endet in weiten Wiesentälern, und vor unserem Städtchen weiden auf dem einen Hang viele weiße Schafe wie eine langsam ziehende weißliche Wolke im satten Grün. Ein schwazer Widder mitten drin. Rudolf stößt Tschetri an: „Guck, viel Frau, ein Mann!"

Abmeldung in der Forstverwaltung. Der sympathische Chef bedauert aufrichtig, daß wir schon scheiden. Gegenüber steht eine alte Kirche mit verschlossenem Tor. Gras sprießt zwischen den Stufen. Rudolf zeigt uns noch, wie er lebt, bei sich daheim, hat eine bezaubernde Frau und allerlei, was für uns Jäger interessant ist. Stolz bringt er einen handgeschnitzten Spazierstock mit verschiedenen sakralen Ornamenten drauf. Eine echte Rarität, ehemals Besitz eines „echten" Bischofs, der damit tatsächlich täglich umherspaziert wäre.

Herzlicher und halbtrauriger Abschied. Wir wollen einmal wiederkommen. Und wir drei, unser Dolmetsch, der uns nun gar nicht mehr so fremd ist, Tschetri und ich, fahren wieder gegen Westen. Und wie mir scheint, hat uns das größte Raubtier, die Zivilisation, wieder in ihren Pranken. Der Mensch ist eben ein Gewohnheitstier. Es sollen ja auch schon Sträflinge reuevoll in ihre Zelle zurückgekehrt sein.

Aus den magischen 47 Schönen ist nichts geworden; während wieder die Dörfer vorbeifliegen, denke ich, wie beruhigend es gewesen wäre, wenn Tschetri doch nur 40 davon kennenlernen hätte können. Was heißt 40, nein 30, aber was, 10 hätten ihm schon genügt und mir die restlichen 7. Zum Plaudern!

In Nitra, der alten, prächtigen, im weiten Hügelland liegenden Stadt, machen wir Rast. In einem Hotelrestaurant mit Kristallustern und schwarz befrackten Kellnern speisen wir zum Abschied, daß ich meine, Tschetri und der Dolmetsch müßten bald aus dem Leim gehen. Nach drei oder vier reichlichen Gängen bestelle ich noch für jeden Omelette Stefanie. Ich glaube, wir schlagen uns schon aus Kummer den Wanst voll. Denn es hilft ja alles nichts, Hahn haben wir doch keinen. Jetzt, wo wir die tiefdunklen Waldhänge und weißen Bergkuppen nicht mehr vor uns sehen, hätten wir schon gerne einen kleinen Teil davon mit.

Und während wir drei schon vor dem Ascona stehen und ich mich umdrehe, spaziert da neben uns in dem nachmittäglichen promenierenden Gewimmel tatsächlich die wunderschönste Blondine, die ich je gesehen habe, vorbei. Wohl mit ihrem Galan, der gestikulierend auf sie einredet. Sie trägt schulterlanges wallendes Goldhaar und hat die keuschesten Smaragdaugen, die es überhaupt geben kann. In ihrem Lederpaletot scheint sie einem Schaufenster entstiegen zu sein. Während nun auch Tschetri und ich auf sie staunend hinäugen, zwinkert sie mir so freizügig und selbstverständlich zu, daß ich fassungslos nach Tschetri greife. Aber schon spricht sie wieder charmant mit ihrem, so scheint es, überglücklichen Begleiter weiter. So ist das im Leben! Uns bleiben nur der wehmütige Abschied und das dumme Staunen.

So etwas ist das Ärgste, das drei Leuten von der christlichen Seefahrt, denn zu der gehören wir, seit wir mit dem Ascona durch die Landschaft schlingern, passieren kann.

Spätabends verabschieden wir uns herzlich von unserem Dolmetscher in Preßburg. Er ist uns in dieser kurzen Zeit Freund geworden, und einige Minuten danach passieren wir die Grenze.

Wir sind wieder daheim, ohne Hahn, aber doch so, als ob wir jeder mindestens einen davon erlegt hätten.

Der Hahn, der keiner war

2. Teil

Spätnachts daheim angekommen, erwartete mich anderntags eine telefonische Einladung von Freund Franzl auf einen Kleinen Hahn ins Waldviertel, in seine zweite Heimat. Welche Überraschung! Ich habe noch einige Tage frei, und freudig beschließe ich, anderntags zu fahren. In Wien lade ich Franzl ein. Und schon geht's nach Nordwest. Bei herrlichem Frühlingswetter passieren wir nachmittags Horn. Kommen ins richtige Waldviertel, wie ich es kenne. Zweigen von der Hauptstraße ab. Hier ein Wald und dort ein Wald, Wiesen, Felder, graue Rehe, hoppelnde Hasen. Franzl erklärt mir – es ist später Nachmittag –, daß wir kaum noch 2 km auf dieser winkeligen Waldstraße zum Bestimmungsort haben.

Die gründunklen Fichten weiten sich zu einem breiten Wiesental. 300 bis 400 m liegt die Ortschaft vor uns. Ich blicke jäh nach links, denn dort, das darf nicht wahr sein! Ich halte an, und wir starren beide hinaus. Keine 150 m balzen zwei Birkhahnen auf einer feuchten Wiese. Ich bin fassungslos! Hunderte Kilometer habe ich hinter mir, mit dem Wunsch, einen Hahn zu erlegen. Und da balzen sie neben der Straße.

Franzl nimmt die Sache aber nicht so dramatisch, meint, daß das hier ganz normal wäre. Kaum kann ich mich sattsehen. Sogar das ferne „Tschuhui" höre ich, während der stärkere der beiden Hahnen die 2 oder 3 Hennen umbalzt. Der schwächere hält sich etwas abseits davon. Jünglingsschicksal!

Franzl drängt zum Weiterfahren, wir könnten noch heute auf den Hahn weidwerken. Das hier wäre der Balzplatz der Nachbarjagd.

Nur mühsam reiße ich mich los. Und der Hahn balzt, als ob es uns nicht gäbe!

Schon sind wir mitten im Ort. Jetzt finde ich mich zurecht. Seltsame Gefühle überkommen mich, 1945 habe ich da, nur ein paar Kilometer weiter, zur gleichen Jahreszeit den dramatischen Rückzug mitgemacht. Und ich lebe heute noch und will hier einen Kleinen Hahn schießen. Die müden Kameraden von damals in ihren zerschlissenen Uniformen ziehen in endlosen Kolonnen über diese staubigen Straßen an mir vorbei. „Hast was?" meint Franzl. „Nein, ich habe nichts!" – ich bin nur glücklich, daß ich so lebendig bin.

Sein Schwager erwartet uns. Herzliches Hallo! Und gleich ist der Jagdaufseher da, der Knapp Franz, mit dem richtigen Jägergesicht, der bei mir schon eine Sau erlegt hat. Eine Überraschung war für uns daheim seine Ausdauer. Abends angesessen, um – ohne den Platz zu verlassen – um 4 Uhr den bestätigten Überläufer zu erlegen. Mit zwei Schüssen fingerbreit nebeneinander am Blatt. Um sicherzugehen und weil's so lange gedauert hatte, hatte er gleichzeitig Kugellauf und Schrotlauf, mit dem Flintenlaufgeschoß drin, abgezogen. Sicher ist sicher! Nur gut, daß es die Waffe verkraftet hat! Kurzer Jubel, und wir sind schon im Revier.

Es beginnt zu dämmern. Und in einem schmalen Waldstück, das wir durcheilen, streichen ein Hahn und zwei Hennen aus den Wipfeln ab. Eile ist nichts für die Jagd, aber wir sind bereits am Ziel. Vor uns ist eine weite Mulde mit Wiesen und Feldern, braunen, frisch bebauten, oder aber saatengrünen Äckern. Alles von Wald umgrenzt. Und mit den großen Findlingssteinen überall. Waldviertel – eine eigene Welt, eine schöne Welt! Mitten in der Mulde, viel zu weit von uns, bestimmt an die 300 m, drei Hahnen, die Hennen umbalzend. Franzl hält mich, während wir beide gebannt aus dem Baumbestand treten und zu den Hahnen schauen, zurück. Aber das ist nur Reflex bei ihm. Ich weiß es auch so. Wir sind zu spät dran. Das Birkwild ist schon auf dem Balzplatz, also zu weit. Wir hätten früher da sein müssen. Zurück! Das Kullern der Kleinen Hahnen dringt bis zu uns her. Noch immer starren wir gebannt zum Balzplatz hin. Ja, da müßte man jetzt sein, in guter Deckung. Der Knapp Franz macht einen Vorschlag. Es dämmert schon leicht, und wir könnten noch auf einem Umweg zurück. Bei einem Nachbarpächter, der mir ebenfalls einen Hahn freigibt, hineinschauen. Durch das Waldstück geht's zurück. Ade, blauschwarzer Ritter, bis morgen! Tatsächlich kommen wir nach kurzer Wegstrecke beim Bauernhof, in dem der Revierpächter der Nachbarjagd lebt, an. Kühe im Hof. Landwirtschaftliche Maschinen, kleine Kinder und kleine Fenster. Ein alter, hagerer

Mann erhebt sich von der Ofenbank, und mit Falkenblick prüft er mich. Ein paar Zähne blitzen mich an. „Sie san des?" „Ja, ich bin ‚des'!" „Weidmannsheil!" „Weidmannsheil!" Handschlag. Ein Glas Wein, und er palavert mit Franz, wohin am Morgen. Heim zum Franz und die paar Stunden Schlaf vergehen viel zu rasch. Schon werde ich wieder geweckt. Müde und zerschlagen schleppe ich mich in die grüne Tracht. Es gilt dem Hahn. Einen will ich nur erlegen. Überhaupt nur einen. Das genügt mir. Viel zu selten sind sie schon. Waschen wie anno '45, karger Imbiß, heißer Tee, und wir stehen schon im Dunkel vor der Tür. Sternenübersätes Firmament! Eine kühle, frische Brise umweht uns. Und nach einer halben Stunde sind wir in einem, so weit ich erkennen kann, langen, schmalen Wiesental. Durch einen Fichtenwald birschen wir los in die Mulde zum leise plätschernden Bach, der sich da durch die saftige Wiese schlängelt. Es ist schon grau. Ein Blick meines Begleiters, hier bleiben wir, stock und steif an die Bäume gelehnt. Da vor uns soll der Hanh einfallen. Kein Laut, kein Ton von einem Hahn zu hören. Zwei Rehe wechseln auf Kugelschußweite durch die Mulde. Geiß mit Kitz. Ganz hinten am Waldrand ein junger Bock. Kein Hahn. Kein Hahn um 5 Uhr, keiner um 6 Uhr, keiner um 7 Uhr und keiner um 1/2 8 Uhr. Wir brechen ab. Angeblich ein todsicherer Platz. Ich glaube es. Ist halt einmal so bei der Jagd!

Wir birschen in ein anderes Tal. Hühnergegacker von einem nahen Bauernhof. Fernes Hundegekläff. Ganz ferne Glockengeläut. Um diese Zeit? Wir treffen Rehe auf jeder Ecke. Durchstreifen Remisen, erklimmen Hügelrücken und suchen vergebens einen Hahn. Nicht mehr zum Schießen, wenigstens nur noch zum Sehen. Es ist keiner da.

Duftendes Frühstück. Die Gulaschwoche fällt mir jäh ein. Ah, ist schon lange her, war in einer anderen Welt. Wir gehen zu Bett, ich bin hundemüde. Man weckt mich zu Mittag. Die halbe Verwandtschaft ist da, und ich palavere über Hahnen und Rehe und Sauen und über Zahnheilkunde. Aber nur, weil man soviel frägt. Um etwa 3 Uhr nachmittags sind wir wieder draußen, sehen balzende Hahnen auf Feldern und Wiesen. Das Herz schlägt schneller in der Brust, von Mal zu Mal schneller. Aber es nützt nichts, alles zu weit. Gibt's denn so etwas? Franz klärt mich auf, gerade die sicheren Plätze sind heute ohne Balz. Dafür spielt sich alles auf den weiten, offenen freien Wiesen ab, wo man nicht herankommt. Die Hennen wollen anscheinend nicht. Ich habe immerhin herrlichen Anblick. Eigentlich bin ich schon entschädigt, wenn ich so denke. Das schien mir unvorstellbar, kommt mir wie auf einem überdimensionalen Birkhühnerhof vor. Sicherheitshalber verschweige ich aber meine Ansicht.

In einem weiten Feld- und Wiesental – wir haben es gestern von einer anderen Seite von fern gesehen – kann ich sechs verschiedene Hahnen und Hennen zählen. Es balzt zwar noch keiner, aber es ist für einen Jäger ein traumhafter Anblick. Kein Hahn nähert sich übrigens dem anderen. Konkurrenz! Und die Hennen tun so, als ob sie das Ganze nichts anginge. Bis zum Beginn der Dämmerung harren wir aus. Keiner kommt in schußbare Entfernung. Ich genieße die eigenartig herbe Landschaft. Sprechen mag ich nicht viel, und Franz entpuppt sich als großer Schweiger. Ein guter Jäger! Wir brechen ab und wollen noch beim alten Pächter vorbeischauen. Beim Habicht. Es ist nicht weit, und der schlägt uns vor, mit dem Wagen noch bei einem ihnen gut bekannten neuen Balzplatz vorbeizufahren. Getan wie gesagt. Es ist gar nicht weit. Der Alte ist zuversichtlich, daß es klappt, und weist mich ein. Der Wagen bleibt hier im Walde, ebenso wie jener von Franz. Und ich soll jetzt schon im Dämmer mit ihm auf dem Feldweg vorbirschen. Keine 150 m ums Waldeck, dort ist eine feuchte Wiesenmulde, und dort soll er sein, der Hahn. Der, den er quasi als eiserne Reserve vorgesehen hat. Nur für den Notfall. Der Alte ist bestimmt doppelt so alt wie ich, aber gebückt birscht er vor mir wie eine Katze und ich hinter ihm. Noch 30 m. Ich verhoffe, und das Herz schlägt mir bis zum Hals. Ich höre den Hahn, wie er dort hinter der nahen Waldecke rodelt. Mein Führer hält nur kurz an, und gebückt blickt er zu mir. Weiter! Wir sind höher als die Wiese, auf einer Art Böschung, auf der ein Feldweg führt. Schon sind wir beim Waldeck und blicken beide hinunter. Auf keine 80 m balzt der Hahn. Nur eine Henne kann ich daneben erkennen.

Beim vollen Tageslicht wäre der bestimmt nicht da, aber es ist etwas trüb und letztes Schußlicht. Der Alte winkt mir zu. An die 15 m robben wir zu einem Geröllhaufen, dort sind wir in Deckung, und ich kann auflegen. Ob's der Hahn aushält? Doch nach einer halben Minute balzt er schon wieder, von uns abgewandt. Da befinden wir uns aber bereits in Deckung. Atemlos liege ich dahinter, während der Alte mit dem Glas, knapp über den Rand gebeugt, beobachtet. Ich liege seitlich da und winke fragend: „Soll ich?“ Er kriecht zu mir, und ich sehe, daß ihn das Jagdfieber beutelt. Ich blicke gegen den Himmel. Geht es noch? Da stößt der Alte es schnell atmend hervor: „Glengan S' hin!" Und jetzt kommt das Drama. In der Tatra hatte ich die Sako .222 Remington mit, hier aber, ob der Schilderung meiner Freunde, glaubte ich, mit dem Ferlacher Bergstutzen 7 x 65 R und der Hornet besser ausgerüstet zu sein. Und da ich im fremden Revier nicht mit geladenem Gewehr umherlaufen mag und es sich auch nicht geziemt, beginne ich vor dem Alten blitzschnell zu laden. Und während wir so daliegen, sieht der die Hornet-Teilmantelpatrone und fährt mich an: „Was ist denn das für a Patron? Teilmantel?" „Ja!" „Um Gottes willen, das ist zu stark! Es zerreißt den Hahn!" Und er zischt mich ratlosen Gast an: „Vollmantel! Schnell!" Also greife ich in die andere Tasche. Bitte, wenn er glaubt! Hebe mich etwas hoch, sehe den Hahn, der hält aus. Bergstutzen aufgelegt. Lächerliche Entfernung, und da peitscht auch schon der Schuß hin. Der Birkenritter sackt in sich zusammen, ist aber nicht verendet. Die Henne streicht ab. Einige Sekunden vergehen. Mein Partner ist atemlos und zischt, während der Hahn sich aufrichtet: „Noch an Schuß!" Blitzschnell habe ich geladen. Der Hahn ist wieder auf den Ständern. Habe ich ihn nur gestreift? Wo ich so gut drauf war! Schuß! Und der Hahn ist weg. Daneben, so scheint es, in einen kleinen Entwässerungsgraben gefallen. Ich atme auf, habe aber ein komisch flaues Gefühl. „Weidmannsheil!" ruft da freudig der Alte, und wir richten uns auf. Franz kommt dahergeeilt, und ich schildere ihm atemlos alles. Mit dem Glas blicken wir abwechselnd hinunter, wo der Hahn sein sollte. Ja, sicher, ich habe ihn! So einfach war das! Schon schlägt Franz freudig in meine Hand ein „Weidmannsheil!" Der Alte drängt, den Hahn zu holen, und mit einem unbestimmten Gefühl gehe ich hinter ihm dorthin, wo der Hahn eben noch war. Schon sehe ich dunkle Federn aus dem flachen Graben schimmern. Will gemeinsam mit dem Alten hin – und auf keine 5 Meter prasselt der Hahn hoch und streicht ab. Dort abwärts zum vorspringenden Waldeck – wird höher, streicht drüber und ist weg.

Und wir schauen einander wie die begossenen Pudel an. Mir ist, als sollte ich in den Boden versinken. Wenn ich jetzt eine Flinte gehabt hätte! Auch Franz ist mit dieser Art des Anschußbetretens nicht einverstanden. Aber was soll ich tun? Ich bin Gast und habe genau auf Geheiß des Pächters gehandelt. Wir finden Schwingenfedern an zwei Stellen nebeneinander. Von jedem der beiden Schüsse. Herausgestanzt vom Vollmantelgeschoß. Es müssen zwei absolut tödliche Schüsse sein. Eben kein Schwingenknochen erwischt, aber innen, oh weh! Mit letzter Kraft ist der Hahn weg. Ich schäme mich. Mit der Teilmantel wäre er nicht einmal 10 cm gegangen.

Beschämt und reuevoll kehre ich mit meinem Begleiter heim.

Wir beratschlagen noch, was am Morgen zu machen sei. Nachsuche und so. Angeblich ist er in ein ganz kleines Remisental hin abgestrichen. Morgen früh liegt er dort! Ein vager Trost. Den ganzen Vormittag suchen wir dann mit Hund und ohne Hund. Der Hahn ist weg. Den hat vermutlich schon der Fuchs. Eine Schande! Schmach für mich, aber Franz und Franzl trösten mich. Ich sei schuldlos. Ein schwacher Trost!

Mittags brechen wir die Suche, bei der wir einen ganzen mit Erika und Heidelbeerkraut bewachsenen Hügel durchkämmt haben, ergebnislos ab. Ich will mich etwas ausruhen und dann heimfahren. Aber meine Gastgeber reden mir zu. Einmal soll ich es noch versuchen. Der Franz weiß einen Hahn, ganz sicher und sehr stark. Mitten in den Feldern liegt ein kleines Schacherl mit Findlingen, Wacholder, Birken und ein paar Fichten. Dort müßten wir hin, aber sofort. Denn schon um etwa 15 Uhr würde der Hahn dort roglig werden und balzen. Ein besonders starker soll es sein. Ich überlege und stimme zu. Wohl ist mir nicht zumute. Aber man bringt mir bei, daß das eben Schicksal wäre. Außerhalb des Ortes bestätigt ein Probeschuß bei gleicher Entfernung alles. Die Hornet geht, gelinde gesagt, auf eine Briefmarke genau hin. Das Gewehr ist nicht schuld. Um 14.30 Uhr birsche ich mit Franz über die Felder zu besagtem Felsenschacherl. Drüben, auf dem anderen Feld, vielleicht 300 m, sehe ich mit dem Glas einen Hahn und eine Henne umherspazieren. Na also. „Des is er net!" meint der Franz trocken. „Unserer ist doppelt a so!" Mir soll's recht sein, obwohl ich noch immer einen moralischen Kater habe. Ich bin mir sicher, daß der Hahn nicht durchkommt. Den sagenhaften Hohlschuß beim Birkhahn? Den gibt es ja kaum beim Hirsch, nur dort, wo sich eben der Schütze zur Selbstaufmunterung „solcherne" Sachen einredet.

Wir liegen hinter einem massiven quadratischen Findlingsstein in Dekkung und warten. Recht wortkarg. Denn Franz meint, es braucht nur eine Taube erregt abzustreichen, und wir können „einschauen!" Das heißt ungefähr soviel, daß dann Finito ist. Der Hahn hier soll der stärkste und schlaueste der ganzen Gegend sein. Wo ist er?

Wie aus heiterem Himmel – der ist übrigens leicht angetrübt, aber fast windstill – rodelt der Hahn. Für uns nicht sichtbar, aber keine 200 m von hier, das ist uns klar, und, soweit ich das Gelände übersehen kann, am drüberen Feldrand dieser Findlingsremise. Waldviertel eben! Der Franz überlegt, und hingekauert schlägt er mir was vor, das mich sehr freut. Ich soll allein zwischen den Findlingen, den Birken, dem Wacholder und den Heckenrosen hinbirschen. Leise und langsam wie ein Seiltänzer. Am Ende dieses Schacherls sehe ich, nur durch ein schmales Feld getrennt, zu einem zweiten, ganz kleinen, etwa 30 x 30 Meter großen Schacherl, mit einem einzigen großen Findling drin. Dort wäre der Hahn. Ich müßte also etwa 100 m über freies Feld. Ich soll robben und kriechen. Zu zweit kämen wir da nicht durch. Der Hahn rodelt wieder, ich atme tief ein und ziehe los. In 20 Minuten hatte ich die 50 Meter unseres Wäldchens durchquert. Vor mir das freie Feld. Gute 400 Meter rechts, auf einer Wiese mit Entwässerungsgraben, ein weiterer Hahn. Und das schallende „Tschuhui“ meines Hahns drüben hinter dem Findling zwischen den Wacholderstauden. Etwa 130 Meter vor mir. Eine halbe Stunde brauche ich in einer Furche bis zum erikabewachsenen Rand dieser Insel. Der nächste Wald, d. h. Remise, rechts etwa 150 Meter, links gute 700 bis 800 Meter freies Feld. Weit hinten ein tuckernder Traktor mit bravem Bauersmann. Gut so, der würde eventuell den Hahn ablenken. Wieder vernehme ich den Hahn, bestimmt keine 30 Meter, aber für mich unerreichbar verdeckt. Ich müßte bis zum Findling und dort, so ich über den mannshohen Granitblock blicken könnte, dort stünde der ersehnte Hahn. Ich dachte an den Knapp Franz und was er mir eingeschärft hatte. So brauchte ich für die 15 Meter zum Granitblock noch gute 10 Minuten.

Nun lag ich dahinter und mußte warten, bis sich der Hahn rührte – zur Standortbestimmung. Bestimmt verging fast eine halbe Stunde. Ich hatte Zeit. Der Hahn anscheinend auch. Wer weiß, wo der schon war? Im Feld draußen? Oder gar zum rechten Wald dort abgestrichen, während ich hier auf dem Boden lag? Kein Laut vom Hahn. Mühsam richtete ich mich langsam auf, fest an den Granitklotz gepreßt. Das Gewehr bereit, sofort in Anschlag zu gehen.

Der Hahn trug die knallrotesten Rosen, die ich je gesehen hatte. Und wie das Gefieder schillerte! Der Atem stockte mir, und ich dachte an das Weiße in meinen Augen, das mich verraten könnte. Als ob das helfen könnte! Denn der Hahn stand keine 6 Meter entfernt auf dem drüberen Rand des Findlings und äugte starr zu mir her. Gut eine Minute! Ich wagte nicht einmal zu atmen, nicht einmal zu schlucken. „Brrrrrh!" streicht er ab. Und mein Herz mit ihm.

Weg von mir und weg vom Franz, der da hinten in seiner stoischen Ruhe lag. Sicher war es „sein" Hahn. Langwierig ausgeknobelt und geheimgehalten. Ein kapitaler Hahn! Eine Ehre für jeden Hahnenjäger. Mit begehrenswerten Krummen, ein Stück lebendiges Waldviertel, karg, herb, herrlich! Und er war weg, dort ganz hinten verschwand er jetzt im Flug, und die braune Henne hinter ihm. Ich stand da in den Eriken zwischen Heckenrosen, Wacholder, Birken und Föhren an den Granitfindling gelehnt. Und genau halb war ich traurig, daß ich ihn nicht überlistet, und genau zur anderen Hälfte froh, daß ich ihn so gut in Anblick bekommen hatte. Schießen werde ich keinen mehr!

Oben: „Bei den Sieben Brüdern", der „Kaiser" in seinem Reich, die Nothklammhütte hat er selbst erbaut.

Unten: „Traum vom Pauliberg", abgeschiedene glücklichmachende Waldeinsamkeit.

Meine Rehe

Was liegt näher, als von jener Wildart zu erzählen, die ich in unseren Hügellandrevieren, in denen Wald, Wiese, Felder in bunter Folge wechseln, entsprechend am häufigsten bejagt habe: den Böcken oder, besser gesagt, den Rehen.

Nachmittags hatte es nach fast 14 heißen Tagen ein in drei Intervallen wiederkehrendes mächtiges Gewitter gegeben. Mit allem Drum und Dran, Blitz und Donner. Der Himmel öffnete seine Schleusen, und es gab sogar etwas Hagel. Jetzt, in der zweiten Hälfte Mai, mußte man ja damit rechnen. Kaum daß die letzten Tropfen fielen und der Höhenzug des Geschriebensteins sich plötzlich dunkel und steif gegen den hellen Horizont dort im Süden abhob, während hier noch immer ein graublau bleierner Farbton den Himmel beherrschte, war ich auch schon auf dem Weg ins Revier. Fürs Rehwild oder besser gesagt für den Anblick das beste Wetter. Da zog der verschrobenste Hofrat bei irgendeiner Waldecke heraus aus dem tropfnassen Wald.

Beim Standeck oben im Selitzatal fegte heuer wieder so eine Art Wüterich an den Jungföhren, und ich konnte ihn bislang noch nicht in Anblick bekommen. Ob's der starke, gleichmäßige Sechser war, den ich im Vorjahr auf der Wiese davor überhaupt nur ein einziges Mal, und da unerwartet am Vormittag, gesehen hatte, kaum, daß ich ihn richtig ansprechen konnte, und der dann bis heute spurlos verschwunden blieb? Im Hohlweg vor den

Oben: Am vorausgeahnten Wechsel die Keilerfährte gefunden. Die Patrone 9,3×62 als Vergleich.

Unten: Landschaft des Mittleren Burgenlandes, Wälder, Felder, begrenzt vom westlichen Landseer Gebirge. Im Vordergrund Weizenfeld mit „Sauschaden".

Standwiesen ist es gründämmrig dunkel, das regennasse Laub hängt wie ein Vorhang über dem Weg, und einzelne der klatschnassen Buchenäste hängen gar so weit herab, daß ich mich ganz schön tief bücken muß und doch anstreife. Jetzt wird's frei, und der „kleine Stand", die Wieseninsel im Hochwald mit dem Wildacker drin, liegt still in allen Schattierungen von hell- bis dunkelgrün vor mir.

Vormittags bei blauem Himmel ein gaukelndes Blumenmeer mit gelbem Hahnenfuß, rosa Kuckuckslichtnelken und weißen Margeriten, ist die farbige Pracht jetzt einem wie mit Abertausenden glitzernden Perlen überzogenen graugrünen Samtteppich gewichen. Vom vorausgegangenen Regen sind die Blumen alle geschlossen und neigen sich traurig zur Seite. Rechts oben auf 100 Schritt, kaum rage ich brusthoch aus dem tiefeingeschnittenen Hohlweg, reißt's mich schon herum. Rot leuchtet's gegen den dahinter liegenden dunklen Föhrenstreif aus der Wiese. Das Glas fliegt hoch. Na, jetzt ist ja alles klar, der ist da zur Zeit sicher der Föhrenfeger vom Dienst. Zwei bis drei Jahre nach dem Träger, aber Gabler. Rechts handbreit über die Lauscher und das Ende nur angedeutet, links die typische Gablerstange, aber gut 4 cm kürzer, mit mittellangem Gabelende. Weißes Gesicht, aber das täuscht; er ist nicht älter, diese brandrote Farbe und der noch zu schmale Träger verraten es. Jüngling mit dünnen Stangen. Aber im Wildbret gut, demnach noch ein Jahr warten. Also II b – so sagten wir damals –, und vor der Brunft muß es geschehen, sonst ist's sinnlos. Und je länger ich den äsenden Bock anstarre, um so mißtrauischer werde ich. Der ist mir nämlich zu nervös. Immer wieder wirft er auf. Zu oft! Also werde ich ihn mir noch einmal bei Gelegenheit anschauen. Ob da nicht noch ein älterer, besserer Bock zum Stand gehört?

Will ich den Gabler nicht vergrämen, muß ich zurück. Lautlos mache ich es und nachdenklich. Durch den tropfenden, glitschigen Hohlweg unten beim Bach wieder angelangt, biege ich nach rechts. Auf dem alten Abfuhrweg birsche ich oberhalb der Standwiesen hinauf durch den Gemeindewald zur alten Kanzel oben am Schlagplateau. Dort im etwa 25jährigen Mischwaldbestand mit den vielen freien Blößen geistert ein kümmernder Sechser umher, vielleicht kann ich ihn heute einmal aus geringerer Entfernung ansprechen.

Der bergan führende Birschsteig bringt mich ins Schwitzen, aber gerne nehme ich die zehn Minuten Steigung in Kauf. Hier ist noch der ruhigste Platz im Revier, in den Maiß verirrt sich keiner, und ich kann dort sicher mit Anblick rechnen. Wie durch einen düsteren, nassen, tropfenden Dschungel geht's den schmalen Steig entlang. Vollkommen gedeckt kann man hier bis zur freistehenden Kanzel, vor der sich der alte Schlag ausbreitet, gelangen. Leise tappe ich die Leiter hoch, und auf 70 oder 80 Gänge äst dort im Maißgras zwischen den einzelnen Buchen- und Birkenstauden ein gelbes Reh. Geiß? Den Bergstutzen lehne ich behutsam in die Ecke und hebe das zehnfache Glas. Was ist's, Bräutigam oder Braut? Unbekümmert und an den frischen Trieben naschend, äugt das Stück zu mir. Mensch, Knöpfler! Der vierte, den ich heuer bisher kenne. Zwei etwa drei Zentimeter hohe Bastspießchen sitzen da zwischen den spielenden Lauschern im gelbroten Gesicht. Ein Kind, aber ein schlecht geratenes. Bei dem Anblick komme ich natürlich in den Widerstreit der Gefühle. Der 10. Mai ist bereits. Und keine 6 km Luftlinie ist Ungarn, dort sind die Böcke ab 1. Mai frei, also bereits einige Zeit, und ein Freund hat auch schon einen dort erlegt. Jetzt, Anfang Mai, finden Reh und Niederwild fast von einem Tag zum anderen mehr Deckung. Und gar in der dritten oder vierten Woche sind die meisten Knöpfler schon im hohen Bewuchs verschwunden. Wir sind mit der Schußzeit leider erst später dran, aber was haben die Ungarn dort für Trophäen gegen unsere „Hascherl" hier. Sicher ist ihre Methode diesbezüglich besser. Zweifellos, so ein Reh wird bestimmt mit jedem Tag schwerer. Ich muß mich, den Knöpfler immer noch brettelbreit vor mir, von solchen Gedanken losreißen. Nur keine falschen Gedanken. Welcher Untertan wagt es, an der Allmächtigkeit des oberen Scheichs zu zweifeln?

Allah erleuchtete dessen Weg auch im nächsten Jahr. Er, der höchste Scheich, wird schon wissen, was er uns da mit seinen Derwischen beschert hat.

Ein plötzlicher kurzer Schauer trommelt einige Minuten gegen die Kanzel und hört gleich wieder genauso abrupt auf, wie er kam. Ein zweites Stück tritt auf die Lichtung. Rechts neben der Fasanhütte kommt der junge, mittelmäßige Sechser, den ich schon kenne. Keine 60 Schritt sind's, und so kann ich ihn heute in Ruhe betrachten. Der ist aber gar nicht so übel! Die fingerdicken Stangen mit den zwei bis drei Zentimeter langen Enden werden im nächsten Jahr schon besser werden. Im Wildbret zeigt er sich jetzt, wo ich ihn so gut ansprechen kann, nämlich gar nicht schlecht. Warum der hier im verborgenen blüht? Der könnte doch auf die nahen Wiesen ausziehen, aber dort habe ich aus dieser Richtung noch keine Fegstelle gefunden und ihn auch nicht gesehen. Bei heimlichen Stücken muß man annehmen, daß sie auch etwas „auf dem Kerbholz haben". Doch hier kann ich das Rätsel, warum er den schützenden Schlag nicht verläßt, nicht lösen. Der Sechser rechts geht und geht nicht weg von seinen vier Quadratmetern, auf denen er immer wieder äst. Der Knöpfler vor mir, scheinbar allem und jedem vertrauend, bleibt mitten auf der Blöße im Schlag. Es klart ganz auf, und jetzt, nach dem Regen, liegen links der Pauliberg und weiter hinten das Bernsteiner Hügelland und die ganze wellige Landschaft davor mit ihren Wäldern und Wiesen und Feldern, ihren Mulden und Hügeln, blankgeputzt in allen Farbtönen, die es zwischen Grün und Graublau gibt, vor mir. Die Täler schwimmen im milchigen Grau, und stufenweise ragen die blaugrünen Hügelzüge wie hintereinandergestaffelte Silhouetten aus dem Meer heraus. Einzelne weiße Nebelschwaden steigen gleich Wattewolken aus den dampfenden Gräben in den Wäldern.

Wo habe ich dort überall schon gejagt! Mit Doc T. und Georg und Hans am Pauliberg und im davorliegenden Neudorf. Sogar im etwa 45 km südlich von hier liegenden und durch den vorangegangenen Regen so nahe gerückten Bernstein war ich schon beim Lazi. Schön war es damals, als ich dort den laufkranken Bock erlösen konnte. Ladislaus ist hier übrigens ein geläufiger Name der älteren Generation. „Erbe der Herrschaft", das heißt Esterházy. Jetzt heißen alle wieder Hans und Dieter, Klaus und Manfred und Gerhard usw. Wie die Mädchen eben nicht mehr Agnes oder Wilma heißen, sondern Hermine, Annigrete und Claudia. Die zwei ungleichen Brüder sind noch immer da, wenn sie auch bestimmt noch nichts voneinander wissen. Das wird ein Hallo, wenn die zusammentreffen und der ältere Sechser den Knöpfler auf Schwung bringt.

Bei all dem Sinnieren wird es leicht dämmrig, und unterhalb der spitzen Ruinensilhouette von Landsee in Neudorf drüben – werden etwa 7 bis 8 km Luftlinie sein – flammen die ersten Lichter auf. Weit drüben, hinten im Hochwald, bricht etwas. Vermutlich Sauen, die heute zeitiger auf die Felder wollen. Es hilft nichts, ich muß hinuntersteigen. Übernachten will ich hier nicht. Spätere Störungen nimmt das Wild sehr übel.

Der Sechser ist im Dämmern nur noch ungenau mit dem Glas zu erkennen. Ich weiß nicht, warum er von seinem Eckerl nicht weg will. Er äst noch immer, und ich muß nur heil und ohne Geräusch von der Leiter kommen. Der Wind steht ja gut. Dann habe ich Deckung und kann mich mit gutem Gewissen wegstehlen. Unten im sich durchs lange, feuchte Tal schlängelnden Wiesenbach eröffnet plötzlich der Generaldirigent von Grünleib mit tiefem Baß das abendliche Froschkonzert, und augenblicklich fallen Hunderte seiner Brüder ein. Ein ewiges Rätsel ist das in der Natur.

Wie bei einem Bankeinbruch zu Mittag, so leise bin ich auf der halben Leiter, den weißbebrillten Sechser lasse ich nicht aus den Augen. Jetzt wirft der Verblendete aber auf und läßt mich nicht mehr los. Und ich auf einem Bein, bin stock und steif. Endlose Minuten. Er beginnt mit dem Scheinäsen, um gleich wieder aufzuwerfen. In der kurzen Pause erledige ich die zwei und dann beim nächstenmal die letzten drei Sprossen. Einen Meter brauche ich noch in die schützende Deckung. Der Bock ist so vertraut, und mich reitet der Teufel. Ich fahre mit dem Bergstutzen auf und visiere ihn, an die Leiter gelehnt, so gut ich kann, an. Das 6fache Kahles wandert mit dem Fadenkreuz aufs Blatt. Es ist unfair, mitten zwischen die Lichter unter die schwarzen Stangen. Ob's überhaupt 50 Schritt zum wie gebannt stehenden Bock sind? Seine weißen Brillen sind trotz allem Dämmern sehr gut zu erkennen. Der Finger ist am Abzug. Einen Druck! Jetzt hat's ihn! Ich weiß natürlich, daß das Gewehr nicht geladen und außerdem gesichert ist. Er aber gibt nicht auf. Stock und steif äugt er mit hochgehobenem Haupt zu mir und ich mit angespanntem Atem zu ihm. Aug in Auge stehen wir einander gegenüber. Keine Faser kann ich jetzt rühren. Es wird zur Ewigkeit. Und wie er aus mir doch nicht klug zu werden vermag, beginnt er zu äsen. Eine Erlösung, ich atme auf und bin auch schon wie ein Schemen lautlos auf dem Birschsteig verschwunden. Nachtschwalben umgaukeln mich mit klatschendem Flug. Unten verschluckt mich der kellerfinstere, den Himmel verdeckende Hochwald.

Nur dahintappen kann ich dorthin, wohin der Abfuhrweg führt. Wie gut das ist, wenn man fast jeden Baum kennt. Nasse Äste wischen mir im Dunkel ins Gesicht. Endlich leuchtet unten, als ob man durch einen dunklen Lauf blicken würde, etwas Rundes, Helleres, Graugrünes auf. Die Selitzawiese ist's, und dort hat auch das alles verdeckende Blätterdach ein Ende.

Patschnaß ist der Mantel, ganz sacht rinnt das Wasser vom nassen Kragen ins Genick. Wie gut, daß ich heute im Regenwetter die Bracke daheimgelassen habe.

Dunkel ist der Himmel, das Rauschen des Selitzabaches vermischt sich mit dem Froschorchester. Ein Frühlingsabend.

* * *

Wellige Felder und Wiesen umsäumen hier die Bäche, welche die Täler durcheilen. Drüben beim tief eingeschnittenen Landschargraben hatte ich in den Randgehölzen – der große Waldkomplex beginnt ja erst weiter oben nördlich, gut einen Kilometer weit – einen seltsam scheuen Bock entdeckt. Rein zufällig sogar. Beim abendlichen Heimweg vom großen Waldschlag zur im Fuchsengraben stehenden Jagdhütte ist er mir, als ich gerade den großen Wiesenteil, der hier zwischen den baumbestandenen Gräben den Übergang bildet, vom Waldrand abgesprungen. Nur einmal kurz, tief und dumpf schreckend, war er von der Wiese in den Landschargraben – das ist der mit dichtem Baum- und Unterwuchs bewachsene, vielleicht 25 Meter tiefe und 100 bis 200 Schritt weite, große Erosionsgraben, von dem keiner weiß, woher er den seltsamen Namen hat – verschwunden. Ein guter Reheinstand ist das hier, und jeden Winter freue ich mich immer wieder neu auf den kommenden Platzbock, der hier für einige Monate den Herrn und Gebieter spielt. Das tiefe dunkle, einige Male ausgestoßene Böh hatte mich neugierig gemacht, und als ich einige Tage danach auf dem weiter oben gelegenen Kirschbaumsitz beim Fuchsengraben angesessen war, hatte ich den Bock gut ansprechen können. Er war, obwohl jetzt im Frühjahr die Rehe gierig auf den grünen Wiesen und hauptsächlich dem grünen Steirerklee stehen, erst im letzten Licht ausgezogen. Aber es hatte genügt; ich vermochte zu sehen, was ich wünschte. Im übrigen befand sich die Stelle, wo er plötzlich aus dem grünen Vorhang des Landschargrabenrandes herauszogen kam, um augenblickslange zu sichern, nur ein paar Gänge von jener entfernt, an der er mir vor Tagen abgesprungen war. Starker Träger, graues Haupt, Wildbret etwa Mitteklasse, aber Geweih oho! Sechser, vielleicht fünf- oder sechsjährig und die Stangen oben wie leicht verbeult, Enden höchstens zwei Finger breit. Erster Gesamteindruck welliges Geweih,

Parasitenbock. Sein äußerst scheues Verhalten bestätigte nur sein Alter. Er hatte mich damals sehr beeindruckt, noch dazu waren die zwei oder drei schon lange vor ihm dort äsenden Rehe sofort ausgewichen. Obwohl bestimmt 200 m entfernt und bei gutem Wind verließ ich ganz scheu meinen Sitz, um über die hinter dem Fuchsengraben liegenden Felder in weitem Bogen wieder der Hütte zuzustreben. Die Hütte steht dort unten in einem muldenförmigen Einschnitt des dichtbewachsenen schmalen, aber vielleicht einen halben Kilometer langen Fuchsengrabens und beeinträchtigt den Rehbestand ringsum in keiner Weise. Im Gegenteil, im Winter bei Schnee oder im Frühjahr nach dem Regen konnte ich immer wieder Rehfährten vor dem Haus finden. Und zweimal hatte schon ein Bock keine 50 Meter hinter der Hütte bei den Wacholderstauden gefegt.

Ein weiterer Ansitz in den nächsten Tagen bestätigte neuerlich: der Bock verhielt sich äußerst standorttreu, zog fast auf den Meter genau aus. Ein älterer, zugewandter Hofrat. Aber das Schönste: Übermorgen schrieben wir den 15. Mai – Johann von Nepomuk gewidmet –, und am folgenden Morgen begann die Schußzeit. Ob es wohl eine Bewandtnis mit dem Beginn der Rehbockschußzeit und dem Heiligen von Nepomuk, dem großen Schweiger, hatte? Wer einigermaßen die Verhältnisse der vielen Methoden der Rehbockjagd, die mindestens eine Woche davor schon zur Krümmung neigenden, rechten Zeigefinger mancher Jäger kennt oder gar die, wie uns Landbewohnern scheint, skrupellosen und vollkommen totalen Methoden und Gelüste mancher Stadtjäger, wird auf Anhieb sagen: Es muß eine gewisse Bewandtnis mit den Heiligen haben.

Diese Sorgen hatte ich nicht, als ich wieder im tiefen Dunkel heimwärts ging. Auf leisen Sohlen, eingedenk des alten Kinderreimes: „Hinter mir dunkel und vorder mir kloar, daß niemand siacht, wo i hi foar!" freute ich mich schon auf den Aufgang der Schußzeit. Das würde kinderleicht werden. Zwar bestimmt wieder im letzten Dämmer, aber der Bock hielt seinen Platz, und ich brauchte ihn mir nur zu holen. So schien es jedenfalls. Am ersten Schußtag konnte ich nicht, am zweiten gab es Südwind, also nichts für den dortigen Ansitz. Die ganze Strategie war hier auf den üblichen Nord- oder seine beiden Vetter, den feuchten Nordwest- und den kühlen Nordostwind, aufgebaut. Aber morgen, am dritten Tag, mußte es klappen.

Das Wetter war gut, und der Wind würde sich bestimmt am nächsten Tag gedreht haben. Selbstverständlich probierte ich es am Südwindtag auf einem anderen, mir vernünftig erscheinenden Platz. Drüben am Rand des hufeisenförmigen, fast einen Kilometer langen Akaziengrabens. Hatte auch sogar drei verschiedene Böcke in Anblick, war aber nichts Vernünftiges dabei. Am Morgen konnte ich wieder nicht, aber ich atmete auf, als ich mittags vors Haus trat. Leicht bewölkt mit frischkühlem Nordost, doch als ich dann abends nach aufreibender Ordinationstätigkeit auf dem Kirschensitz saß, kam der Bock so spät auf seinem Wechsel aus dem tiefen Graben auf die mit gelbem Hahnenfuß und Margeriten übersäte Wiese, daß ich nur noch ahnen konnte, er wäre es. Näher zog er nicht. Es war schon zu spät. Nur das zehnfache Habicht zeigte ihn noch einigermaßen gut. Im sechsfachen Zielfernrohr erschien er wie ein graurotes Schemen. Zudem standen ihm die hohen Blumen und das überaus hohe Gras so hoch bei den Läufen, daß sie fast das Blatt bedeckten. Ich konnte nicht einmal schwören, daß er es wirklich war.

Nur nach dem Träger konnte man abschätzen, daß es kein anderer sein könnte. Ältere Böcke behaupten ihren Platz um diese Jahreszeit und wollen keinen ganz jungen in ihrer Nähe dulden. War er's tatsächlich? Also es lieber morgen nochmals versuchen. Aber am nächsten Tag war es wieder zu windig, und an den darauffolgenden Tagen gab es ohne erklärbare Ursache keinen Anblick. Als ich schon vermeinte, daß sich der Bock mit dem verkrümmten hellen Geweih woanders ins Revier überstellt hätte, traf ich dann eines Abends ganz unerwartet mit ihm zusammen. Ich war wieder einmal auf dem Kirschensitz gesessen, von der manischen Vorstellung beseelt, dieser allmählich sagenhafte Bock müßte mir gehören. Hatte einige Zukunftsböcke dadurch in den Getreidefeldern rundum, die vom luftigen Kirschbaumsitz aus sichtbar geworden waren, kennengelernt, aber der Gekrümmte war ausgeblieben. Aufgeben würde ich nicht. Da sollte der mich noch kennenlernen! Natürlich reizte mich auch die Trophäe viel zu sehr. Und, ohne daß ich es zugeben wollte, noch mehr die aufsteigenden Schwierigkeiten seiner Erlegung. In der Dämmerung baumte ich ab, machte mich mißmutig auf den Heimweg, überquerte die vor der Mahd schon hohen Wiesen, umtönt vom hundertfachen Grillen- und Insektengezirpe. Mittlerweile war der gelbe Hahnenfuß auf den Wiesen den rosa, sich beim Wind so leicht wiegenden Sternen der Kuckuckslichtnelken gewichen, als ich des ewigen Obachtgebens, damit ich den Bock ja nicht beleidigen würde, müde, einmal nicht im großen Bogen den 3/4 Kilometer bis zur Hütte ging, sondern diesseits des Landschargrabens über die Wiesen heim wollte. Trat am leichten Knick unterhalb des Fuchsengrabens, wo die Weningerwiese beginnt, in das aus weißen Birkenstämmen gebildete Waldeck und erstarrte augenblicks zum Monument. Denn fast schon zu spät zum sicheren Schuß stand dort genau auf der Rückseite des Grabens mitten in den wippenden Blumen, die Gräser und Halme bis zum Blatt, der Gekrümmte. Kein Zweifel, er war's. Stand da auf 50 Schritt. Hoch aufgerichtet den Träger, und jede Sehne wie eine Armbrust gespannt. Ich hatte ihn mir von den Ansitzen vorher so gut eingeprägt, daß ich augenblicklich wußte, mein Instinkt war absolut sicher, das war mein Widersacher, der gekrümmte Sechser! Und augenblicklich – ich fand gar keine Zeit zum Überlegen – riß ich den Bergstutzen hoch. Der Bock, schon im Fadenkreuz, versuchte zur 3 oder 4 Gänge nahen, verwachsenen Wiesenmulde zu wenden. Dort würde ich ihn gar nicht bekommen. War ich am Blatt? Und mein Blitz verschlang ihn, während das Echo über die Selitza hinunter zum Hügelrücken der Neuäcker dröhnte und von dort und vom Gemeindewald rollend zurückkam.

Teufel noch einmal, da war ich aber tatsächlich zu schnell gewesen. Geblendet setzte ich das Gewehr ab. Jäh wurde es mir bewußt, wie dunkel es schon war. Sah gar nichts. Der Platz dort vor mir war leer. Nein, gar nichts zu hören. Nur leise kam unten drüben von der einen Büchsenschuß weiten Selitza das Bachrauschen. Vom Wind getragen, erreichte es mich. Jetzt ganz fein im Graben unten wie ein Ästeknacken. Verflixt noch einmal!

Hob das Glas, natürlich sinnlos, was sollte ich auch damit sehen? Nichts! Setzte mich ins hohe Gras und zwang mich gegen alle inneren Einflüsterungen zum Warten. Überdachte alles genau noch einmal. Und noch einmal. Und nach guten zehn Minuten, es war natürlich jetzt bereits richtig dunkel, birschte ich die kurze Strecke zum Anschuß. Fand ihn überraschend auch im Gras und in den Blumen sofort. Trotz düsterem Bergwerkslicht. Das Gras war genau da, wo er gestanden war, niedergewalzt, und das Ganze zeigte sich scharf begrenzt. Daneben standen schon wieder die hohen Halme. Also auf alle Fälle ein Treffer. Aber was für einer? Die ersten Bedenken stiegen in mir würgend hoch. Fuhr mit der Hand in die gedrückten Halme.

Nichts. Hatte ich gefehlt? Nein, unmöglich, und auf diese nahe Distanz! Kugelschlag hatte ich keinen vernommen, aber dazu war auch die Entfernung zu gering. Zweifel und Vorwürfe kamen mir, und ich suchte mit der Hand auf dem Boden umher. Doch hier, ein paar Halme waren auf einer ganz kleinen Stelle feucht. Probierte mit den Fingern daran zu reiben und wußte alles. Ganz wenig wäßriger Schweiß! Ich hatte den Bock angeblitzt. Nur der Schuß war mir nicht ganz klar. Mehr Schweiß fand ich nicht mehr, obwohl ich mit den Händen die ganzen Gräser abstrich und zu guter Letzt auch noch das Taschentuch dazu verwendete, um den dunklen Schweiß sofort erkennen zu können. Es war aber nicht mehr. Ja, dachte ich, jetzt ist er dort am nahen Grabenrand zusammengebrochen und konnte mich nicht halten, weil ich doch an den Schluchtrand mit seinen steilen Rändern dachte und an die kurze kurze Entfernung und an die 7 x 65 R, noch dazu Teilmantel.

Der mußte einfach dort liegen, und nach ein paar Schritten stand ich auch schon am Grabenrand, spürte den Wind im Nacken. Was wollte ich hier eigentlich in der Dunkelheit? Ich konnte ja nicht hinunter. Ich erkannte, daß ich im Unterbewußtsein vermutet hatte, der Bock würde am Grabenrand liegen. Und in diesem Augenblick hörte ich keine 20 Gänge von mir, dort unten im stockfinsteren Dunkel, ein Stück Rehwild wegprasseln.

Jetzt hatte ich die Bescherung! Angebleit und aufgemüdet! Schlechter hätte ich es nicht machen können! Ein Anfänger! Verstört setzte ich mich in die wogenden Gräser und den Blumensaum und starrte gegen den einbrechenden Nachthimmel. Ich hatte einen Riesenfehler gemacht! Viel zu spät im mangelnden Licht geschossen! Gegen jedes Jägerwissen gehandelt! Am Blatt konnte ich schon auf Grund des Anschußbefundes trotz Dunkelheit nicht sein. War es wirklich schon zu dunkel gewesen? Ich hatte doch im Zielfernrohr immerhin noch die Trophäe erkannt. Oder redete ich mir das jetzt erst nachträglich zur inneren Beruhigung selbst ein? Vorwürfe stürzten jäh auf mich ein. Im hohen Gras legte ich mich ermattet auf den Rücken. Wie konnte ich so voreilig sein? Wie ein blaßgrüner Anfänger. Was hätte ich nur dem Gast erzählt, der hier an meiner Stelle das gleiche getan hätte!

Es war zappenduster, finster wie in einem Kohlensack, und ich stolperte hinunter, bei der Hütte vorbei, zur Selitza, dem plätschernden Wiesental. Ich mußte heim, und am Morgen mußte Kossa, die Brandlbracke, her. Nun habe ich die Brandlbracke praktisch bei jedem Schritt ins Revier mit. Nur eignete sich dieser luftige Ansitz auf dem Kirschbaum für ein Ablegen des Hundes unter der Leiter ausgesprochen schlecht. Da würden früher oder später ein paar Rehe den Hund in den Wind bekommen, und es wäre alles verdorben. Morgen früh lag alles an meiner schwarzbraunen, treuen Brandlbracke aus Lilienfeld. Ich hatte schon verschiedentlich günstige und ungünstige Schweißfährten mit ihr versucht, und sie hatte hervorragend reagiert.

Daheim angekommen, umsprang mich der schwarze Hund jubelnd. Ich streichelte und tätschelte ihn ab. Morgen kannst du mir helfen.

Wer kennt nicht die zermarterten Nächte nach der Erkenntnis, daß man ein Stück Schalenwild angeschweißt hat und erst am kommenden Morgen nachsuchen kann? Wer kennt nicht die qualvollen, aus unruhigem Schlaf, plötzlich herausgerissenen schreck-wachen Minuten, die wiederkehrenden, düsteren Bilder vor dem geistigen Auge? War es nicht schon Zeit, war es nicht schon grau draußen? Das Frühstück schmeckte mir nicht, und der Hund ahnte, daß uns beiden etwas bevorstünde, denn er wollte überhaupt keine Ruhe geben. Die Felder und Wiesen zeigten noch ihr graues Grün, die Sonne war noch nicht hochgestiegen, als ich bereits beim Kirschbaumansitz stand. Den Hund nahm ich an die lange Leine, und in dem taunassen Gras begann die Suche. Die Bracke verwies sofort den Anschuß und wollte unbedingt weiter. Ich betrachtete mir aber noch eingehend die ganzen Gräser, und sosehr ich auch suchte, es ließ sich kein Schweiß finden, außer den paar Tropfen, die ich gestern schon entdeckt hatte. Der Schweiß war wäßrig, mit klebrigen, ganz dicken Stellen, und da fand ich auch einen leicht blaßgrünen Tropfen. Heiland der Welt! Schuß durchs Gescheide. Der Hund zog mich genau dorthin in den Landschargraben, durch den Schluchtrand, durch die dicken Brombeeren hinunter, dort, wo ich am Abend nach dem Schuß vermeint hatte, das Ästeknacken zu hören. Und schon in einer gewissen Beruhigungsphase, denn ich vertraute fest auf den Hund, glaubte ich doch, daß in diesem schier undurchdringlichen Dschungel der Bock gewiß im näheren Umkreis liegen müßte.

Aber ich hatte ihn doch wegbrechen gehört, das war bestimmt kein anderes, zweites Stück, das war mein angeflickter Sechser. Und nach ein paar Minuten stand ich vor den Brombeeren.

Die Brombeeren und die Brennesseln dort niedergedrückt und kein Schweiß, nur am Rande davon, dort, wo etwa die Vorderläufe sein könnten oder knapp dahinter, etwas Dünnes, Wäßriges, Grünliches und ein, zwei Tropfen wäßriger Schweiß. Das konnte gut werden! Der scheußlichste Schuß, den es vielleicht mitsamt den noch scheußlicheren Folgen des Aufmüdens gibt. Die weitere Suche, längst war ich vom Tau schon bis über den Gürtel naß, ging kreuz und quer im Graben umher, aus dem Graben an der Ostseite heraus, auf die freie Wiese. Ich wußte genug, denn wenn das kranke Stück sogar aus der schützenden Deckung zog, bedeutete das ein äußerst schlechtes Omen.

Überquerte das Selitzatal. Das Gute daran war, daß ich im taufeuchten Gras ja noch gut die zusammengedrückten Halme und dadurch die Fährte selbst sehen konnte. Noch dazu verwies die Bracke ganz genau die Linie der niedergedrückten Halme. Nach weiteren 100 Metern stand ich am Beginn der sogenannten Neuäckerstauden, einem über dem Selitzabach liegenden, vielleicht 300 Meter großen Waldgeviert, und hatte nach gut eineinhalb weiteren Stunden auch dort nichts gefunden. Eine Schande! Der Hund ging im Kreis; vom Rehbock keine Spur, an Schweiß nicht zu denken, und der Unterwuchs äußerst gering, so daß ich mir nicht vorstellen konnte, daß der Bock hier irgendwo liegen könnte. Eines war schauerliche Wahrheit. Mit diesem unweidmännischen Schuß und dem Aufmüden würde er so weit gehen, als ihn die Läufe trugen.

Ich nahm den Hund an der Leine kurz, ging wieder zurück ins feuchte Wiesental der Selitza und suchte neuerlich auf unserer alten Fährte, den Hund jetzt wieder an der langen Leine. Aber es half nichts. Nach einer weiteren Stunde standen wir abermals mitten in den Neuäckerstauden und hatten bis dorthin nicht die leiseste Spur eines Schußzeichens gefunden. Tau gab es keinen mehr. Ich war schon müde und ermattet, noch dazu durchnäßt bis auf die Haut, vom vorherigen Morgentau und folgender schweißtreibender Plackerei. Den Nachsuchentokarev, den russischen Mehrlader, hatte ich über dem Rücken, und obwohl dieses Gewehr äußerst leicht ist, drückte es mich wie eine Elefantenbüchse. Mitten in dem buchen- und eichenbewachsenen Neuäckerwald setzte ich mich auf einen Baumstrunk. Nahm den hechelnden Hund zwischen die Knie und streichelte ihn. Brav! Was sollte ich jetzt tun? Eines war mir klar: Aufgeben würde ich nicht! Ich würde dem krankgeschossenen Bock, wenn es sein mußte, bis nach Paris nachgehen, denn ich selbst hatte ja dieses ganze Dilemma verursacht. Wenn ich nur die Richtung, in der Paris und der Bock liegen würden, ahnen könnte. Wir rasteten ein wenig, wir beide, und dann tätschelte ich den Hund, der keine Anzeichen mehr nach einer Suche machte, nochmals liebevoll ab und zeigte wahllos in der Gegend umher. Und mit den Worten „Such brav!" entließ ich ihn. Und er entschwand in jähen Sprüngen augenblicks zwischen den Eichen und Buchen des vielleicht 50jährigen Bestandes.

Der Neuäckerwald besteht aus verschiedenen privaten Eigenwaldparzellen und bildet ein ganz leicht welliges, nach Osten zu etwa 40 bis 50 Meter hoch ansteigendes, vielleicht 300 Meter weites Gelände. Und ich saß mittendrin, starrte vor mir auf die Haselnußstauden mit den grünen, gezackten Blättern und unter mir auf das braunwelke Laub des Vorjahres. Ganz leicht, jede Handbreit nur ein- oder zweimal, sprossen dort ganz fein zarte Waldgräser hervor. Ich stützte den Kopf in die Arme, alle Sinne wach, den Hund erwartend. Und in der morgendlichen Stille nur von Vogellauten und einem weit entfernten Hämmern eines Buntspechtes unterbrochen, jauchzte die Bracke. Denn augenblicks erkannte ich's. Vielleicht 150 Meter weiter unten, nördlich, wieder dem Bach zu, den wir auf der Rückseite des Neuäckerwaldes überquert hatten. Schon war ich, den Tokarev vom Rücken nehmend, mit langen Sprüngen auf dem Weg dorthin. Das Herz schlug nicht nur vom Laufen, es pochte erregt vor der bangen Frage, ob dieses erneut auftönende, ganz hohe, fast schrille, jauchzende Lautgeben des Hundes die ersehnte Erlösung bringen würde. Und kurz davor, wahllos rannte und sprang ich durch Haselnußstauden und Brombeerinseln, verlangsamte ich meinen Schritt. Hier mußte es irgendwo sein. Hielt unmittelbar an, den Atem zurückhaltend und mit jeder Faser meiner Sinne horchend. Ein leises Winseln verriet mir den nahen Hund. Das Gewehr in der Hand, zum Schuß bereit, birschte ich vorwärts, wußte aber gefühlsmäßig, daß das Stück nur verendet liegen konnte, weil die brave Bracke sonst viel heftiger Laut geben würde.

Stand nach etlichen Herzschlägen vor dem zwischen zwei Buchenstauden knapp vor dem jähen Abbruch des Neuäckerwaldes in den Selitzabach liegenden, schon lange verendeten, jetzt so heiß ersehnten gekrümmten Sechser. Die Bracke sprang an mir hoch und wieder hin zum Bock. Jaulte laut auf und zerrte den Bock hin und her. Ich weiß nicht, wie lange ich den Hund damals abgeliebelt habe.

Im geheimen versprach ich ihm alle möglichen Würste und Leckereien, derer ich habhaft werden könnte. Ich hab' es auch gehalten. Natürlich mit quantitativen Einschränkungen.

Der Griff ins Geweih beruhigte mich doch, und mein großer Kummer und meine Bedrängnis ob des scheußlichen Schusses wichen einer immer größeren Freude. Die Trophäe war gut, das Geschoß knapp unter den letzten Federn durchs Kleine Gescheide gefahren. Zwei bis drei Zentimeter tiefer, und ich hätte ihn glatt gefehlt. So schnell würde mir das nicht mehr passieren. Ungeduld beim Jagen bringt große Sorgen!

Was mochte das Stück wohl mitgemacht haben, bis es erst nach einiger Zeit dort verendet war. Die Lunge war an den Spitzen leicht angekratzt, das Geschoß hatte sich, da ich keinen Rippenfortsatz erwischt hatte, vermutlich sehr wenig zerlegt, der Widerstand war zu gering gewesen. Aus Fehlern soll man lernen!

Ich habe viele Stücke Schalenwild pardoniert in der folgenden Zeit. Solche, bei denen ich vor Abgabe des Schusses nicht hundertprozentig sicher war. Und wenn ich noch heute die Trophäe, die im Jagdzimmer vor mir an der Wand hängt, sinnend betrachte, denke ich nicht nur an die große Erwartungsfreude bis zu dem Augenblick, da ich den Bock erlegt hatte und sehe nicht nur den Stolz über diese gute Trophäe, sondern denke auch an das Leiden des kranken Stückes.

Böcke in Swetitza

Ich bin noch recht fremd hier. Aber nach einigen Monaten besteht schon Kontakt mit mehreren ortsansässigen Jägern. Mehr oder weniger ergab sich dieser durch meinen Beruf. Und auch der einige Häuser weiter wohnende, mit listigen Augen in die Welt blickende ältere Förster, von seinen intimeren Jagdfreunden allgemein der „Stary" genannt, war mir auch – oder ich ihm – über den Weg gelaufen.

Jetzt, zu Sommeranfang, lädt er mich in sein Revier ein. Er ist nicht nur stolzer fürstlicher Förster der nachbarlichen Gemeindejagd. Stary heißt im slawischen „der Alte". Starosta etwa Bürgermeister. Und so ähnlich war das hier. Wenn der Stary den Mund aufmachte, hatten seine Widersacher nichts mehr zu plaudern, was es ihm selbstverständlich spielend leicht gemacht hatte, Pächter der benachbarten Gemeindejagd zu werden. Gnade denen, die damals vielleicht dagegen gewesen wären! Der Ort selbst bildete das Ende einer Sackstraße, die von einer Verbindung zwischen zwei in dieser flachwelligen Ebene liegenden Bauerndörfern abzweigend, wo denn sonst mündete als im Wald! Das Revier ein fast ebenes, sandiges Gebiet. Föhre, Wacholder, Akazie und dort, wo es mit dem Humus etwas besser wurde, Eiche und Buche in den Waldungen. Die Bauern arme Racker, einfache, aber zufriedene, fleißige Menschen.

Die Pfarrkirche mit ihrem Zwiebelturm, der ganze Stolz derer von Swetitza (Sweta: kroatisch „die Heilige"!), ragte weit aus der Landschaft. Franz Liszt, in der Nachbargemeinde Raiding geboren, war hier getauft worden.

1222 war der Ort als „Villa Sancte Mariä" bereits urkundlich erwähnt worden und in den vergangenen Jahrhunderten ein bedeutender Wallfahrtsort. An die 15 Völker hatten im Laufe der Jahrhunderte dieses Grenzland durchzogen. Fast immer mit Feuer, Mord und Totschlag. Und dann lebten sie hier, die Reste der übriggebliebenen Deutschen, Ungarn,

Kroaten und Slowaken sowie des seltsamen Stammes der Kumanen mit aufspielenden Zigeunern und handelnden Juden beisammen.

Hier in Swetitza hatten die Türken etwa um 1500 die deutsche Stammbevölkerung ausgerottet. Die alte Wallfahrtskirche mit Wehrmauer und Schießscharten vermochte sie nicht daran zu hindern. Von einer weiteren im nahen Wald liegenden ehemaligen Ansiedlung blieb nur noch eine umwobene Sage. In den folgenden Jahren wurde der Ort, wie so viele hier, von Kroaten neu besiedelt. Fast alle Riednamen waren kroatisch, wogegen sich fast jeder der Eingeborenen seltsamerweise wehrte, als Kroate bezeichnet zu werden. Diese Riednamen aber, etwa wie Mekete, Kreitschitza, Muri, dachte keiner zu ändern. Es führt dies ein wenig zum Verständnis der Mentalität der Ortsbevölkerung, die jahrhundertelang ein Leibeigenendasein fristete, sich hier auf sandiger, karger Scholle recht und schlecht durchs Leben schlagend.

Und in diesem Swetitza hatte ich nun bei Stary einen Bock frei. Schon vorher war ich einige Male in dem kleinen, gestreckten, wie geduckt daliegenden Ort gewesen. Im vergangenen strengen Winter mit mannshohen Schneeverwehungen war ich die runden drei Kilometer hingestapft, wegen eines alten Jagdgewehres, das da auf einem bestimmten Dachboden dahinschlummern sollte. Aber jetzt war beginnender Sommer, und der Stary wartete mit seinem Bock auf mich. Die Böcke waren dort wirklich gut. Der trockene Boden des etwa 800 ha großen Reviers bot hiezu die beste Grundlage.

Stary hatte einen Sohn, den Martl, ebenfalls Jäger und nur ein wenig älter als ich. Weidwerksmäßig damals schon etwas reifer. Der sollte mich einweihen. Also der Jäger Martl führte mich. Im Finstern, unter sternenfunkelndem, schwarzdunklem Nachthimmel waren wir bereits unterwegs, um ja rechtzeitig draußen zu sein. Kaum hatten wir das Dorf mit den kläffenden Kötern und den zum Morgengruß krähenden Hähnen durchquert, trennten wir uns. Wir sollten jeder zu verschiedenen, jeweils etwa 200 Schritt weit entfernten Hochständen hinbirschen und dort den Morgen abwarten. Recht und schlecht fand ich hin. Trockene Hölzer knackten unter meinen Füßen, und ein paarmal krauchte ich durch allerhand Gesträuch. Nach schierem Irrweg endlich angelangt, wurde es einer meiner schönsten Morgenansitze, die ich überhaupt jemals erlebt habe. Oder waren es nur diese neuen, so selig machenden Eindrücke der beginnenden Jagd? Ich saß am Waldrand, hinter mir schwarzdüstere Föhren, während rechts in gleicher Linie eine Art Heidestreifen, der diese ganze restliche auf gut Kugelschußweite reichende Mulde beherrschte, begann. Vor dem Heidestück mit seinen wie stumme Figuren dastehenden Wacholdersträuchen lag ein großer, kesselförmiger Revierteil. Wie ein Schachbrett mit verschiedenen Getreidearten und Kartoffeln bebaut. Ich sah in Richtung Nordosten, somit der aufgehenden Sonne entgegen. Und mit jedem neuen Stück Rehwild, das ich dort in den wechselnd hell und dunklen, graugrünen Getreide-, Klee- und Kartoffelschlägen mehr erkennen konnte, stieg meine Freude. Als die Sonne dann schon ein Stück über dem Horizont stand und die vordem so grau, ja blaßbraunen Rehe alle von scheinbar brennend roter Farbe waren, mit nur geringen Variationen von fahl bis dunkel und immer weiter auf mich, das heißt die schützende Deckung, zuzogen, fühlte ich mich richtig glücklich.

An echtes Ansprechen selbst, glaube ich, habe ich gar nicht gedacht, sosehr beeindruckte mich diese vom Segen der Nacht so unberührte und friedliche Natur. Ganz weit schnürte ein Fuchs über einen kurz eingeschnittenen und nicht lang einzusehenden Feldweg. Hasen rückten gut ihrer zehn zu Holz. Und als ich dann nach einigem Besinnen doch die ganzen Rehe „zu mustern begann", konnte ich keinen Abschußbock ausmachen. Von den fünf oder sechs Böcken, die ich da im Anblick hatte, waren nur ein oder zwei Spießer, genausoviel Gabler und junge Sechser und ein etwas besserer älterer Bock, bei dem aber der Träger auf diese Entfernung doch zu lang und zu dünn schien.

Martl war es ähnlich ergangen. Er erzählte zwar etwas von einem aus weiter Entfernung angesprochenen, alten, engen Spießer, aber viel mehr konnte er trotz zahlreichem Anblick nicht berichten.

Am Abend fand ich mich mit meinem Begleiter, auf selbem Anmarschweg kommend, wieder pünktlich im Revier ein. Beim sandigen Waldstück, dem Muri, trennten wir uns. Als Ziel hatte ich einen schmalen Kartoffelakker zwischen zwei Föhrenstreifen. Dieses lange, schlauchförmige Feld war mir schon vordem als guter Durchwechsel zu den anschließenden Föhrenstreifen mit eingestreuten Hecken und Unterwuchsstreifen aufgefallen. Und so hatte ich bereits einen festen Plan. In dem etwa 200 bis 300 Meter langen und kaum 50 Meter breiten Feld gab es etwa in der Mitte einen kleinen

Knick. Und hier wollte ich auf dem Boden, denn Hochsitz stand da keiner, bei den dicken pechigen Föhren auf die Böcke warten. Keine so schwierige Sache, denn es stand danach buchstäblich fast immer an jeder Ecke ein Reh. Der Stary war auch tatsächlich ein außergewöhnlicher Heger. Geschossen wurde nicht viel, nicht einmal die Hälfte des Freigegebenen. Zudem war er ja ebenfalls Pächter des benachbarten fürstlichen Waldgebietes, das heißt, er hatte in dem dortigen, etwa 1500 ha großen reinen Waldgebiet das Wild als eine Art Gehaltsaufbesserung zugeteilt. Ein Paradies das Ganze. Heute gibt es das Rehwildproblem. Komisch, Stary (er hatte von so etwas noch nie gehört) löste es auf seine Weise. Er schoß durch einige Jahre fast nichts, und alles löste sich von selbst, es gab Supertrophäen, weil die Böcke eben alt wurden. Was anscheinend nicht paßte, wanderte ab, was blieb, war gut. Manchmal half der Stary nach, aber selten.

Die Sonne sank hinter schwarzgrünen Föhrengipfeln, hinterm Pauliberg und Heidriegel, die drüben im Westen den Horzont bildeten, hinab. Ich lehnte am Feldrand an einer Föhre, gerade bei besagtem leichtem Knick. Der Wind stand gut. Die Eichkätzchen, die hier so zahlreich umherkrauchten, waren verschwunden, die Geißen mit den Kitzen durchgewechselt. Da stand, wie hingezaubert, auf keine 30 Schritt, eben hatte ich noch den Himmel mit all seinen Tönungen von zartblau bis flammendrot, orange bis lila und violett übergehend in ein unsagbar feines, nicht beschreibbar zartes Blau erlebt, ein dunkelroter Bock mit starkem, breitem Träger und wuchtiger Sechserkrone. Ohne zu denken hatte ich mich augenblicklich an den Baum gepreßt und, fast aufs Atmen vergessend, das 10 × 50-Glas, auf das ich so stolz war und dessen Erwerb mir so große Mühe gemacht hatte, vor den Augen. Jetzt klopfte mir das Herz echt bis zum Hals herauf – ein Traumbock. Vielleicht 6 bis 7 Jahre alt. Die Stangen fast handbreit über die Lauscher aufragend, ganz kurze Enden, aber alles auf und auf geperlt. Und mich ignorierte er glatt. Unglaublich! Hier gibt es nur im nachhinein eine Erklärung: „Anfängerglück!“ Aber jetzt wurde es kritisch, denn das Licht nahm immer mehr ab, und ich wagte mich nicht zu bewegen, dem Himmel gnädig dankbar für jeden Windhauch, den ich im Gesicht, also vom Bock kommend, verspürte. Angesprochen hatte ich ihn peinlich genau, aber jetzt wollte ich ihn ja auch erlegen. Bei den wie mir schien schon recht schlechten Lichtverhältnissen. Die Sonne war immerhin, mit schmalen Augen nach links blickend und einen Herzschlag lang registrierend, schon längst hinter dem welligen Horizont verschwunden. Ich hatte den umgehauten 98er Mauser mit. Es lag wie ein Bann auf mir, und ich muß gestehen, angesichts des guten Bockes sehnte ich den Martl herbei. Wenn der nur neben mir gestanden wäre und mir zugeflüstert hätte: „Schieß doch, er gehört dir!" Aber Martl saß für mich unerreichbar im anderen Revierteil. Der Bock tat ganz so, als würde ich nicht existieren, und naschte an den Kartoffelstauden, mir dabei die meiste Zeit den Spiegel zeigend. Ich wartete und wartete. Worauf? Endlich strich ich an der Föhre an, was tadellos gelang. Aber bin ich nun am Blatt oder nicht? Kann, alles zusammen, gerade noch erkennen, daß er jetzt einigermaßen breit steht und zum oberen Ende der Feldschneise hinaufäugt.

Der gnädige Abendhimmel spiegelt sich im nun blauschwarz schimmernden Lauf, aber Kimme und Korn, die ich so dringend bräuchte, verschwinden in einem schwimmenden, ineinanderfließenden Blaugrau. Ich hoffe, am Blatt zu sein. Mein Gott, irgendwo habe ich einmal gelesen, daß man Kimme und Korn mit Leuchtfarbe bestreichen kann. Ob das jetzt helfen würde? Wird mich doch der Mauser, erst vor einiger Zeit mit Mühe und Plage eingetauscht und jetzt noch immer bei Todesstrafe oder Verschleppung verboten, wird mich doch der nicht im Stich lassen. Und ein orangefarbener, alles verschlingender Feuerstrahl frißt mit einem Brüllen den Bock und die schwarzgrüne Föhrenreihe dahinter. Erst jetzt wird mir bewußt, daß es wirklich schon fast zu spät ist. Praktisch Ende des Büchsenlichtes. Ich muß wie verhext den Bock so lange angestarrt haben, denn nur so kann die ganze Zeit wie im Flug vergangen sein. Geblendet vom Feuerstrahl, blicke ich unschlüssig gegen den Himmel. Und dort funkelt mir bereits der erste Stern entgegen. Stummer Zeuge meiner Freveltat. Doch diese Gedanken währen nur Sekunden. Vom Bock höre und sehe ich nichts. Ober- und unterhalb schrecken ein paar Rehe, und ich warte, wie es das Gebot vorschreibt. Wanke dann mit ungutem Gefühl zum nahen Anschuß, und während schon einzelne Sterne zu meinem vorhin einzelnen stummen himmlischen Zeugen sich gesellten, finde und finde ich nichts. Alles ist nur schwarzdüster. Ich geh' in den schwarzdunklen Kartoffelstauden hin und her, vom Bock keine Spur. Bin in Gedanken nur bei grünen Kiefern, schwarzgrünem Kartoffelkraut und dunkelrotem Kapitalbock, und alles abgelöst vom hellen Blitz. Da kommt der Martl! Der hat eine Taschenlampe wie ein Röntgenarzt und leuchtet damit umher. Ich erkläre rasch, und er schaut, leuchtet und schaut wieder. „Nichts ist, mein lieber Freund, du hast ihn glatt gefehlt!“ ist sein herzbeklemmender Kommentar, und wir finden auch gemeinsam noch die Fluchtfährte des Stückes und verfolgen sie bis drüben in die Föhren hinein. Dort brechen wir ab, und Martl läßt sich berichten, was für ein Bock gewesen wäre. Ich erkläre benommen. Und er darauf: „Könnt schon sein, daß er morgen schon wieder da ist. Der kennt noch nicht so viele Schüsse!“ Ein schöner Trost!

Ich will vom Suchen nicht aufhören, glaube an das Unmögliche. Doch Martl drängt, und im Zappendusteren ziehen wir heim. Heute haben wir gar keine Lust, in eines der beiden kleinen Gasthäuser des Ortes einzukehren. Der Wein dort ist ja tatsächlich nicht jedermanns Sache, doch sitzen, wie mir Martl erklärt und die Erfahrung es bestätigt, immer wieder einige der Einheimischen, müde der täglichen Fron, dort an den klobigen Tischen und schlürfen den Goldtrunk. Dabei fällt dieses oder jenes Wort, und auch welchen Bock dieser und jener auf seinem Feld gesehen hat. Für den Jäger oft interessante Mitteilungen. Zudem steht das eine Lokal unter femininer Verwaltung, und die Wirtin hat zwei reizende Töchter. Eine reich platonische Angelegenheit natürlich, aber immerhin wärmen sie die Atmosphäre auf. Doch heute ist uns alle Lust dazu verflogen.

Am frühen Morgen bin ich allein draußen und begutachte nochmals Fährten und Ausrisse. Resultat: Sicher gefehlt! Na, ja! Die nächsten zwei, drei Wochen vergehen, und ich kann nicht zu Schuß kommen. Nichts paßt. Viel kommt mir in Anblick, aber es ist jung, oder es ist zu weit. Und bei dem Föhrenstreifen der Bock, der muß sich auch überstellt haben, denn er bleibt verschwunden. Wie geht es nur in meinem weidwunden Herzen zu. Dann sprech' ich mich mit Martl ab und bin abends allein im Revier. Sitze im Muri auf dem Boden. Rehe wechseln so nahe an mir vorbei, daß es mir einmal fast den Atem verschlägt. Und ich vergräme kein Stück. Zudem bin ich heute besser ausgerüstet, führe Onkel Peters 8 × 57 JR-Büchsflinte mit dem selbst aufmontierten vierfachen Glas. Prüfe immer wieder Glas und Abkommen und ziele in verschiedenen Stellungen auf imaginäre Kapitalböcke.

Der Wind steht gut, doch ist bei den Rehen kein brauchbarer Bock dabei.

In mich vertieft, registriere ich Reh für Reh. Ein Gewitter zieht auf, bevor es noch richtig Abend ist, und von jähen Blitzen aus dem Traum gerissen, lehne ich noch immer mit dem Rücken an einer Schwarzföhre.

Donner grollen im Westen über der Buckligen Welt. Ein neuer Blitz, und näher grollt der Donner. Gilt es mir? Schon haste ich heimzu. Ich muß quer über die sandigen Felder. Auf halbem Wege gibt es dann bei der einsamen, zwischen den Orten liegenden, verlassenen Mühle Zuflucht. Der Wind wurde zum Sturm. Die Blitze mehren sich, und in den flachen Hügeln überquere ich eben ein Getreidefeld. Das dauernde Blitzen hat mich schon so weit gebracht, nicht auf den Wegen, sondern bereits querfeldein zu laufen. Da reißt es mich herum. Zwei Rehe flüchten vor mir aus dem hohen Getreide und verhoffen jäh. Es ist noch nicht Nacht und nicht mehr Tag. Windstoß jagt nach Windstoß daher, die beiden Rehe verhoffen auf etwa 25 Schritt etwas überhöht mitten im Getreide, in der Frucht, wie Bauer und Jäger hier sagen.

Ich stehe erstarrt in einer flachen Mulde gegen den schon wieder blitzerleuchteten Horizont. Presse das Glas an die Augen: Geiß und Bock, Sechserbock! Rechts wie eine Schaufel. Und die beiden stehen wie aus Erz. Die Büchsflinte habe ich quer über dem Rücken, nestle und reiße daran herum. Habe sie, die gute alte 8 × 57 JR, an der Backe. Russisches Scharfschützenglas, im Jahre 1940 in Rathenow bei Potsdam erzeugt und nach Rußland geliefert. Anno '45 hier gefunden. Wer kennt schon die Irrwege des Schicksals?

Habe den Bock im Fadenkreuz, bin am Blatt, Blitz hinter dem Bock bei Landsee, aber der Bock steht noch immer starr. Ein Sturmstoß zerrt an mir, aber jetzt bin *ich* aus Erz. In einer Zehntelsekunde gestochen, Feuerstrahl, und alles ist orangefeurigrot. Um so stärker und ernüchternder die Dunkelheit, die plötzlich noch finsterer erscheint als zuvor, obwohl nur einige Sekunden vergangen sind, bis ich nicht mehr geblendet bin. Geiß und Bock sind weg. Der Sturm vor dem Gewitter umtost und umfetzt mich. Und bar aller Weidgerechtigkeit und Einpaukerei renne ich los, mitten durchs Getreide. Los, zum vermutlichen Anschuß. Sehe nichts, und zwischen Wind und Sturmböen stolpere ich fast über meinen Bock. Sinke hin, taste in die Krone. Sechser, rechts wie eine Schaufel. Und es blitzt und tobt rundum, daß das Grausen kommen könnte. Die Büchsflinte hänge ich wieder über den Rücken, setze mich ins wogende, tosende Getreide und lasse den Bock nicht los. Ich habe ihn!

Der Schuß sitzt etwas vorne hoch. Das merke ich, als der Finger zum Blatt tastet. Minuten vergehen und ich sitze überglücklich da im wogenden Getreide, die Hand in der Rehkrone. Jäh klatschen die ersten dicken Regentropfen zwischen gelben Blitzen aus finsterblauem Himmel in mein Gesicht. Aber es ist wirklich wahr, ich habe ihn erlegt, den so heißersehnten Swetitzabock.

Von einer Sekunde zur anderen prasselt der Regen auf mich nieder. Alles ist grau in grau und wird nur alle paar Sekunden von Blitzen erhellt. Zürnt mir der Himmel?

Und all die verkohlten und zu Asche gewordenen Blitzopfer fallen mir ein. Schnell haste ich, den Bock am Geweih nachziehend, zum nahen Feldrain. Lege die Büchsflinte in all dem Tosen dort zu Boden und will sie später holen. Alles prasselt und bebt ringsum, und der Regen klatscht mir nur so in mein heißes Gesicht. Die Landschaft ist in graudunklen Schleiern verschwunden.

Den Bock hab' ich doch nicht ausgelassen. Naß bis fast unter die Haut, jede Faser der Kleidung am Körper klebend, brachte ich ihn im greulichen, schwarzen, finsteren Gewitterabend zwischen gelben und bläulichen Blitzen in die alte, verlassene Mühle.

Es war Nacht, und der Regen rauschte nieder. Die Blitze verebbten, mich fror erbärmlich. Ich fühlte ihn mehr, als ich ihn sah, meinen so heißersehnten „Wasserbock".

Nach dem nächsten Ansitz haben wir den Wasserbock totgetrunken. Der Martl, unser gemeinsamer Freund, der lange Scharol, und ich, der ich noch recht ein Neuling war. Es wurde eine gemütliche Feier, zu der wir selbstredend auch Einheimische einluden. Statt fand das Ganze in der kleinen Küche des einen Gasthofes, denn dort spielte sich wochentags der Gastbetrieb ab. Dort, wo Martl, noch in der Tür stehend, mit den anwesenden Bauern eine mächtige Wette abschloß. Daß er nämlich binnen einer halben Stunde einen Rehbock bringen könnte. Natürlich hat er gewonnen, denn der Rehbock lag ja bereits hinter dem Haus. Selbstverständlich ging es um Wein. Und der Erleger spendete generös die Leber. Zwar nicht anbrüchig, aber weich geschossen. Wie die Pelikane sollen sie damals gefuttert haben.

Stary war ein ganz Verschmitzter. Einmal gelang ihm tatsächlich ein richtiges Kunststück. Da hatte er einen Gast, der zum Dauergast wurde. Eine Amtsperson! Und Stary kam, von einer anderen Seite birschend, grad dazu, wie der endlich einmal, just in dem Augenblick, auf einen Rehbock, der auf einer Lichtung stand, anlegte. Und schier eine Ewigkeit zielte. Da schoß der Stary kurzentschlossen den Bock mit Blattschuß von der anderen Seite. Und der wilde Jäger, der da so lange gezielt hatte, blickte zum Rehbock und dann auf sein Gewehr. Und öffnete verwundert den Verschluß...

Einige Böcke mit 27 oder 28 cm Stangenhöhe sind in Starys Revier von Gästen erlegt worden. Stary war nicht neidig. Ich selbst schoß einmal einen zwar kürzeren, aber ungemein guten, ganz knuffigen alten Kämpen. Mittendrin in der Mekete, in den engen Föhren dort und über einen sandigen Graben drüber. Und die Kugel schlug durch den Bock und an die dreißig Gänge dahinter in die trockene, schräge, rotgelbe Sandwand. Durch die Staubfahne sprangen drei Hirsche ab, die nebenan in der Dickung niedergetan waren. War das ein unverhoffter Anblick!

Meinen besten Bock, den Bock meines Lebens, sah ich einmal schon im Herbst beim westlich liegenden Saustand. So benannt, weil dort der Schweinehirt des Ortes die borstigen „Viecher“, nachdem er sie morgens mit Trompetensignal „versammelt“ hatte, frei auf der Weide hielt. Dem Wild rundum spielte das keine Rolle. Und ich saß dort etwa drei Schrotschüsse weiter am Waldrand, mit Blick zu den freien abendlichen Feldern. Es war ein Sonntag und die ganze bunte Szenerie ruhig.

Auf den Feldern standen schon etwa zehn Rehe, da wechselte er auf 50 Gänge vor mir aus den schützenden dichten Jungföhren. Mit schwarzem Geweih, mächtig und stark. Wie ein Zauber war's damals für mich. Geschätzt habe ich die Trophäe auf gute 500 Gramm. Und wagte nicht zu schießen, obwohl ich noch einen Bock frei hatte. Eigentlich ohne Qualitätsbegrenzung nach oben. Nein, in diesem Fall mußte ich erst Stary fragen. Und was antwortete Stary anderntags lachend? Warum ich denn nicht geschossen hätte?

Den Bock sah ich nie wieder. Er blieb ein Traum. Oft denke ich an ihn und all die anderen Böcke in Swetitza.

Feuerkeiler

Sommerzeit, Getreideschnitt, Hundstage!

Die Hütte steht mitten im Revier, mitten zwischen Feldern, Wiesen und waldigen Gräben. Die Hundstage sind aber keine reine Trockenperiode, sondern fast mit Sicherheit gibt es jeden zweiten Tag ein kräftiges Gewitter. Zum großen Ärger der Bauern, die schon ums Korn fürchten, aber zur großen Freude des Jägers, weil er dadurch jeden Tag frisch abfährten kann. Man umschlägt die dem Wald benachbarten Feldkomplexe, streift in kurzer Hose und brütender Hitze, die hechelnde Bracke an der Leine, über die Feldraine. Spekuliert, wo die Sauen morgen zu Schaden gehen könnten, welcher kapitale Bock in welchem großen Getreidekomplex stecken mag, und setzt sich am Abend im Kampf gegen Hunderte Gelsen ermattet an. Das beste für solche Fälle ist – ich meine im Kampf gegen die Gelsen, diese blutsaugenden Quälgeister – für mich persönlich das schon seit vielen Jahren erhältliche Insect-Repelent, eine gelb-ölige, enorm nach Zitronen duftende Flüssigkeit, die katastrophal auf den Schleimhäuten brennt, wenn man damit versehentlich in Berührung kommt. Vielleicht gibt es Besseres, aber ich habe mit diesem gelb-öligen Zitronenzeug schon Jagdliches erlebt. An diesen Fläschchen, gleich in einer Großpackung gekauft und an Freunde verteilt, hängen so viele herrliche Erinnerungen, daß ich vermutlich nicht „umsteigen“ werde. Im übrigen hat mir Otto, Freund aus seligen Fischerzeiten in der Angerer March, schon einige Male einzureden versucht, daß man gegen Gelsenstiche sehr leicht immun werden kann. In irgendwelchen Dschungelkämpfen, natürlich in fremden Ländern, hätte ein großer Gelehrter, so ein Egghead, die Methode eingeführt, daß man einige hundert Gelsen oder Moskitos auf nüchternen Magen essen müßte. Fortan, so berichtet Freund Otto, gäbe es für solch einen Dschungelkämpfer keine Moskitoplage mehr. Ich selbst halte das für einen aufgelegten Unsinn; bin aber auch gar nicht bereit, den Versuch doch noch zu machen!

Die Ansitze bei diesem Wetter verlaufen trotz bester Hoffnungen nicht so, wie man sich das den ganzen Tag über erträumt hat. Die Bauern rumoren auf den Feldern, die Sommerurlauber in den Wäldern und selbst ist man von der blöden Affenhitze am Abend ganz fertig.

Ich hatte mich den ganzen Vormittag über auf den Feldern aufgehalten und abgefährtet. Auf den Neuäckern standen die Fährten einiger Frischlinge, mysteriöserweise ohne Bache. Aber wahrscheinlich war die Bache ein paar Meter weiter auf festem Boden vorbeigewechselt. Im Wald tat sich bei der ganzjährigen Saufütterung und der Suhle davor, jahreszeitlich bedingt, normalerweise nicht viel. Doch vor drei oder vier Tagen fand sich dort eine einzelne, sehr starke Saufährte. Und heute, am Ende des täglichen Abfährtens, hatte ich mittags, schon die Hütte vor Augen, plötzlich die Fährte dieser starken Sau, einen Kukuruzacker entlangwechselnd, überraschend gefunden. Nach der Fährte schätzte ich das Stück auf einen einzelngehenden Keiler mit etwa 80 kg aufgebrochen.

Immerhin, die Fährte kreuzte den die Felder querenden, schottrigen Fuchsengrabenweg, ließ sich dann aber auch beim besten Willen nicht mehr weiter verfolgen. Trotz brütender Hitze wirkte das natürlich ungemein belebend. Denn diese einzelne Fährte hier, fast mitten im Revier, bedeutete nicht mehr, als daß der Keiler, nachdem er schon vor drei oder vier Tagen die Suhle durchstreift hatte, sich irgendwo versteckt hatte und gewiß noch die ein, zwei Wochen bis zum restlichen Abernten der Felder bleiben könnte. Aber wo?

Der Himmel war blitzblau, die Sonne steil oben, ein gelbweiß glühender Ball. Der Hund hechelte neben mir, und ich wischte den Schweiß von der Stirn. Da gab es keine weitere Überlegung: sofort zur Labung in die Hütte. Dann gleich wieder den ganzen Komplex noch einmal umschlagen. Half das auch nichts, hieß es den Waldrand abgehen. Und schon waren wir, Herr und Hund, frisch getränkt, wieder auf den Feldern. Sosehr ich auch suchte, die Wege im gelben Sommerkorn gaben nichts preis. Ich kam wieder zum Ausgangspunkt zurück. Eine Stunde war vergangen und ich so klug wie zuvor. Einzelngehende Sauen, im Prinzip natürlich Sauen überhaupt, sind ja sehr unstet. Sie halten ihre Wechsel in der Regel nur zwei, drei Tage – und schon sind sie wieder woanders. Da nützt es gar nichts, wenn auch die besten Leckerbissen auf sie warten. Natürlich kommen die Sauen wieder, aber es gehört eben zu ihrer Art, unstet zu sein. Wer schon Rotten bei der Fütterung, bei einer Fütterung, die sie wochen-, ja monatelang annehmen und kennen, beobachtet hat, wie diese Sauen immer wieder, fast scheint es ohne Ursache, blitzartig auseinanderfahren, kann ihnen nicht verdenken, daß sie ihren Instinkt, der sie sicher zu dieser unsteten Lebensweise treibt, auch auf den Feldern anwenden. Eines bleibt als Trost, fast jede Sau kommt irgendwann wieder an jenen Platz zurück, wo sie sich wohl fühlt, wo sie guten Fraß gefunden hat und nicht sonderlich beunruhigt wurde. Darin sah auch ich meinen Trost. Durch eine große Wildäckeranlage mitten im besten Saueneinstand des Nachbarreviers – die Entfernung dorthin betrug etwa drei bis vier Kilometer – waren anscheinend alle herkömmlichen Sauwechsel stillgelegt.

Man hatte dort in wochenlanger Arbeit etwa vier Hektar Niederwald in langer Rechteckform gerodet, die einzelnen Stöcke gesprengt und das Ganze mit Raupen planiert. Klar, das Schwarzwild geht, so es einmal im Wald ist, nicht gern über freie Flächen, und plötzlich kommen die Stücke, ich schätze, daß vielleicht gut an die 100 Sauen im Laufe der Zeit diesen Einstand als schützend und angenehm kennengelernt haben, nach kilometerlangen Waldbeständen auf einen riesengroßen gerodeten Platz mitten im Bestand. Verständlich, daß sie da einen großen Bogen drumherum machen, die alten Wechsel also nicht mehr halten.

Ich hatte auf den Feldern vergeblich nach richtigen Schadensstellen gesucht. Der Keiler mußte das Revier in einem großen Bogen neugierig durchzogen haben. Er hatte am Rande des vorhin erwähnten Kukuruzes, der zu dieser Jahreszeit wohl bereits mannshoch, aber noch saftig grün und ohne Kolben war, einen benachbarten Kartoffelacker überquert. Dort an zwei, drei Stauden genascht und war dann weitergezogen. Aber damit hatte es sich auch. Erst am Ende des Fuchsengrabens – die Felder dort heißen noch von der mittelalterlichen Rodung her Brandäcker – fand ich eine neue kleine Schadstelle in einem milchigen Hafer. Ihrer Größe zufolge konnte er sich aber höchstens eine Viertelstunde in den Feldern aufgehalten haben. Da diese Felder etwas höher liegen, sind sie sehr trocken. Ich konnte die Fährte nicht mehr halten, fuhr darum heim und holte Georg. Sagte ihm, wie und was ich gesehen, und er war nun selbst neugierig. Er allerdings tippte glattweg auf den entgegengesetzten Revierteil, gute zwei Kilometer entfernt. Dort müßte der Keiler stecken. Immerhin lag ein sehr frequentierter Güterweg dazwischen, doch unmöglich ist bei der Jagd ja nichts. Georg tippte dort hinten im Revier an der Grenze auf den uns beiden jahrelang bekannten Sauwechsel. Er führte durch einen etwa 80jährigen Hochwald, und da der Boden relativ feucht war, konnte es auch mit dem Abfährten klappen. Also heim. Der VW rumpelte über die Feldwege und keuchte durch die ausgefahrenen Traktorspuren auf den Waldwegen. Hundert Meter vor dem Wechsel hielten wir auf dem sogenannten Hauptweg kurz vor der Tannenallee an. Von hier an müßte man jetzt Schritt für Schritt den Weg abgehen, auf dieser Breite könnte der Keiler eventuell den Wechsel verlassen haben. Der Wechsel ist interessanterweise nur etwa 15 Meter breit, und fast jede stärkere Sau pflegt auf dieser traditionellen Route ein- oder auszuwechseln.

Georg ging vor mir, und zwischen Rehfährten prangte ganz genau, wie ich es mir gewünscht hatte, die Keilerfährte. Eine große Hoffnung mehr!

Nachmittag trotz Urlaub bei Befunden und Fernröntgen daheim in fast kühler, schattiger Ordination. Aber im Urlaub kann man sich salopp geben. Zum wiederholten Male ging ich ins Jagdzimmer und studierte zwischendurch die große Luftaufnahme, die das Revier supergenau wiedergab. Wo steckte der Keiler? Unterhalb des Sauwechsels, etwa 1 km entfernt, begann im Revier der sogenannte Akaziengraben. Eine etwa 1½ km lange, 200, 300 Meter breite Erosionsschlucht, fast nur mit Akazien bewachsen. Grad mittendrin auf den erhöhten sandigen Stellen lagen ein paar Föhreninseln. Natürlich: Immer dann, wenn Urlaubszeit herrschte und die meisten Pilzsucher im Wald herumkrochen, stellte sich relativ viel Wild in diesen dornenbewehrten Akazienwald ein. Warum nicht auch der Keiler?

Die Sohle des Akaziengrabens war noch dazu feucht; im übrigen zum Durchstreifen ob der schier mannshohen Brennesselstauden nicht einfach. Aber ich hatte dort immer wieder zu dieser Jahreszeit Saufährten gefunden. Verständlich, die Felder grenzten bogenförmig an, und in diesem dornigen Bestand gab es keine Pilze und somit auch keine Menschen.

Aus der Rehbrunft machte ich mir heuer nicht viel. Ich kannte wohl einige Böcke, hatte aber zwei Abschüsse versprochen, und selbstverständlich würde ich keinen Finger rühren, bevor diese nicht erfüllt waren.

Abends zog ich dann die grüne Kluft an, griff mir die 9,3×62, ließ den Hund daheim und saß eine halbe Stunde später am Akaziengrabenbogen, grad dort, wo er fast wie ein Hufeisen den Weizenschlag umschließt, auf meinem alten, selbstgezimmerten Sitz. Ich hatte wohl auch hier abgefährtet, doch eben nur die Fährten der Frischlinge ohne Bache gefunden.

Nun wartete ich auf den Dreiviertelmond, der bald sichtbar sein würde. Vielleicht kam dann der schwarze Bruder auch in meine Nähe. Er müßte, logisch gedacht, schon ob der Deckung in diesem Revierteil nahe dem Sauwechsel, den er ja kennen mußte, und ob der hier fehlenden Menschenspuren einfach da ausziehen.

Ein zweijähriger Sechser trieb im letzten Dämmer die Geiß zum zweiten Mal bogenförmig an mir vorüber. Irgendwo krabbelte etwas im Weizen, wahrscheinlich ein Hase, der sich da auf die Wiesen hinausquälte. Die Luft schwül, der dunkle Himmel klar – und Gelsen, daß man sie hätte in einen Sack füllen können! Zumindest in ein Säckchen. Insect-Repelent hatte ich schon fleißig aufgetragen und war dankbar, Kossa, die brave Brandlbracke, daheimgelassen zu haben, denn bei so einem Gelsenwetter hat's keinen Sinn, den treuen Begleiter ins Revier mitzunehmen. Es ist eine Qual für ihn, und so man ruhiges Wetter ohne Windhauch hat, verrät er sich und seinen Herrn durch seine Bewegungen, die ihm ja notgedrungen nicht zu verdenken sind. Wohl verhält sich Kossa so, daß sie jedes nahende Wild durch Aufrichten oder Luftprüfen anzeigt. Heute wäre es damit bestimmt nichts.

Es gibt verschiedene Arten der Meditation, beispielsweise autogenes Training, Unter- und Oberstufe bis zum Farbsehen, doch kann man diese letzte Errungenschaft nur in einer absolut seelisch und körperlich ausgeglichenen Lage erreichen. Meine Gedanken aber weilten bei den Keilern.

Inzwischen stand der Mond herrlich über den gelben Feldern. Schräg hinter mir im alten Schlag schreckte ein Reh, und ich dachte, vielleicht wechselt jetzt die Sau an.

„Hasen – Hasen – Hasen" fiel mir ein. Ein Jäger, einige Orte von hier beheimatet. Der hatte, wohl schon in reifen Jahren, plötzlich die Liebe zur Jagd entdeckt und es auch dank finanzieller Basis zu einem eigenen Revier gebracht. Im Gasthaus erzählte er ob seiner ersten Eindrücke über nächtliches Wald- und Feldgeschehen seinen Freunden: „Leute, bei mir gibt es Sauen – Sauen – Sauen!" In der Folge waren diese dann zu dritt mit ihm angesessen. Plötzlich, um Mitternacht, hallte ein Schuß durch die hügeligen Ausläufer eines Berges. Alle vier kamen sie zusammen. Wer hat geschossen? Der neue Jagdherr in spe hatte selbst Hand ans Gewehr gelegt. Gemeinsam schritt man zum Anschuß. Der Mond muß auch grausame Züge haben. Er verzerrt sehr viel. Damals auf alle Fälle hat er den Sauen geholfen, denn am Anschluß lag verendet ein Hase.

Wieder schreckte das Reh, und ich beschloß, es war etwa eine Stunde vor Mitternacht, noch eine Weile auszuharren und dann, einem inneren Gefühl gehorchend, abzubaumen und den Ort zu wechseln. Obwohl es nicht vorteilhaft ist, nachts umherzubirschen, kann man dies zu so vorgerückter Stunde, da das Wild bereits ausgezogen ist, die Rehe vielleicht schon wieder eingewechselt sind, einmal im Monat ruhig wagen. Dann nämlich, wenn begründete Hoffnung besteht, bei dieser einmaligen Aktion zum Erfolg zu kommen. Ältere Rehe, von Griesgramböcken nicht zu sprechen, Leittiere und selbstverständlich Sauen mögen es gar nicht, wenn sie plötzlich nachts auf eine warme Menschenspur stoßen. Jedes Wild erkennt noch dazu aus den Angstfährten vorher abgesprungener Stücke, daß ihm Gefahr droht. Dazu braucht es die Menschenspur selbst gar nicht zu finden. Ein Fuchs, der nachts auf eine frische Jägerspur gestoßen und wie der Teufel kehrtgemacht hat, hinterläßt ja selbst für den Menschen wahrnehmbar seine Duftmaske. Wer sich sein Revier total vergrämen will, kann also auf die Vorsicht verzichten und nachts fleißig umherlatschen. Er wird es bald ob des mangelnden Anblickes aufgeben.

Aber ich war gewiß schon wochenlang nachts nicht unterwegs gewesen, die Zeit vorgerückt und ich gefühlsmäßig sicher. Auf den Neuäckern-West sprangen mir natürlich zwei Rehe ab. Das hatte ich davon! Geräuschlos war ich vom Akaziensitz geklettert und hatte mir Mühe gegeben, ja noch dazu überlegt, daß heute kein Hochwild vorbeigewechselt war und ich es daher noch leichter wagen konnte. Und jetzt das! Schreckend verschwanden beide im benachbarten Waldstück vor dem Selitzatal. Jetzt war es egal! Ich überquerte die Neuäcker ganz. Die Selitza mit ihrem kühlen, plätschernden Bach kroch ich beim Landschargraben mühsam hoch, überquerte die Fuchsengrabenwiese und stand vor meiner Hütte. Drehte lautlos den Schlüssel, denn Labung muß sein. Im Finstern stellte ich das kühle Naß hin und befand mich auch schon wieder mit meinen kreppsohlenbehafteten

Mokassins, die ich gegen die schützenden Gummistiefel getauscht hatte, auf dem Fuchsengrabenweg. Hier hatte ich gestern den Keiler gefährtet. Birschte den Fuchsengrabenweg zu den Brandfeldern hin bergan, alle fünzig Schritt etwa pausierend. Nichts zu hören, nichts zu sehen. Der Mond hatte etwa noch 3 Stunden, bis er bei der Ruine Landsee in der Buckligen Welt verschwinden würde. Auch darauf muß man Rücksicht nehmen. Bei vollkommen klarem Mond mit blitzendem Glas gegen den Mond die Gegend abgesucht, hat schon etliches Wild vergrämt. Bei der Kraxnerföhre, dem größten Baum hier in diesem sonst staudenbewachsenen Grabenstück, rumorte irgendwo ein Dachs, und nach hundert Metern saß ich beim oberen Fuchsengrabensitz auch schon an. Eine Stunde wollte ich noch bleiben. Von hier hat man einen wunderbaren Ausblick nach Westen und über eine große, weite Revierfläche.

Südlich, in Richtung zum Ort, sah ich etwa auf einen Kilometer zwei Stück Hochwild in den Feldern nach Südwesten ziehen. Konnte aber beim besten Willen nicht ausnehmen, was es war. Auf alle Fälle zwei schwächere Stücke, vermutlich ein- oder zweijährige Aufhabende. Im Westen gegen den Mond, ich hielt die Hände schräg vor das Glas, das heißt, das Objektiv mit Daumen und Zeigefinger umfassend, die restlichen Finger aber fächerförmig vorgespreizt, um mich ja nicht zu verraten, überquerte eine Geiß mit einem Kitz etwa 150 Meter entfernt ein bereits abgeerntetes Getreidefeld, um gleich darauf im benachbarten noch ungeernteten zu verschwinden. Genau im Westen, dort, wo der Brandweg auf 250 Meter etwa die jetzt blaßfahlen Getreidefelder teilt, trollte eine starke Sau in Richtung auf mich zu.

Augenblicklich schlug mein Herz höher! Mein Freund! Ich habe da eine vielleicht komische Einstellung. Durch jahrelanges Jagen begründet, denke ich immer, so mir ersehntes Wild dann in Anblick kommt, ob ich es jetzt erlegen kann oder nicht, gesehen hab' ich's! So ging es mir auch jetzt. Sich einmal sattsehen und nicht ans Schießen denken. Vorläufig war er ohnedies zu weit. Mit meinem Tordalk 15 × 80, das ich in der Nacht benütze – das Glas ist zwar ein gewichtiger Brocken, hat aber derartige Qualitäten, daß ich die Schlepperei gern auf mich nehme –, konnte ich jede Einzelheit erkennen. Der Keiler, denn zweifellos mußte es dem Gebäude nach ein solcher sein, durchquerte wie ein kleines schwarzes Boot das Getreidemeer. Wechselte über in ein niedrigeres und war schon etwas näher bei mir, aber immer noch mindestens 200 Meter entfernt. Plötzlich hatte ihn ein Weizenfeld – es mußte Weizen sein – verschluckt. Sosehr ich mich auch bemühte, konnte ich nichts erkennen. Auch nicht nach einigen Minuten, nachdem ich sorgfältig in gleicher Richtung, in der die Sau gezogen war, den gegenüberliegenden Feldrand betrachtete (das dort angrenzende schmale Feld war bereits abgeerntet). Er trat nicht aus. Es vergingen fünf, es vergingen zehn Minuten. Plötzlich, ich hatte das Glas nur sekundenweise abgesetzt, sah ich das Stück, nicht weit von dort, wo es im Halmenmeer untergetaucht war, sich plötzlich etwas abheben, zwei, drei Schritt weiterziehen und gleich wieder förmlich wie zu versinken. Mein Herz schlug immer noch fast bis zum Hals, zwar nicht mehr so stark wie bei der ersten Erkenntnis, daß er, der Keiler, hier wäre. Aber doch noch. Allmählich beruhigte ich mich vollends. Ich war sicher! Irgendwo mußte er ja auswechseln. Und dadurch, daß sich das Stück jetzt so lange im Feld aufhielt, würde es vermutlich auch morgen oder übermorgen an dieselbe Stelle kommen. Sauen, so sie zu Schaden gehen, haben ja eine Eigenheit. Sie verschmähen die besten Leckerbissen, den saftigsten Hafer, den milchigsten Mais und den süßesten Weizen, wenn er an einem Feldrand steht. Sie wollen in die schützende Mitte des Feldes, dort fühlen sie sich sicher. Ich habe es schon einige Male erlebt, daß Stücke einige Schritt vor mir in einem Feld herumrumorten, einmal fast eine Stunde lang, und ich absolut glaubte, beim Auswechseln ins freie Feld zu Schuß zu kommen. Dem war noch niemals so, nicht einmal dazwischenliegende Feldwege überqueren sie ruhig.

Bis einen Meter vor den Feldsaum gemächlich schmatzend und dann wie die wilde Jagd in die nächste Deckung, um dort gleich wieder zu verharren. So, als ob gar nichts gewesen wäre. Sicher sind wir Jäger an diesem Verhalten schuld.

So ähnlich trieb es der Keiler diesmal. Allmählich konnte ich – es ging

Oben: Erst zwei Jahre alt und schon „Geheimrat".
Knopfbock im sommerlichen Getreide.

Unten: Zukunftsbock aus der großen Walddickung.
Hier auf der Blöße ist er daheim und vertraut.

immer noch kein Hauch, hinter mir im Fuchsengraben bewegte sich kein Blatt, schon mochte bestimmt eine halbe Stunde vergangen sein – etwas hören. Etwas, das wie das behagliche Grunzen einer groben Sau klang. Schön langsam wurde mir aber unbehaglich. Der Mond senkte sich schon derart im Westen der Ruine Landsee zu, daß er sicher höchstens in einer Stunde genau hinter meiner so ersehnten Sau zwischen Ruine und Klosterberg irgendwo untergehen mußte.

Herrlich in dieser Nacht war überdies noch der absolut wolkenfreie Himmel. Aber der Schuß mit dem Mond im Glas würde nicht einfach sein. Da würde sich alles spiegeln, womöglich durch das Aufblitzen noch die Sau abspringen und vermutlich sogar vergrämt sein. Der Teufel sollte es holen!

Unter meinem Föhrensitz – der Hochsitz stand in einer Föhrengabel, etwa fünf Meter hoch – befand sich der Fuchsengrabenweg. Ein Hase hoppelte unter mir durch. Machte sein Männchen, begann sich zu regen und hoppelte weiter. Drüben im Westen, in der Finsterfurt, schreckte ein Reh. Ich tippte auf weitere Sauen, konnte aber sonst weiter nichts ausnehmen. Nach einer Weile flatterte eine Eule zweimal um mich herum, wie ein suchender Helikopter, bis ich durch eine jähe Handbewegung ihre Neugierde dämpfte und sie gaukelnd lautlos wegstürzte.

Der Keiler steckte immer noch vor mir. Es mochte wieder eine Dreiviertelstunde vergangen sein. Der Mond stand nun in dieser sternklaren, warmen Sommernacht gerade etwa drei Mondbreiten über dem Einschnitt zwischen Ruine Landsee und Klosterberg, die von mir aus gesehen genau die westliche Himmelsilhouette bildeten. Den Gedanken, den Keiler noch zu

Oben: Paradies der Venedigergruppe. Königreich der Adler.
Im Vordergrund der Grat bei der Bettlerscharte.

Mitte: Stefan Kaiser und mein Jüngster.
Klaus überwand damals mit uns den Aufstieg wie ein alter Bergjäger. Im Hintergrund das Finstereck, aus dem der rechte, der „243"-Gamsbock stammt.

Unten: „Scharol", mein bester Kamerad, im Schneesturm unter den Mauern der Ruine Landsee.
Knapp hinter der Ruine führt ein Sommer und Winter frequentierter Schwarz- und Hochwildfernwechsel über den Berggrat.

bekommen, hatte ich schon aufgegeben. Die Sau hörte ich nur, sichtbar war überhaupt nichts. Auch wagte ich das Nachtglas wegen der eventuellen Spiegelung nicht zu benutzen, als ich mit freiem Auge, das Rauschen hatte ich schon einige Male leise gehört, den Kamm der Sau etwa eine Elle hoch aus dem Weizen auftauchen sah. Entfernung an die 80 Schritt. Fast instinktiv griff ich zum Mannlicher, entschlossen, sofort zu handeln. Hatte ihn noch nicht im Anschlag, als die Sau ein unwilliges Blasen ausstieß. Ich rührte mich nicht. Wie zur Salzsäule erstarrt, blickte ich zu der Stelle hin. Nichts mehr zu sehen! Ich stellte das Gewehr wieder an seinen Platz, lehnte mich an die Wand des Hochstandes und mußte weiterwarten. Der Mond verschwand schon zu zwei Dritteln hinter der Klosterbergsilhouette, und so herrlich dieses Schauspiel auch ist – mit einem guten Glas kann man in einer solchen Situation auf mehrere Kilometer ganz genau die Äste und Silhouetten der einzelnen Bäume erkennen, die sich vor dem orangeglühenden Mondteller befinden –, sind dies faszinierende Augenblicke, die keine Minuten währen. So schnell sinkt der Mond unter. Nur mühsam konnte ich mich zurückhalten, dieses schon so oft erlebte und doch immer wieder herrlich empfundene Schauspiel durch das Glas zu betrachten.

In diesem Denken wurde die Sau wieder hoch, zog ein Stück, vielleicht zehn Gänge, zu mir, der Weizen war dort anscheinend etwas niedriger. Begann ohne sich wie sonst üblich niederzutun an den Ähren zu fressen. Ich konnte das quatschende bekannte Geräusch, mit dem Schwarzwild die Ähren im Gebrech zerdrückt, deutlich hören. Schalenreste werden da seitlich ausgestoßen, und das weiche Getreide wird behaglich gefressen. Der Keiler stand frei, zwar ohne Glas nicht leicht zu erkennen.

Ich griff neuerlich augenblicks zum kurzen Mannlicher, hatte ihn auch schon an der Backe und suchte im achtfachen Zeiss meinen Widersacher, denn solch einer war er bereits. Das letzte Mondzipfelchen schwebte durchs Glas, während ich schon durchsah und ungefähr die Stelle der Sau suchte. Herrlich, der Mond blendete nicht mehr, aber das Getreidefeld war nicht mehr gelb, sondern eine Mischung von düsterem Bleigrau mit stumpfen, gelben Flächen. Nachdem ich aber genau wußte, daß die Sau zuletzt im Schnittpunkt zwischen untergehendem Mond und mir gestanden war, suchte ich, beim Mond beginnend, noch einmal zu mir zurück und hatte sie auch schon im Glas. Jetzt waren es vielleicht, so schätzte ich, höchstens 60

Schritt. Sie stand genau quer, das Haupt nach rechts. Im Glas konnte ich trotz allem das Blatt gut erkennen. Hatte gestochen, und in dem Augeblick brach der Schuß. Die 9,3 × 62 gibt im kurzen Mannlicher-Stutzen, der mein bester „Sautöter" ist, ein derartiges Mündungsfeuer, daß dieses wohl für Bruchteile von Sekunden alles verschlingt. Doch sah ich, während die Sau klagte und ich trotz Blendung versuchte, die eiserne Regel eines guten Schützen einzuhalten, den Schuß durchs Glas zu beobachten, noch etwas, das ich bisher noch nie erlebt hatte. Genau von der Sau weg nach rückwärts flog 20, 30 Meter weit ein glühender Funke. Einen Herzschlag lang sichtbar und war schon verglüht. Jäh glaubte ich, die Sau gefehlt zu haben und irgendwo dahinter einen großen Feldstein mit dem Geschoß getroffen zu haben. Aber woher das schrille Klagen? Der Widerhall des Schusses war eben verklungen, da hörte ich die Sau wegflüchten. Nur kurz, dann herrschte vollkommene Stille. Die Sau lag! Gefühlsmäßig wußte ich das! Es gab jetzt lediglich zwei Alternativen, Herzschuß und „trappelndes Abfahren" auf vielleicht nur drei Läufen, wenn ein Blatt getroffen war, oder die Sau war gefehlt und derart erfahren, daß sie „trappelnd abfuhr", um zu verhoffen und den Feind zu erkennen. Aber das Klagen?

Jetzt hieß es abwarten, die nächsten Sekunden oder Minuten würden mir Gewißheit geben. Ich wagte nicht einmal laut zu atmen. Von einem Repetieren, um für den zweiten Schuß bereit zu sein, keine Rede! Sicher ist für solche Situationen ein Selbstlader vorteilhafter, aber das bedeutet nicht mehr die wahre Jagd. Man muß dem Wild, sosehr man ihm auch nachstellt, eine Chance geben, muß es als gleichwertig anerkennen. Wer das nicht kann, soll sich lieber nur Bilder betrachten. Ja, für eine Nachsuche ist so ein Gewehr das beste. Jetzt zu repetieren und in dieser schier lautlosen Stille den metallischen Ton hinauszusenden hieße, die Sau, so sie krank wäre, augenblicks zu mobilisieren und weiterflüchten zu lassen. Nichts geschah. Kein letztes Blasen. Nichts!

Sosehr meine Sinne auch angespannt waren, ich starrte wie gebannt zu der vermeintlichen Stelle, wo sich das Stück jetzt befinden mußte. Auch ein Rauschen im Getreide, wie es vielleicht vom Davonstehlen herrühren könnte, ließ sich nicht vernehmen. Nur langsam wich die Spannung von mir. Nach einer Viertelstunde baumte ich ab. Lautlos, wie ein Geist. Ließ mir für jede einzelne Sprosse Zeit. Versuchte, ja nirgends anzustoßen. Der

Wind stand gut. Aber auf dem Boden angelangt, konnte ich schon einen ganz feinen Luftzug im Nacken verspüren. Klammheimlich stahl ich mich im vollkommenen Duster wie ein Dieb auf leisen Sohlen davon.

Die Sterne ober mir blinkten jetzt viel stärker, von keinem Mondlicht in ihrer Leuchtkraft bedrängt und überstrahlt, auf mich hernieder. Ich schaute dankbar zu ihnen hinauf und war bald bei meiner Hütte. Die Petroleumlampe tauchte alles in ein wohliges, warmes Licht.

Ich öffnete die Bettbank mit dem geheimen Arsenal an herrlichem Ruster Rotwein – selbstredend Spätlese, etwas Besseres kann es für eine solche Situation nicht geben –, schenkte mir ein rotfunkelndes Glas voll und dachte an das eben Erlebte. Dann warf ich mich aufs nahe Bett, denn die knappen drei Stunden bis zum Morgen wollte ich noch etwas schlafen.

Allzuviel davon gelang mir nicht. Immer wieder schreckte ich auf. Die schlecht geschossene Sau vor Augen. Aber ich hoffte eines fest, auch diesmal würde mich die 9,3 nicht im Stich gelassen haben. Ich hatte doch schon etliche Schwarzröcke damit in die ewigen Jagdgründe befördert. Die 63. Sau war sogar weiß gescheckt gewesen. Der heutige Keiler mußte liegen! Was war das doch für ein toller Funke gewesen?

Der Morgen kroch fahlgrau durch das Fenster. Ich blinzelte vom Bett auf. Angekleidet war ich sowieso, nur die Schuhe noch angezogen und dann nach Hause. Ich brauchte bloß den Haustürschlüssel umzudrehen, war Kossa auch schon bei mir. Und eine weitere halbe Stunde danach standen wir in den taunassen und noch menschenleeren Feldern am Anschuß. Die Bracke am langen Riemen und ich mit der 9,3 ohne Glas. Schon beim Hineingehen ins Feld richtete sich der Hund auf. Der Morgenwind, der ganz leicht wie immer dem Tal zu und nun vom Anschuß zu mir wehte, ließ sich den Hund auf die beiden Hinterläufe erheben. Da sah ich schon den Keiler mitten im flachgedrückten Korn liegen. Er war keine 20 Gänge durchs Getreide gefahren und hatte einen Herzstreifschuß, der auch, wie durch das Klagen vermutet, auf der Ausschußseite einen Lauf oben beim Blatt zerschmetterte. Solches Klagen gibt es nur bei Knochentreffern! Der Keiler mußte, nachdem er die paar Gänge geflüchtet war und ich eben dieses Rappeln gehört hatte, verendet zusammengebrochen sein. Gewicht etwa gute 80 kg. Die Waffen Mittelmaß, aber ich war glücklich. Die Brackte zerzauste die Sau, verbiß sich im Kamm und leckte am Wurf.

Ich setzte mich ins Feld, riß ein paar blaßgoldgelbe Weizenähren und weitergreifend eine blaue Kornblume ab, band mir einen kleinen Strauß, netzte ihn ganz leicht am Einschuß und steckte ihn auf den Hut. Im Osten, hinter der Silhouette des Gemeindewaldes, stieg feurig breit und majestätisch die Sonne hoch. Eine Lerche schraubte sich jubelnd und trillernd schräg ober mir in den blauen Himmel, und ich war glücklich, Jäger zu sein.

Traum vom Pauliberg

Wir leben hier im Pannonischen, fast in einer Ebene. Es ist ganz sanftes Hügelland, leise plaudernde Bäche schlängeln sich durch flache Mulden, eine trauliche Augegend wechselt vorbei an goldgelben Getreidefeldern, an blühenden Wiesen. Spitze, weiße Kirchtürme ragen aus den flachen Tälern, und links und rechts stehen die grünblaugrauen Kulissen der dunklen Waldränder. Der Pauliberg mit seinen 755 m ragt wie ein trutziger Waldberg schier aus der Ebene, dort, wo das Deutschkreutzer und das Oberpullendorfer Becken einander rechtwinkelig treffen. So nebenbei ist er auch der jüngste Vulkan Österreichs, und es gibt für einen Jäger oder Naturliebhaber, kurzum für einen Menschen, der herrliche, tiefe, würzige Nadelwälder, heilig stille Wege, gaukelnde Falter auf wiegenden blauvioletten Glockenblumen liebt, nichts Schöneres, als durch dieses Landseer Gebirge zu wandern. Wieviel schöner ist es für einen Jäger, in diesem grünen Dom jagen zu dürfen. Vor Jahren noch führte ich hier selbst die Büchse. Die Zeit ist vergangen, und ich habe diesem Traumberg oftmals nachgetrauert. Zudem grüßt, wenn ich von meinem jetzigen Revier aus gegen Westen schau, die Silhouette des Paulibergs stets zu mir herüber.

Obwohl ich ein sehr schönes Jagdrevier mein eigen nenne, hatte ich insgeheim den Wunsch, noch einmal am Pauliberg jagen zu können. Und der sollte eher als gedacht in Erfüllung gehen; der neue Pächter lud mich auf einen Bock ein. Mein Gott, was betrachtete ich abends die alten Fotografien und ließ vor dem Einschlafen ganze Revierteile vor mir vorüberpassieren. Birschte bis spät in die Nacht über Berg und Tal, durch Schluchten und entlang der plätschernden Waldbäche.

Zyklamenzeit ist Rehbrunftzeit, und ich sprach mich mit dem Pächter ab, nahm meinen Jüngsten, den blonden, kaum eineinhalb Jahrzehnte alten Klaus nach großer Aufklärung, was es wohl für ein sensationeller Glücksfall für ihn wäre, daß er mit mir auf den Pauliberg dürfe, mit und dachte mir dann insgeheim, ob es auch sinnvoll sei, ihn mit solchen Erwartungen zu füttern. In meinem Revier trieben die Böcke schon eine gute Woche, und das hieß soviel, daß die Brunft dort, etwa 450 m Seehöhe höher, gerade einsetzen würde.

Den Revierteil konnte ich mir noch dazu selbst aussuchen. So gab es nur eines, dorthin, wo der Tannwaldschlag, der schon längst kein Schlag, sondern eine gut 15 Jahre alte Dickung ist, an den Tannwald grenzt. Dort, unterhalb des Gipfels, mit seinem herrlichen uralten Tannen- und Buchenbestand und seinen schwarzgrauen, dumpfen Basaltfelsen, dort zog es mich hin. Klaus, voll Erwartung an meiner Seite, birschten wir durch das „Straßl", den so bekannten Abfuhrweg, in Richtung Hochwald. Der ebenfalls beim jetzigen Pächter, dem Igerl, jagende Alfred war, obwohl er eine weitere Anreise hatte, schon einige Male hier gewesen, und auch er hatte dieses Stück als eines der landschaftlich schönsten gefunden. Dort, wo nach einem halben Kilometer der weite Tannen- und Lärchenmaiß an den etwa 80- bis 100jährigen Hochwald grenzt und man, im Tal birschend, plötzlich zwischen silbergrauen Stämmen den Blick hinauf auf den etwa 100 m höher liegenden Gipfel hat. Der Pauliberggipfel mit seiner felsdurchwirkten, urwaldähnlichen Wildnis, das wußte ich, beherbergte einen guten Sechser.

Es mochte etwa 4 Uhr nachmittag sein. Die Sonne stand schräg hinter uns. Ich deutete mit dem Finger vor dem Mund meinem Sohn, daß es fortan keinen Laut mehr zwischen uns gäbe. Seine Augen antworteten bejahend und sagten mir alles. Ganz leise begannen wir den Hochwald aufzusteigen. Schräg windet sich hier ein alter Abfuhrweg, den nur hie und da einmal Pferdefuhrwerke oder einzelne Pferde zum Holzstreifen benützen, bergauf. Schmielen und dazwischen Ginster, Brombeer- und Himbeerhecken. Überall dort, zwischen den mächtigen Tannen das Sonnenlicht kleine grasige Inseln bilden kann. Ein gaukelnder Falter schwebt eilends zu Tal, und wir passieren schon den ersten Basaltblock. Diese tief bleigrauen Felsen sind hier eingestreut, nehmen an Zahl und Größe, je höher man steigt, immer mehr zu, bis nach etwa 300 Metern eine regelrechte Basaltwand stufenförmig den Weg versperrt. Finster dem Wanderer entgegendrohend und zwischendurch von überaus mächtigen stahlsilbergrauen Buchen, gewiß schon weit mehr als ein Jahrhundert alt, besetzt. Die mächtigen Tannen werden hier schon weniger, und das breite Buchendach schirmt fast jeden Laut der Umwelt ab. Es ist ein herrlich dunkles, düsteres Waldbild, das sich einem da offenbart. Nur links, nach Westen zu, blinkt blanker, blauer Himmel zwischen kerzengeraden Stämmen. Und hier, 80 oder vielleicht 100 Meter unter den von mächtigen Buchenkronen grün umdachten Gipfelfelsen, in dieser düsteren urigen Wildnis, entspringt wahres Leben. Keine 100 Gänge vom westlichen Dickungsrand entfernt, entspringt nämlich zwischen den eingesprengten Basalttrümmern eine schwarze, morastige, still und leise gluckernde Quelle. Im Sommer nur ein winziges Rinnsal, doch Quell jeden Lebens und gern besuchte Tränke für alles Wild. Sau und Hirsch und Reh ziehen hier ihre Fährten. Ein Wildwechsel, wie ein breiter Fußweg zieht daneben vorbei, in Richtung Osten. Wahre Jagd!

Kaum sind wir 50 Meter weiter, steht links in den Himbeerstauden eine Geiß. Sie hat uns nicht bemerkt! Während wir regungslos, an einen Baum gelehnt, zu ihr hinstarren, zieht sie in die Dickung ein. Würde sie uns jetzt wahrnehmen und, was das Ärgste wäre, schreckend abspringen, hätte jedes weitere Birschen hier heute keinen Sinn mehr. Aber der Wind steht gut. Ganz leise weht er uns ins Gesicht. Auch das gehört zu erfolgreichem Weidwerk! Wir warten noch eine Weile. Die Nadelstreu, die zwischen dem Moos den Boden dicht bedeckt, schluckt jeden Laut, und unser Aufstieg geht still und klammheimlich weiter voran. Dort oben, unterhalb der kleinen Blöße, steht eine Kanzel, die ich Igerl zum Geschenk gemacht habe. „Igerl", habe ich gesagt, „merke dir eins, hier ist der beste Platz des Pauliberges! Nur mußt du ruhig sitzen und abwarten können, denn da muß jedes Wild vorbei. Alles, was in die davorliegende riesige Dickung hinein oder aus ihr heraus will, zieht eines Tages da vorbei!"

Igerl hatte damals nur ein mitleidiges Lächelns und war baß erstaunt, als er bei seinem ersten Ansitz dort abseits der Wege und mitten im Bestand am Nachmittag bei Sonnenschein eine Sau schoß. Seinem Wesen entsprechend, schob er das alles dem Zufall in die Schuhe.

Wir bleiben wieder stehen, ich pflücke ein paar Zyklamen aus den Moospolstern und stecke sie an den Hut. Wir kauern uns etwas hin, und flüsternd erzähle ich Klaus, daß ich hier einen ganz Kapitalen weiß, der schon im Vorjahr erlegt werden hätte sollen, sich aber durchschwindelte.

Irgendwo knistert etwas ganz leise, vielleicht ein Hase, der heraushoppelt, oder ein stummer Vogel in den Ästen. Lächelnd sehen wir einander an. Ich habe schon zuviel geredet. Wir steigen weiter und passieren die Stelle, wo Edmund im vergangenen Winter mitten im Rauhreif den Fuchs beschoß. Brandroter Rotrock auf glitzernd weißem Grund. Es blieb aber nur ein Traum! Gefehlt.

Fernwehkrank kann man sein, gibt es aber auch eine Waldwehkrankheit? Doch! Sie ist ein stilles, heißes Sehnen nach tiefem, dunklem Wald, der einen mit offenen Armen umfängt. Komm zu mir, wir sind Freunde. Sicher mag es Menschen geben, die sich nachts im Wald fürchten. Gewiß nicht abwegig dieser Gedanke. Aber wie ist das möglich, wenn der Wald Freund und Gefährte ist und dich immer wieder rauschend, klagend und dröhnend brausend umgibt. Er umschließt dich mit seinen Armen, und er schließt dich ins Herz. Du mußt es nur finden können.

Träumerei! Wir wollen doch auf den Bock gehen. Während ich so sinniert habe, starrt Klaus gebannt hinauf. Doch dann schüttelt er den Kopf. Nein, gewiß nicht! Hinter der Bodenwelle könnte er etwas gehört haben! Dort vorne, keine 100 Meter vor uns, aber durch die Steigung des Höhenrückens für uns verdeckt.

Angestrengt horchen wir. Höchstens das feine Summen irgendeines Käfers oder eines Insekts! Nein, nichts! Weiter geht's bergauf. Schritt für Schritt durch braune, graue Nadelstreu und breite, sattgrüne Moospolster. Dick und alles dämpfend wie ein Teppich. Ich deute noch Klaus, daß er auf jedes Ästchen, und mag es noch so klein sein, achten müsse. In dieser majestätischen Stille klingt jeder Laut außer dem leisen Wispern der Baumkronen drohend und alarmierend. Nach 30 oder 40 Gängen sind wir oben an der Bodenwelle. Hier breitet sich die Blöße stufenförmig aus, und in dem Bewuchs, ganz rechts im dunklen Hochwald zwischen den eingestreuten Himbeeren, entdecke ich ein Reh. Glas vor die Augen, Entfernung 80 Meter. Schmalgeiß! Rot wie die Verführung selbst, zieht sie leicht nach links schräg hinauf. Wenn sie so weitermacht, könnten wir, sobald sie hinter einer Himbeerhecke verschwunden ist, noch bei gutem Wind zur keine 30 Schritt entfernten Kanzel. Aber immerhin, es ist ja Rehbrunft, und der Teufel soll es holen. Das ist unmöglich, bereits die zweite Schmalgeiß zu sehen und keinen Bock wahrnehmen zu können. Jetzt, wo das Rehwild den ganzen Tag auf den Läufen ist. Die Geiß kommt wieder näher zu uns, und kaum ist sie von einer mächtigen Tanne verdeckt, bleibt uns nichts anderes übrig, als uns schnell an den Boden zu drücken. Denn geräuschlos können wir von hier nicht mehr weg. Zwischen dem Reh und uns, wenn es jetzt hinter der mächtigen Tanne hervorkommen wird, wohl Walddunkel, dämmriger Waldschatten, aber freies Blickfeld. Kaum habe ich mich an den Stamm gekauert und etwas aufgerichtet, Klaus nebenan beim zweiten Baum gleich mir, das Glas zum Beobachten vor den Augen, stockt der Atem! Keine 30 Gänge hinter der Geiß wechselt ein Kapitalbock, wie ich selten einen gesehen habe, aus den Himbeeren. Ist mit ein paar Fluchten bei der Geiß, die sich aber noch etwas bitten lassen will, wie das nun einmal so der Brauch ist. Ab gehen beide. Bald verdecken sie silberne Tannen und mächtige Buchen, bald leuchtet das dunkle Rot kurz auf. Jetzt sind sie ein paar Schritte neben der Quelle, dort, wo trotz Waldschatten noch saftige Gräser wuchern. Spielerisch stellt sich der Bock zur Geiß, die steht stock und steif, und – der Rehbock äst weiter. Rehbrunft! Es ist der Kapitale! Wahrhaft, er ist es. Sicher hat er, der Galan, diese Schöne schon zwei, drei Tage bei sich. Jedenfalls auslassen wird er sie nicht so schnell. Nun ist er wieder auf 30 Schritt da, und obwohl wir im Halbschatten kauern, hoffe ich inbrünstig und deute mit dem Finger ganz sachte zu Klaus, sich um alles in der Welt nicht zu bewegen, damit uns der Bock nicht abfährt. Er steht so frei, und wir sind nur einigermaßen gedeckt, daß ich trotz allem unmöglich zum Gewehr greifen kann. Ich habe den Mannlicher, der neben mir auf dem Waldboden, aber außer meiner unmittelbaren Reichweite liegt, noch nicht in der Hand, als der Bock unentwegt zu uns heräugt. Die Trophäe ist kapital, schätzungsweise 23, 24 cm hoch, jedoch derart massiv und bis oben geperlt. Die Enden etwa drei Zentimeter lang. Auf alle Fälle schon im Zurücksetzen. Und als er sich ganz leicht abwendet und ich das Glas vor den Augen besser zurechtrücken kann, erkenne ich, daß er auch mächtige Rosen hat. Ein Bock all meiner Träume! Der Zyklamenkönig! Ob dieser Name wohl zu ihm paßt? Ein Herrscher ist er auf alle Fälle, denn der fürchtet sicher keinen Rivalen.

Die Geiß springt unvermut wieder ein paar Gänge von uns weg in das schützende Walddunkel, und ich beuge mich ruckartig hin zum Mannlicher und reiße das Gewehr hoch. Die Geiß steht dort mit langem Träger und spitzen Lauschern und hat mich weg. Heiland der Welt, warum hab' ich

Klaus soviel Unsinn von diesem Revierteil erzählt und bin nicht zehn Minuten früher hier heraufgekommen. Da hätte ich vermutlich den Bock schon weit oberhalb wahrnehmen können und wäre besser zu Schuß gekommen als jetzt. Den Mannlicher hab' ich wohl an der Wange, kann aber im ganzen Blickfeld in all dem silbergrauen Dämmer, mit den bleigrauen Basaltflecken dazwischen, nur die Geiß erkennen. Der Bock steht hinter einem Tannenstamm, der ihn fast zur Gänze verdeckt. Nur grad der Spiegel und ein Hinterlauf sind zu erkennen. Noch dazu fällt das Licht von hinten ins Glas, was eine ganz schöne Blendung ergibt. Fluch der Technik! Aber ohne die sehe ich gar nichts oder jedenfalls, wenn er nicht heraus in einen matten Sonnenstrahl tritt, nur einen Schatten. Das Fadenkreuz wandert von der Geiß zu dem den Bock verdeckenden Tannenstamm. Eine Handbreit davor lasse ich das Fadenkreuz ruhen, wenn er doch nur einen Schritt nach vorne tut, ist er mein. Es vergehen Minuten, und ich muß erkennen, daß die Situation nicht einfach ist. Das Ganze scheint verhext zu sein. Der Bock bleibt nicht sichtbar, und plötzlich stampft die Geiß auf und springt schreckend nach rechts oben in das Felsgewirr ab. Und der König des Pauliberges folgt ihr! Ein Schuß auf das flüchtige Wild ist in dieser Situation vollkommen unmöglich, die beiden Rehe sind im Halbschatten nur als Schemen sichtbar. Ich wäre mir auch sicher, den Wildkörper zu treffen, doch würde ich mit der gleichen Wahrscheinlichkeit vor der gestreckten Geiß oder vor dem Bock stehen. Ich setze ab und blicke zu Klaus. Der, ganz erschüttert und hingerissen von dem Schauspiel, schüttelt nur ganz leicht den Kopf und flüstert mir zu: „Papa, das ist ein Traumbock!“ Doch plötzlich, es hilft ja nichts, wir können uns nicht bewegen, will ich nicht alles aufs Spiel setzen, verharrt ein Stück oberhalb in der schwarzgrauen Felsenwand, dort, wo schon die Buchen die Tannen abgelöst haben. Nur jetzt kein Glas nehmen, gleich mit dem Zielfernrohr weiter mitansprechen. Es ist die Geiß. Und das Stück flüchtet weiter nach oben. Sicher sind wir noch nicht restlos erkannt. Dort oben, wo die Felsen abrupt aufhören und sich eine kleine Felsscharte in einem Loch des dunkelgrünen Buchendaches ausnehmen läßt, dort springt der Bock hinein und steht wie ein Wahrzeichen als Silhouette gegen den Himmel. Zwar ist, die Entfernung beträgt etwa 130 bis 150 Gänge, sein Hinterlauf bis zum Rückenende von einer der Buchen, die gewiß 40 bis 50 Meter davorstehen, restlos verdeckt, doch das Blatt ist ebenso restlos frei.

Den Mannlicher stütze ich in meine Hände, bin mit dem Rücken an der Tanne, und die Ellbogen habe ich auf den Knien. Jetzt ist das Blatt wieder von einigen sich nur im Zielfernrohr abzeichnenden, mit dem freien Auge nicht sichtbaren bizarren, dürren Querästen der weit davorstehenden Tannen verdeckt. Das Herz schlägt bis zum Hals. Es nützt alles nichts! Ich muß warten, bis das Blatt frei wird! Blitzschnell fällt mir ein, daß ich Verbotenes tun will, Schuß auf Wild ohne Kugelfang! Ob das gutgeht? Ich brauch' den Bock nur zu fehlen, und das Geschoß geht über den Pauliberg und irgendwo weit unten nach Norden. Der Bock schiebt sich zentimeterweise nach links. Mißtrauisch bewegt er das Haupt hin und her und äugt auf uns herab. Schiebt sich von der Scharte weg vor einen Felsenzacken. Ich sehe einige dünne wie Stricknadeln über das Blatt ragende Ästchen. Gewiß sind sie vielleicht auf der halben Entfernung zwischen mir und dem Bock. Ein Wahnwitz befällt mich. Wenn ich jetzt haarscharf einen Zentimeter über diesen grausilbernen, bleistiftdicken Aststummeln drüber bin, so bin ich auf 150 Meter genau im Ziel. Wie ein gelboranger, feuriger Blitz bricht der Schuß. Der Bock in dem graudämmrigen Dunkel springt in der nächsten Sekunde links über die Felsen ab, schreckt abgrundtief. Einmal! Die Geiß ihm nach, wie der Teufel! Und keine dreißig Schritt vor mir klingt klar und fein so etwas wie ein zittriges hölzernes Klirren. Ein silberbrauner dürrer Tannenast fällt zu Boden. Der Puls pocht mir in den Schläfen, und ich weiß instinktiv, daß ein Traum zu Ende ist. Der Traum vom König des Paulibergs.

Klaus ist so enttäuscht und blickt mich fragend an, was wohl jetzt werden würde. Und während noch einmal das tiefe Schrecken des Bockes nun schon hinter den bleigrauen Felsen verhallt, wissen wir beide endgültig, daß ich zuviel gewagt habe.

Bei den Sieben Brüdern

Ich hielt die Einladung auf Gams in die Hohen Tauern in Händen und war so glücklich wie kaum zuvor! Mit sieben Siegeln alles fixiert. Sommergams in der Gletscherregion. Was konnte es für einen Sauenjäger aus dem mittleren Burgenland noch Schöneres geben? Da verblaßten die schemengleichen Feisthirsche in den goldgelben, rauschenden Getreidefeldern der heißen Augustwochen. Selbst auf die schmatzenden Sauen, die sich um diese Zeit in die Weizenschläge einschoben, wollte ich gern verzichten. Ich war schon einmal dort gewesen am Großvenediger. Zwei Jahre zuvor. Und hatte in der Brunft einen guten Bock erlegt. Meinen ersten Gams. Fortan waren die Eindrücke und dieses Jagen im stäubenden Schnee für ewig in meiner Seele verwurzelt. Jetzt sollte es ins selbe Revier gehen, aber im heißen Sommer. So nebenbei fragte ich Klaus: „Willst du mit mir auf eine Woche ins Hochgebirge Gams jagern?“ Ich glaub', es verschlug ihm den Atem. Und dann gingen die Vorbereitungen auch schon los. Das ist nicht so einfach für einen Steppenmenschen. Bereits bei der Bekleidung fängt es an. Wir laufen hier mit Halbschuhen in den Feldern umher. Dort müssen es feste Bergschuhe sein. Der Temperaturunterschied ist auch ein beträchtlicher. Bei uns geht's fast bis 40 Grad und dort bis 15 als Maximum.

Strahlend blauer Himmel und mit allen Segnungen von liebevoller Gattin und besorgter Mutter, allen Wünschen der Geschwister begleitet, waren wir nach einer guten Stunde Autobahn in Wien. Dann ging es westwärts.

Wir überstehen die Urlauberkolonnen so leidlich und befinden uns mit einem Male in Neukirchen auf dem Hauptplatz. Da wartet schon Kaiser, ein Jäger, wie ich deren nur zwei oder drei überhaupt in meinem Leben kennengelernt habe. Freudig geben wir einander die Hände.

Beine vertreten. Proviantierung. Wir schleppen alles mögliche, von dem wir annehmen, daß wir es in diesen Tagen brauchen werden, in den Kofferraum. Und Kaiser drängt, damit wir noch rechtzeitig vor der Dunkelheit oben ankommen. Los geht's mit seinem natürlich geländegängigen Volkswagen, während mein Opel in Neukirchen zurückbleibt.

Soweit wie möglich wollen wir mit dem VW ins Tal hinein, das letzte Stück müssen wir sowieso unser Zeug mühsam auf dem Rücken weiterschleppen. Doch wider mein Erwarten geht's über gute Holzabfuhrwege hinein ins Revier, bis zur fast am Talende liegenden Eustachiushütte. Klaus ist hellauf begeistert von der Hütte, noch mehr aber von der grandiosen Landschaft, obwohl er noch gar keine Ahnung hat, wie schön es erst oben sein wird. In kurzer Zeit ist es dunkel.

Die Hütte ist so angelegt, daß sie etwas höher über dem vorbeirauschenden Sulzbach, der unmittelbar aus dem Venedigergletscher kommt, auf einem Vorsprung steht. Bis zum ewigen Eis mögen es vielleicht tausend Meter sein, und man kann von der kleinen Veranda hinaufschauen, dort, wo in 1000 oder 1500 Meter Entfernung die baumfreie Zone, die sogenannten Grasfelder, liegt. Beim Plaudern und Schauen vergeht die Zeit wie im Fluge.

Kaiser ruft. Das Essen ist fertig. Und drinnen beim wohlig flackernden offenen Ofen ist schon serviert. Alpenluft macht Appetit, zudem haben wir fast 600 km Reise hinter uns. Jetzt erst, während wir schon vor den dampfenden Tellern sitzen, geben wir zu, schon einen Riesenhunger zu haben. Anschließend großes Pläneschmieden, wie wir's angehen und was wir ma-

Oben: Der erlöste Haut- und Knochenkeiler aus Deutschkreutz.
Von Links: Der Erleger Lenz Heidelberger, heute ein hervorragender Berufsjäger im nördlichen Burgenland.
Hubert Baranits, Jägernachwuchs und Bodenkultur-Student, und der unter Jägern schon legendäre Lazi Baranits. Vermutlich der beste Hochwildkenner des Burgenlandes.

Unten:
Links: kurze Rast beim Abschied vom „Nebelreich".
Von links: der „bescheidene" Förster, „Kronprinz Rudolf", der 47fach betrogene Tschetri und unser Dolmetscher „Wassermann".
Rechts: Filmwechsel bei der letzten Rast.
Auch ohne Hahn glücklich.

chen werden, denn zeitig in der Früh müssen wir auf – tausend Meter höher. Klaus spitzt nur so die Ohren. Kaiser berichtet noch von den Ergebnissen der vergangenen Monate, von den Jagdereignissen des letzten Winters, und wir denken so nebenbei, daß es ja hier, während im Burgenland oft fast kein weißes Stäubchen liegt, einige Meter Schnee gibt. Ich habe meinen Steyr-Mannlicher im Kaliber .243 Winchester mit, und während wir über Gewehre zu debattieren beginnen, äußert der erfahrene Bergjäger mir gegenüber nur so nebenbei, daß das Gewehr gar so kurz wäre. Aber ich zerstreue alle Zweifel, noch dazu, weil auch er berichtet, daß das Kilber .243 in der Umgebung sehr viel verwendet wird.

Klar, 6,5 × 57 ist hier die Standardpatrone, wird aber, wie gesagt, von der .243 mit ihrer weit größeren Geschoßpalette immer mehr verdrängt. Auf meinem Steyr-Mannlicher ist übrigens das Zeiss-Zielfernrohr mit 2½- bis 10facher Vergrößerung montiert; das berühmte Tüpfelchen auf dem i.

Die frische Alpenluft macht uns nun erst, trotz der langen Fahrt, wieder lebendig, aber Kaiser scheucht uns in die Betten. Wir haben geschlafen wie die Bären. Und am nächsten Morgen ging's nach gutem Frühstück vollgepackt wie die Mulis an den Aufstieg. Kaiser schleppt doppelt soviel wie wir und läßt sich um nichts in der Welt die Last erleichtern. Wir müssen ja alles, was wir haben, mitnehmen.

Über taunasse Wiesen, vorbei an Lärchen, Fichten und Tannen überqueren wir auf einer schmalen Brücke den Sulzbach. Von hier ergibt sich eine weitere Aussicht. Eine Bergwelt umfängt uns mit ihrem fast bedrückenden Zauber, und wir schauen ringsum von Gipfel zu Gipfel, die in schroffen Spitzen das enge Tal umsäumen. Die Sonne funkelt in den Gräsern, und überall stehen Blumen, in den herrlichsten Schattierungen gelb und blau und weiß und violett. Kaiser strebt flott voran. Kehren beginnen. Von hier

Oben: Sonnenuntergang bei der majestätischen Ruine Landsee.
Im Mittelalter Festung gegen Ost und West.
Inmitten der weiten Walder heute der landschaftlich markanteste Punkt des mittleren Burgenlandes.

Unten: Waldgebirgslandschaft der Niederen Tatra. Hier gibt es noch Bär, Luchs und ab und zu sogar den Wolf.

hat man nur noch ganz begrenzte Aussicht. Die Luft ist würzig und frisch, im Schatten ist es kühl, und überall, wo die Sonne durchdringt, angenehm warm. Aber zunehmend wird uns selbst immer wärmer. Die Kehren enden, und wir stehen vor einer dunklen, schwarzen, steil aufsteigenden Schlucht, durch die eine Art Rinnsal an der Wand herunterrieselt.

Der wortkarge Kaiser meint: „Na, rost ma amol!" Gepäck lasse ich auf dem Rücken, nehme im Gegenteil von Klaus noch etwas dazu und lehne mich gegen den Hang, so daß meine Last auf einem Felsen ruht. Kaiser steht stoisch daneben und wird sich sicher seinen Teil denken, denn mittlerweile ist uns schon ziemlich heiß geworden, und der Schweiß kommt in den ersten Strömen über die Stirn geronnen. Nach einer kurzen Weile geht's weiter. Drüben grüßt jetzt die für uns die halbe Welt bedeutende Gipfelkette der Sieben Brüder herüber, der große Finagl, die Hundskirche und der Breitfuß. Dahinter, für uns nicht sichtbar, ist das Habachtal mit dem einzigen Smaragdvorkommen in Österreich und all seiner von vielen Geschichten umwobenen Edelsteinsucherromantik. Der Salzburger Smaragd ist zwar herrlich grün, hat aber nicht die Qualität wie etwa südafrikanische oder südamerikanische Steine. Er hat im allgemeinen eine etwas blassere Farbe und sehr häufig Einschlüsse. Noch dazu ist er oft wasserhaltig, das heißt, daß diese Wassermoleküle, falls der Stein nach einiger Zeit austrocknet, leichte Schattenrisse und Trübungen erzeugen.

Nun sind wir an einer engen Stelle angelangt. Steil und düster und glitschig naß, wir steigen ja durch das enge Bachbett bergan. Kaiser sagt, daß es hier das letzte Wasser zum Trinken gibt. Wir sollen noch unseren Durst löschen. Tatsächlich rieselt zwischen zwei naßglänzenden Steinen in Kopfhöhe, grad so, daß wir uns nur hinzuneigen brauchen, das köstliche Naß einer Quelle heraus.

So ein Aufstieg, das ist wie beim Marschieren. Nach einer Stunde wird man erst richtig munter. Da ist die erste Müdigkeit überwunden, und mit einem fast gewissen Eifer, während der Schweiß nur so von der Stirn tropft, das Hemd am Körper klebt, denn längst haben wir jede überflüssige Kleidung auf die Rucksäcke geschnallt, steigen wir weiter hoch. Sorgsam achtend, daß es ja nirgends irgendwo an einem glitschigen Eck danebengeht, denn das hieße unter Umständen 20, 50 oder 100 Meter bergab zu sausen. Aber endlich haben wir die größte Hürde geschafft und sind auf der sogenannten Trogkante angelangt, steigen förmlich plötzlich wie aus einer tiefen Schlucht auf eine halbwegs ebene, von Latschen umsäumte Fläche hinaus. Wie in ein grünbuntes Märchenland. Bestimmt sind schon gut an die zwei Stunden vergangen, und jetzt, nach der Plackerei, eröffnet sich hier oben erst der ganze Zauber der Bergwelt.

In allen Schattierungen von Grau bis Grün, wie zum Greifen nahe, Felswände und Kare, Matten liegen dazwischen eingestreut, und drüben über dem Tal sieht man auf den Gegenhängen lange, winzig dünne Wasserabflüsse, die sich bei den vorspringenden Kanten in wogende Schleier zerteilen. Wir rasten, denn laut Kaiser sind wir jetzt schon fast in der Notklamm. Schräg gegenüber, noch auf unserer Seite und auf gleicher Höhe mit uns die sogenannten Grasfelder.

Eine majestätische Stille umfängt uns hier, nur ein paar Alpendohlen gaukeln oben im Blau, drüben auf der hohen Lärche rätscht ein Tannenhäher. Ein paar 100 Meter haben wir noch bis zur Dr.-Heinz-Schachinger-Hütte, und obwohl es nicht so sonderlich steil ist, fast richtig angenehm, zieht sich's doch sehr dahin. Zudem geht es auch schon gegen Mittag, und die Sonne brennt auf uns hernieder. Als wir zwischen Latschen und Zirben hindurch um die Ecke biegen, steht auf ein paar Schritt vor uns auf einer Art Bergnase das Ziel, die heimelig anmutende, in Blockhausform aus wuchtigen Stämmen zusammengebaute Hütte. Unser Heim für die nächsten Tage. Von hier aus sieht man, auf gleicher Höhe, wie wir jetzt sind, das schönste Kleinod des Tales: den Gletscher des Kleinvenedigers mit der bizarren Bergspitze dahinter. Alles ist voll Blumen, violett und gelb, eine Alpenflora, so üppig und bunt, daß einem das Herz im Leibe lacht.

An die 200 Meter schräg hinter der Hütte, am Ende eines Kares, soll sich eine gute Quelle befinden. Eine Weile danach ist Kaiser dahin schon unterwegs, und gleich wieder hier, während wir noch immer müde, aber glücklich diese Zauberwelt ringsum betrachten. Ein wenig später brennt's im Ofen, und unser Begleiter läßt sich's nicht nehmen und spielt Koch.

Der Tagesplan folgt. Erst einmal eine oder zwei Stunden schlafen, und dann beginnt die Nachmittagsbirsch. Wir haben ein Hoch, seit einigen Tagen herrliches Wetter, aber das heißt auch, diese Tage sofort zu nützen, weil wir nämlich bei Schlechtwetter unbarmherzig einpacken können. So gegen halb vier rüttelt uns der Herr der Berge aus einem todähnlichen Schlummer.

Der Birschgang beginnt. Unser Ziel ist das Kar unter der Bettlerscharte und 1900 Meter hoch gelegen.

Alles Überflüssige bleibt in der Hütte, jeder nimmt seinen Bergstock, denn ohne den wären wir hier verloren. Dann stolpere ich hinter Kaiser drein und denke mir nur, was wird denn hier um vier Uhr nachmittags ein Gams so blöd sein und im Kar umherziehen.

Die Rehe bei uns zu Hause ziehen ja auch erst am Abend aus!

Wir sind vielleicht so 300 Meter von der Hütte weg, vorbei an Murmelbauen, das Pfeifen der Murmeltiere ertönt immer wieder, aber sosehr ich mich auch anstrenge, ich kann keines wahrnehmen, da reißt's den Kaiser herum, augenblicklich drücken wir uns alle nieder. Wortlos zeigt er hinauf, und oberhalb, auf vielleicht 120, 150 Schritt, steht auf einem vorspringenden Fels zwischen grünem Unterwuchs ein Gamsbock und äugt auf uns herunter, als ob es sonst nichts anderes auf Erden gäbe. Der Begleiter spricht an, gibt das Glas schon ab und flüstert erregt: „Der paßt! Sofort schießen!“ Mit allem habe ich gerechnet, nur nicht mit so einer plötzlichen Wendung. Versonnen habe ich während der Birsch die Bergwelt ringsum betrachtet, Vergleiche zwischen Blumen angestellt und mich gewundert, daß ich einen einem Kohlweißling ähnlichen Falter umhergaukeln sah, und Klaus, der voll der neuen Eindrücke umherblickte, um irgendwo ein Murmeltier zu erspähen, dem mußte es so ähnlich ergangen sein. „Schießen!“ Diesmal sogar noch eindringlicher. Ich versuche, einigermaßen in Stellung zu gehen, aber der Gams ist grad über uns, und mein Herz klopft derart, daß ich so steil bergauf, vielleicht 70 oder 80 Grad, nicht zurechtkomme. Noch dazu versperren mir, da ich auf dem Boden gebückt knie, verschiedene Latschen die Sicht nach oben. Kaiser legt sich auf die Böschung und deutet, daß ich auf seinem Rücken auflegen soll. Aber auch dort, alles dauert nur Sekunden, komme ich nicht richtig zurecht. Mein Pulsschlag und seiner dazu lassen den Gams, den ich im Glas gefaßt habe und der immer noch ruhig steht, umherschwimmen, als würde er der ruhige Pol sein und ich mich in einem schwingenden Mastkorb befinden. Sicher ist es auch die Erregung, die da mitspielt. Ich glaube, drauf zu sein, alles ist so unerwartet schnell, und die Kugel verläßt augenblicklich den Lauf. Den Gams wirft es seitlich herum. Instinktiv ist mir klar, daß ich, wenn ich ihn nicht überhaupt seitlich fehlte, höchstens irgendwo seitlich am Blatt streifte. Da ist er auch schon, einen

Herzschlag danach, hinter der Kuppe verschwunden. Dort ist so eine Art Klamm, eine seichte Schlucht, die uns den Einblick verwehrt. Auch vor uns in Richtung zu den Gipfeln der Bettlerscharte können wir nicht das ganze Gelände einsehen. Die Schlucht, die sich von dort, wo sich der Anschuß befindet, hinunterzieht, ist durch verschiedene Latschenfelder verdeckt und überriegelt. So haben wir in dieser Lage, wie wir leider erkennen müssen, erst Ausblick weiter hinauf ins Kar. Jetzt bin ich in einer scheußlichen Situation. Der erste Schuß! Alles so schnell und der Gams, wie eine Statue auf dem Felsen, wie im Bilderbuch, und anscheinend doch gefehlt. Ich soll hierbleiben und gut beobachten, während der Jäger hochsteigen will, um den vielleicht nach hinten hinabgekippten Gams zu suchen. Allein, als er vielleicht nach zehn Minuten dort oben ist und in den Latschen verschwindet, kommt er gleich wieder hervor. Sucht rechts und links umher, schaut hinunter in die Schlucht, die sicher nur eine gute Steinwurfweite tief ist, und deutet schon „Gefehlt"! Als er dann wieder herabsteigt und ich deprimiert auf dem Boden sitze und ihm erkläre, daß das alles viel zusehr geschaukelt hat, meint er nur, das wäre eben Gebirgsjagd, und da würde ich mich schon dran gewöhnen. Immerhin flößt er mir neues Vertrauen ein. Denn ich bin, muß ich offen sagen, fast am Boden zerstört. So eine lächerliche Entfernung! Wir gehen zwanzig, dreißig Schritt weiter, und von hier aus sehen wir, zwischen den Matten eingebettet, die nach unten fortlaufende schmale Rinne, in die die eingangs erwähnte Schlucht oben mündet.

In diesem Augenblick sehen wir es alle drei gemeinsam: Da fährt der Gams, ich bin gefühlsmäßig sicher, daß es derselbe ist, auch schon entlang der Rinne, vielleicht 200, 250 Meter vor uns, bergab davon. Der Gams geht mit einem einseitigen bißchen seltsamen Gang flüchtig bergab, etwas schwankend wie mir vorkommt, und ich denke, sicher vom Streifschuß. Ein Schulterblatt wird angekratzt sein.

Wir stehen wie erstarrt, und Kaiser meint, daß der Gams auf vielleicht 250 Meter verhoffen wird. Dort, wo Krüppelerlen einen jähen Felsabsturz überwuchern. Das sogenannte Finstereck! Und während der Gams noch zu Tal fährt, zischte der Begleieter auch schon wieder. „Sofort schießen, sobald er verhofft!" Ich springe zu einem etwa kniehohen, den Steig säumenden Fels vor, schmeiße den abgelegten Mantel drauf und bin wieder ganz der alte. Weil ich nämlich augenblicks unten den Gams schon im Fadenkreuz, zwar nur zwischen den groben Balken, aber immerhin gefaßt habe. Der fegt über die Latschen hinweg und ist auch nach ein paar Fluchten vor den begrenzenden Krüppelerlen. Jetzt gilt es! Und tatsächlich, er macht das erwünschte Haberl, steht breit wie der Traum aller Gamsjäger, und ich ruhig und ausgeglichen, daß ich mich selbst wundere. Halte den Atem an, bin mit dem feinen Faden auf dem Blatt, gehe ein paar Zentimeter höher, und schnalzend ist der Schuß draußen. Den Bock wirft es jäh herum, zugleich vorne hoch, und ich weiß, er ist mein. Und Kaiser schreit jubelnd: „Den habm ma!“ Klaus, der wie ein unparteiischer Beobachter mit dem Glas vor Augen alles verfolgt hat, zeigt sich äußerst beeindruckt und kann gar nichts sagen. Der Gams ist zwischen den Erlen verschwunden, und mit Bangen denke ich, daß er in die Schlucht, von der ich nur ahnen kann, wie tief sie ist, hinuntergestürzt sein könnte. Noch dazu ist das ja das „Finstereck“, auch kein schönes Omen. Wir warten eine Weile, plaudern in glücklicher Stimmung, und nach einer guten Viertelstunde beziehe ich Posten, so wie mir unser Begleiter alles erklärt. Um, sollte der Gams am Gegenhang der Schlucht vielleicht hoch werden, diesen dort mit einer guten Kugel abzufangen. Kaiser verschwindet in Serpentinen unten am Schluchtrand. Vorhin hat er mir ja erklärt, daß er dort einen Einstieg kennt und daß es nicht so schlimm wäre, erst gute 50 Meter weiter rechts, dort wäre es schon fast aussichtslos, aber „dort geht er bestimmt nit eini“!

Es vergeht eine Viertelstunde, es vergeht eine halbe Stunde, allmählich bekomme ich das große Bangen. Da taucht Kaiser auch schon am Schluchtrand auf. Durchs Glas kann ich erkennen, daß er ganz ermattet ist, aber er deutet mit beiden Händen in der Luft umher und schreit dann herauf: „Mir hom eahm!“ Jetzt gibt's kein Halten für uns, und Klaus und ich sind auch schon auf dem Weg zum Finstereckrand, wo wir mit dem mittlerweile verschwundenen Kaiser wieder zusammentreffen. Den Gams hat er allen Ernstes. Hinter sich zieht er ihn her. Wirklich wahr, ich habe meinen Gams!

Er hat nur einen Schuß, nämlich meinen zweiten, aber als große Überraschung eine alte Schalenverletzung auf einem Vorderlauf. Kaiser meint, daß das Stück auf keinen Fall über den Winter gekommen wäre. Also doppelte Freude. Immer wieder befühlen wir die Krucke. Der Schuß war ein Lungenschuß, ganz leicht hinter dem Herz, und der Gams ist, wie uns Kaiser zeigt und erklärt, ziemlich weit abgefahren. Obwohl ich schon viele Jahre

Jäger bin, alle möglichen Erlebnisse mit angeschweißtem Wild hatte und einige hundert Stück Schalenwild erlegte, staune ich dennoch. Denn in dieser vielleicht dreißig, vierzig Meter tiefen Schlucht, mit Krüppelerlen verwachsen wie ein Dschungel, mit steilen und glitschigen Wänden, in denen man sich nur auf allen vieren hinauf- oder hinunterbewegen kann, ein Stück so einfach zu finden ist eine Meisterleistung. Noch dazu findet sich bei der .243 Winchester praktisch kein Schweiß am Ausschuß, so daß ich allmählich selbst Zweifel habe, ob diese Patrone so besonders gut geeignet ist.

Der Gams wird geborgen. Mit vereinten Kräften schleppen wir ihn bergauf, und ich schau' hinüber zu den Sieben Brüdern, deren hohe Wände die ganze Szenerie beherrschen. Wir kommen überein, daß wir den Gams an einer feuchtkühlen Stelle zwischen den Latschen auf unserem Hang verstauen können. Mit viel Farnkraut verdeckt.

Meine Freude ist riesengroß, ich möchte gerne noch verweilen, aber Kaiser meint, daß wir weiterbirschen sollten, und zwar zurück zur Hütte und auf die andere Seite hinüber, in das dortige Kar, die Notklamm. Dort könnten wir immer noch, auch am Abend, auf ein zweites Stück zu Schuß kommen. Den Gams lasse ich ungern zurück, aber was soll's, es ist die vernünftigste Lösung, und eine halbe Stunde danach sind wir wieder bei der Hütte. Nehmen einen kurzen Imbiß und birschen weiter in den anderen Teil.

Wir brauchen nicht weit zu gehen, denn am Ende des letzten Mattenabschnittes ist ein fünf, sechs Meter breiter Felsvorsprung, der aus dem Hang herausragt. Dort, in dem rundum verwachsenen Bewuchs liegend, können wir zwischen den Latschen dauernd beobachten, weil die Gams hier angeblich ununterbrochen vorbeiwechseln.

Wir bleiben eine Weile gemeinsam, sehen dann auch weit oben im nackten Kar zwei Gams, die aber nicht herunterziehen. Dann geht unser Jäger mit Klaus zur Hütte zurück, während ich dableibe.

Es wird schon leicht dämmrig, und nun erscheinen abermals zwei Gams in meinem Blickfeld und ein weiterer tief unterhalb. Ist alles aber viel zu weit und ein Birschen in dieser Richtung nicht möglich, weil das Kar ganz frei einzusehen ist. Mir genügt es auch so, ich erfreue mich am Anblick. Ein Kolkrabe streicht in seinem eigenartigen Flug über mich hinweg, klongt ein-, zweimal in die majestätische Stille hinein, und während die Sonne schon hinter dem Kamm verschwunden ist, sehe ich links drüben beim

Schönen Lahner, einem gradiosen Felssturz in Richtung zum Venedigergletscher gelegen, im ganzen etwa zwischen fünfzehn und zwanzig Gams. Ein Bock baut sich auf einer Felsnase am Horizont auf. Ganz breit steht er da und äugt hinunter ins Tal. Der Anblick hat etwas derart Majestätisches und zugleich Atemberaubendes und vermittelt einen gewissen Begriff von dieser erhabenen Bergschönheit, die wir Burgenländer ansonsten nur ahnen können. Ich habe meine Kamera mit, und zwar die Spiegelreflex mit dem selbstkonstruierten Aufsatz, mit dem ich durch das Zielfernrohr fotografieren kann. Und ich bringe es zustande, da ich das Gewehr so gut zwischen den Felsen auflegen kann, trotz sehr langer Belichtung noch ein paar gute Bilder zu „schießen". Der Gams ist vielleicht 300 Meter entfernt, aber in der zehnfachen Vergrößerung mit dem Fadenkreuz im Blatt hebt er sich gut gegen den Himmel ab.

Im tiefen Dämmer komme ich zur Hütte zurück. Die Sterne stehen in einem grandiosen Firmament über uns, und der treue Kaiser setzt sich, nachdem wir wieder alles mögliche, jedenfalls nur gute Sachen und von ihm wunderbar zubereitet, gegessen haben, mit uns vor die Hütte. Indessen erscheint der Himmel im Westen rot und violett, das letzte Leuchten der untergehenden Sonne vergeht. Wir plaudern von Gams und Sauen und Hirschen und Füchsen. Tauschen Episoden aus, und das ist das Wunderbare daran, daß ich fühle, daß auch Kaiser gleich mir glücklich ist. Er war ja mit dabei und ist hier daheim. Ohne ihn hätte ich keinen Gams.

Ganz spät erst gehen wir zu Bett, und im Einschlafen deute ich noch, daß diese Hütte das Zentrum aller meiner Jägerträume ist – und einer davon in Erfüllung ging.

Zeitig früh, noch im Finstern – Klaus lassen wir ruhig schlafen –, geht's wieder hinaus in dieselbe Richtung wie am gestrigen Nachmittag, zur Bettlerscharte.

Es gibt zwei Methoden, zu den Gams zu kommen: Entweder jetzt im Sommer, wo sie hoch über der Waldgrenze stehen, auf den großen Matten und in Karen zu birschen, was sehr, sehr schwer ist, weil man von überall eingesehen wird. Selbst unter Ausnützung verschiedener Bodenwellen und Senken kommt man trotz alledem nicht sehr weit. Oder die zweite Möglichkeit, irgendwo hinter einem Felskogel oder in einem Kar zu warten, bis die Gams einwechseln. Das Ganze ist ungefähr so wie der Ansitz bei uns im Burgenland, nur gibt's dort eben die Hochstände.

Bei der Bettlerscharte ist unterhalb des Grates ein aus Felsen zusammengebauter Ansitz, eine Art steinerner Schirm. Dort wollen wir warten, ob im Morgengrauen nicht etwas über den Grat wechselt und bei uns einzieht. Oder auch das Gegenteil, von unserer Seite, aus den Schluchten kommend, auf die Matten und über den Grat hinwegzieht.

So recht und schlecht stolpere ich über die Matten und Felsbänder meinem Begleiter nach, und vielleicht eine dreiviertel Stunde danach sind wir an Ort und Stelle. Das Ganze ist wie eine Art Bunker. Knapp unterm Grat. Wir machen es uns drinnen bequem. Nur der Himmel bildet das Dach, die sinngemäße Ausführung eines Hochstandes im Gebirge. Es wird im Osten etwas grau, der Himmel verblaßt, und drüben, oberhalb von uns am Grat, den wir immer wieder absuchen, taucht plötzlich, als alles schon in einer hellen gleichmäßig grau-blau-grünen Tönung erscheint, weit rechts ein Gams auf und beginnt in unsere Richtung zu ziehen. Immer dem Grat entlang. Ein schwacher Bock ist es; auch ein solcher wäre laut Abschußplan hier vorgesehen. Als das Stück etwa auf unserer Höhe ist, meint Kaiser, ich soll's probieren. Ich versuche, mich ganz vorsichtig über den Rand der Felsplatten zu schieben und das Stück ins Fadenkreuz zu bekommen. Entweder ist das Stück aber so schwach oder die Entfernung so wahnsinnig groß, mir fehlt hier als Fremder in diesem Augenblick, in dem sich das Zwielicht erst allmählich einem heller und heller werdenden Morgen beugt, jeder Vergleich. Ich kann und kann mich nicht zum Schuß entschließen, weil ich wieder fürchte, den Gams trotz bester Auflage schlecht zu treffen. Und anblitzen möchte ich nicht! Um nichts in der Welt! Da, grad als der Gams etwas besser sichtbar wird und ich auch schon genau seine Maske, die mich sosehr an den Dachs erinnert, erkennen kann, ist er auf einmal hinter einem Felsen verschwunden und kommt nicht mehr hervor.

Jetzt haben wir die Bescherung. Sosehr wir uns auch die Augen aus dem Kopf schauen, er taucht nicht mehr auf. Aber Kaiser kennt diese Schliche, und etwas nach einer guten Viertelstunde ist das Stück weit hinter uns und erklimmt stolz den Notklammgipfel. Jetzt ist es natürlich wieder viel zu weit, obwohl schon die Sonne die gegenüberliegenden Bergspitzen in ein zartes Rosa taucht. Da kann man eben nichts mehr machen.

Jetzt, wo ich jeden Augenblick irgendwo drüben bei der Hundskirche mit dem Aufgehen der Sonne rechne, kann man auch rüber zu den Sieben Brüdern beobachten. Und tatsächlich bekommen wir zwei oder drei Gams in Anblick, die auf den steilen Matten unterhalb der nackten Kare und oberhalb der grandiosen, senkrechten Felsabstürze unbeirrt umherziehen. Dort kann ihnen auch nichts geschehen. Ob dort schon jemals ein Jäger seinen Fuß hingesetzt hat?

Der Morgenwind hebt sich. Die Sonne hat ihn mit ihren ersten Strahlen losgelassen, und hier unterhalb der Schneide beginnt er in den Mündungen und in den Nischen unseres steinigen Unterstandes zu säuseln. Mich fröstelt leicht. Aber dann sind die Strahlen der alles Leben bringenden Sonne auch schon voll bei uns angelangt, und der Wind ist weg. Uns wird wohlig warm.

Gezeigt hat sich in unserem Felsenunterstand weiters nichts mehr. Als der junge Bock hinter dem Notklammgipfel verschwunden ist, warten wir noch eine Weile, und Kaiser schlägt dann vor, daß wir jetzt einen Aufstieg bis auf die Schneid der Bettlerscharte machen. Und in einer Weile schwitzen wir schon brav unsere eintönigen Serpentinen bergwärts durch das Mattenfeld. Es ist nicht allzuweit, trotzdem anstrengend.

Wahrscheinlich wird das auch schon die Höhe sein, die mir Flachlandmenschen irgendwo ganz versteckt zusetzt, auf alle Fälle ringe ich immer wieder nach Luft. Aber nach einer weiteren Viertelstunde sind wir oben am Grat. Hier, wo unmittelbar nebenan, einen Steinwurf weit, die drüberen Wände kerzengerade abfallen, daß mir schwummrig wird, wenn ich nur hinschau, sehen wir mitten hinein ins Nachbartal. Wie ein Teil des Paradieses liegt das Obersulzbachtal vor uns.

Ich muß mich von der Szenerie richtig losreißen.

Doch als ich mich umdrehe und jetzt auf gleicher Höhe auf unserer Seite zum Gegenhang der Sieben Brüder sehe, können sich meine Augen nicht sattsehen an dieser herrlichen Bergwelt, und wir setzen uns nochmal hin und schauen. Schauen, schauen. Dabei mache ich eine Geiß mit Kitz und ganz links noch weitere zwei Stücke aus.

Der Begleiter rät zu Abstieg und Frühstück. Eine herrliche Idee! In all den Betrachtungen habe ich an solch profane Dinge nicht gedacht. Das Absteigen im taunassen Gelände ist eine Wissenschaft für sich, aber trotz einem Ausrutscher meinerseits und leicht klapprigen Knien sind wir bald bei der

Hütte, in der uns Klaus schon erwartet. Auf unser rollendes Echo der Schüsse hat er heute morgen vergeblich gewartet. Wir müssen alles genau berichten, und bald gibt es Käse und Wurst mit Tee, würziges Brot dazu, und ich wundere mich, daß wir alle drei so guten Appetit entwickeln. Auch Klaus haut mächtig ein. Dann ist für Kaiser und mich große Schlafpause bis Mittag.

Hernach Mittagsfestessen mit zeitweisem Abspekulieren der Gegenwände durch die offene Tür oder beim Fenster hinaus, ob nicht irgendwo Gams in Anblick kämen. Anschließend gemütlicher Tee. Plauderei über Jagd und Jäger vor dem Haus.

Nachmittags sind wir wieder draußen bei der Bettlerscharte. In den gegenüberliegenden Grasfeldern sehen wir ein paar Gams. Ist aber bestimmt fast einen Kilometer weit. Ein Stück steht bei uns oberhalb des Schwarzen Ecks, zieht aber gleich wieder ein. Drüben bei den Sieben Brüdern, schon mehr zum Großen Finagl zu, sehen wir, wie zwei Jäger von drüben von der Hütte aufsteigen und den Matten zustreben. Es ist hochinteressant, weil man dies hier, obwohl die Entfernung vielleicht eineinhalb Kilometer beträgt, in der klaren Luft alles so wunderbar beobachten kann. Fast wie von einem Flugzeug aus. Oberhalb der beiden, die sich einem gewundenen Pfad hinaufplagen, steht auf hundert Meter ein Gams. Wie mir scheint ein sehr starker. Die Sonne läßt die ganze Szenerie hell erstrahlen. Es ist so seltsam, was wir sehen. Der Gams steht nämlich oberhalb auf einer Felsnase und läßt die beiden ruhig passieren. Erst als sie vorüber sind, verschwindet auch er in einer Schlucht. Und wir zwei, Kaiser und ich, lachen uns darob ins Fäustchen.

Wir haben weiters keinen Anblick mehr, und als es dunkel wird, machen wir uns auf den Weg zur Hütte. Gemeinsames Abendessen, Tee trinken und Hüttenpalaver.

Am nächsten Morgen sind Kaiser und ich, gut ausgeruht, erneut bei der Bettlerscharte. Jetzt kenn' ich mich schon einigermaßen aus und weiß auch, welcher Stein wohin gehört. Drüben bei den Grasfeldern stehen wieder vier oder fünf Gams. 250 oder 280 Meter beim Schwarzen Eck taucht auf einem Felsband, als es schon leidlich licht ist, ein Gams auf. Wie mir scheint ein ganz guter – und ist auch schon wieder verschwunden. Wir dösen dahin, eingehüllt in unsere Hubertusmäntel.

Die rosa Bergspitzen sind von der aufgehenden Sonne schon ganz hell und klar, da stößt mich Kaiser an. Drüben beim Schwarzen Eck zieht ein guter Bock über einen Grat. Durch den grünen Mattenbewuchs schräg herunter und wieder hinauf und bleibt auf dem Mattenrücken stehen. Kaiser sagt, daß es gute 250 Meter sind – ich denke es sind 300 –, und meint wieder, ich sollte unbedingt schießen! „Einen besseren kriagn mir nimma!"

Ich lege mir alles zurecht auf die Felsplatten, Gewehr auf den Mantel, und als der Bock breit steht, bricht, zwar mit Bangen, der erste Schuß. Den Gams reißt es herum, dem Schußzeichen nach ist er auch genau auf dem Blatt getroffen. Jetzt, hier aufgelegt und ausgeruht, habe ich überhaupt keine Bedenken, daß ich ihn nicht treffen würde, nur ist mir die Wirkung der Patrone auf die Entfernung nicht mehr geheuer. Tatsächlich bleibt der Gams auch ein paar Schritt daneben stehen, und Kaiser, das Glas vor den Augen, sagt „weiterschießen, solang es geht!" Während meine nächsten zwei Schüsse augenblicklich draußen sind, muß ich erkennen, daß der Gams nicht und nicht zusammenbricht.

Der Bock hat mindestens einen weiteren guten Treffer erhalten und auf die folgenden, zu denen mich, neben mir kauernd, mein Begleiter beruhigend aufforderte, überhaupt nicht gezeichnet. Ich bin verzweifelt und ratlos. Während der Gams drüben auf dem breiten Mattenband oberhalb der Schlucht und unterhalb der Wände im Wundbett sitzt, beschließe ich „das Feuer einzustellen". Keinen einzigen Schuß will ich mehr abgeben. Ich muß mich hundertmal entschuldigen, wenn es in dieser Situation eine Entschuldigung überhaupt gibt. Aber so etwas ist mir noch nie passiert. Ich schäme micht zutiefst, Jäger zu sein, denn das ist keine Erlegung, das ist die reinste Exekution.

Kaiser schaut mich mit seinen offenen, klaren Augen an und sagt: „Das hab' ich erwartet! Der kurze Lauf!" Und weiter dann: „So etwas kommt öfter vor, daß der Gams nicht mit dem ersten Schuß liegt. Da brauchen Sie sich weiter keine so großen Vorwürfe zu machen!"

Das ändert aber nichts an meiner Erkenntnis und meiner Einstellung bei dieser scheußlichen Situation. Ich bedauere in der Folge immer wieder, daß ich alle möglichen Kaliber zu Hause habe. Daß mich ein einziger Satz von Doc Schach, der seinerzeit bei mir den guten schwarzpechigen Sechserbock erlegte, zum .243er bewog. Angesichts meiner Sauer 80, diesem besten aller

Repetierer, und der damit verschossenen .300 Weatherby Magnum bemerkte der nur kritisch: „In unseren Revieren wär' das nichts! Viel zu schwer in den Notsituationen! Wenn man nämlich in den Felsen umherkraxeln muß!" Und eingedenk dieser Stellungnahme habe ich die Sauer 80, mit der ich auch fast auf 300 Meter sicher war, zu Hause gelassen.

So ein Steyr-Mannlicher mit seiner Gesamtlänge unter einem Meter ist schon eine äußerst handliche Angelegenheit, und die Präzision dieser Gewehre, egal ob Stutzen- oder Halbschaftausführung, sprichwörtlich. Kaltgehämmerte Läufe mit einer fantastischen Präzision, sogar bei einzelnen Ausführungen zur Mündung zu ganz leicht konisch zugehend, ermöglichen Resultate, die bis vor einigen Jahren für eine serienmäßige Ausführung nicht für möglich gehalten wurden. Immerhin lieferte mein .243er daheim auf 100 Meter auf die Scheibe einen Streukreis von zwei Zentimetern.

Drüben liegt der Gams und hebt ab und zu das Haupt hoch. Es vergehen einige Minuten. Dann macht Kaiser einen Vorschlag. Er wird im großen Bogen den Gams von hinten herum angehen und ihm den Fangschuß geben, wenn er bis dahin nicht schon verendet ist. Kaiser weiß da angeblich einen Steig, der unterhalb der links schräg hängenden Wand vorbeiführt. Ich schau' mir klopfenden Herzens die Stelle an, kann aber nicht einmal eine Andeutung eines begehbaren Steiges finden. Doch ich muß schon dem erfahrenen Bergsteiger recht geben. Eines beschließen wir noch, sollte der Gams inzwischen hoch werden, so trachte ich sofort, auf ihn einen Schuß anzubringen.

Gesagt, getan! Und der treue Begleiter läßt mich in meinem Elend zurück. Immer gedeckt von den Latschen und Stauden, strebt er zielsicher der hinter dem Finstereck liegenden Deckung zu. Nach vielleicht 20 Minuten kann ich ihn dort drüben in dem Unterwuchs nicht mehr erkennen. Eine weitere Viertelstunde vergeht. Den Gams lasse ich nicht aus den Augen, und plötzlich seh' ich, daß er schlingernd hoch wird. Das Glas zeigt mir deutlich, wie er hin- und herschwankt und sich der zwanzig, dreißig Gänge unterhalb beginnenden Schlucht zuwendet. Herrgott, wenn er dort über den Rand hinunterkippt, stürzt er bestimmt 100 oder 150 Meter ab. Ob wir ihn dann noch bergen können?

Der Gams ist zwei, drei Gänge weiter schräg nach abwärts gezogen, schwer krank und mit krummem Rücken, also sicher auch Weichschuß.

Dieses Wild muß ungemein hart sein, da ist ein Reh mit seiner großen Empfindlichkeit gar kein Vergleich dagegen. Sauen, ja höchstens die könnten so reagieren. Ich richte mir wieder alles in Sekunden. Den Hubertusmantel auf der Felsplatte rücke ich zurecht. Nehme wieder den Steyr-Mannlicher und visiere den Gams an. Habe ihn schon im feinen Faden. Jetzt hat er das Haupt nach Westen zu gerichtet und zeigt mir die bisher noch nicht beschossene Seite. Und während ich so in dieser grauenhaften Unsicherheit noch Sekunden verharre und beobachte, denn nichts ist scheußlicher für einen Weidmann, als über eine Waffe zu verfügen, die nicht entspricht und nur Unheil anrichtet, lasse ich den Gams nicht aus dem Fadenkreuz. Der wird nur vorne etwas hoch und äugt zurück. Und in dem Augenblick habe ich gestochen, und der Blitz fährt raus. Der Gams zeichnet überhaupt nicht. Augenblicklich bin ich neuerlich am Blatt, und der zweite Schuß bricht. Gewiß habe ich für die .243 die stärkste Ladung, und die Entfernung beträgt runde 300. Beim zweiten Schuß rutscht der Gams verendet in sich zusammen. Endlich!

Bald darauf taucht Kaiser schweratmend auf, sich durch die Latschen von Krüppelerlen des Schluchtrandes herausarbeitend. Er schaut mit seinem Glas zu mir und winkt. Jetzt, wo der Gams dort auf der grünen Hangmatte liegt, hoffe ich, daß er doch wirklich verendet ist, und hänge das Gewehr um. Habe den Bergstock in der Hand und bin schon, jetzt genau in Schußrichtung, bergab auf dem Weg durch den Talkessel zum diesseitigen Schluchtrand. Zwischendurch verliere ich Gams und Kaiser für ein paar Minuten aus dem Gesichtsfeld, weil das Ganze für mich jetzt überriegelt ist. Als ich schweratmend wieder auftauche, schreit mir Kaiser jauchzend zu: „Mir ham eahm!“ Und wie ein großer, gewaltiger Felsblock fällt es mir vom Herzen. Das Drama hat ein Ende, oder vielleicht noch nicht, denn ich steh' jetzt hier, einige Schritt vor der Schlucht, die, eine Schrotschußweite tief, uns alle trennt.

Höre dort unten irgendein leises Wasserplätschern und zerbreche mir den Kopf, wie Kaiser den Gams auf die diesseitige Lehne bringen wird. Mir kommen immer größere Zweifel.

Das Weitere ist leicht erzählt. Ich bin in die Schlucht des Schwarzen Ecks, auf meiner Seite von Kaiser eingewiesen, hinuntergestiegen, ein schauerliches Gewirr von schwarzglitschigen Wänden, dicht bewachsen mit allerhand zähem Erlengerank, einer Art Huflattichblättern, rießengroß und alles verdeckend. Der Schweiß ist mir nur so aus dem Gesicht geronnen, das Hemd am Körper geklebt. Und Kaiser, der brave, treue Begleiter, Führer durch Schlucht und Fels, hat auf der drüberen Seite mit dem Gams das gleiche getan, und unten in der Schlucht sind wir zusammengekommen. Weidmannsheil! Betasten der Krucke, innerlicher Dank an Hubertus und Schämen vor mir selbst. Nach ein paar Sekunden dem Gams brav auf die Schulter klopfen, als ob er was davon hätte, und glückliches Betrachten der gelbfahlen Decke mit dem dunklen Aalstrich und dem Haupt mit den Zügeln.

Rote Arbeit, und dann steigen wir beide, den Gams hinter uns herziehend, hoch. Kaiser weiß auch hier einen Ausstieg!

Schwer atmend und viele Male ausgleitend sind wir endlich keuchend oben, auf dem unserer Hütte zugewandten Schluchtrand. Als ich den Gams dann ins hohe Farnkraut lege und wir uns hinsetzen, um auszurasten, geht drüben bei der Gamsmutter und Habachspitze, beide über 3000 Meter hoch, strahlend und hell und klar die Sonne auf. Uns blendend und alles mit ihrem das Leben verheißenden Licht durchdringend. Sie ist, gleich wenn sie über den Bergspitzen auftaucht, weißgelb und alles blendend, so daß man gar nicht hinschauen kann. Nicht so wie bei uns, an der ungarischen Grenze, wo sie ganz dunkelkirschrot und orange und strohgelb werdend aus dem grauen Dunst der östlichen Ebene steigt, dort, wo hinten irgendwo die weiten endlosen Flächen der Pußta sein müssen.

Ich schaue immer wieder den Gams an, während wir uns wieder aufraffen. Er hat vier Schüsse, zwei davon Lunge, vermutlich der erste und der letzte. Einer hat die Leber gestreift, und einer sitzt etwas dahinter, weich. Ich bin auch von der mangelnden Geschoßzerstörung erstaunt. Man müßte Bergjäger sein, sicher hat man dann die Kaliber und Geschoßfrage gelöst. Das ist ja bei uns das gleiche. Bei uns hat ja auch schon einmal einer den kapitalsten Hirsch, vielleicht zwölf- oder vierzehnjährig, mit einem Schuß aus der 6,5 × 57 erlegt. Ein anderer, sogar Jagdaufseher, einem hochkapitalen Sommerkeiler die 5,6 × 50 R hinter die Teller gesetzt, und beide haben gemeint, das wäre richtig so. Man muß bei solchen Patronen immer mit dem schlechtesten Resultat rechnen, dann ist man einigermaßen gewappnet. Und ich, zu meiner Schande sei es gesagt, habe das nicht getan.

Wir schleifen den Gams durch den Talkessel über Moos und würzige

Kräuter und all die herrlichen Alpenblumen, dorthin, wo wir meinen ersten Gamsbock in den Farnkräutern verstaut haben. Finden ihn auch, das heißt, Kaiser findet ihn sogleich, und legen unseren dazu. Verblenden alles, setzen uns hin, sprechen nichts und sinnieren.

Murmeltiere pfeifen, und obwohl wir auch heute wieder so viele Baue gesehen haben, kriege ich kein Maukerl in Anblick. Oben in der Scharte pfeifen sie jetzt der Reihe nach, als ob die Meldungen von einem zum anderen gingen. Wir schauen hinauf, und ich suche mit dem Habichtglas das Gelände ober mir ab. Kaiser meint: „Der Odler kummt!" Während ich mich noch wundere, wo man doch nichts sieht, steht er dort schon über der Notklammspitze ohne Schwingenschlag im blauen Himmel. Gleitet durch die Scharte, sich klar gegen den Himmel abhebend. Eine mächtige Erscheinung! Er schwebt zu uns, aber nicht ganz, und wieder hinüber nach Norden, und wir renken uns, ich viel mehr als Kaiser, die Köpfe nach ihm aus.

Mit ein paar Schwingenschlägen, den Aufwind sicher immer wieder nützend, ist er jetzt drüben, in der Wechselklamm. Genau in Schußrichtung meines letzten Erlebnisses, aber acht- oder zehnmal weiter, und auf einmal stürzt er wie ein Stein herunter, um dort irgendwo in einer Schlucht zu verschwinden.

Ich pflücke ein paar der kleinen Glockenblumen, rieche daran, mach sie zu einem Büschel, und wir steigen wieder auf. Ich mache einen Umweg und hole meinen Mantel aus unserem „Gefechtsstand". Klaube sicherheitshalber, als ich, ohne mehr an sie zu denken, die Handvoll goldigmessinggelber .243er Hülsen entdecke, diese auf und stecke sie ein. Muß ja keine schöne Erinnerung für Kaiser sein, wenn er wieder hierherkommt...

Und ich glaube, nicht recht zu sehen, denn wie ich aus dem aus Steinplatten und Felsen zusammengefügten Schirm herausstolpere, finde ich da, von der Sonne schon in glitzerndes Licht verwandelt, ein Stück Bergkristall.

Kaum apfelgroß, braunrosa durscheinend, und als ich es etwas abputze, glitzert es in der Sonne in den herrlichsten Farben. Ein Geschenk des Berges an mich. Vielleicht ein Abschiedsgeschenk zur Versöhnung meiner Sorgen. Für mich ist es ein Edelstein, und ich werde ihn mit heim ins Burgenland nehmen; er soll zu den Trophäen gehören.

Wir kommen zur Hütte, und Klaus reißt mich aus dem Sinnieren. Während Kaiser wieder einmal treu und brav um frisches Wasser eilt und während drinn in der Hütte bereits der Ofen brummelt, erzähle ich Klaus in allen Einzelheiten mein Erlebnis. Er wird recht skeptisch. Aber nach einer Weile schlägt er lachend in meine Hand ein „Weidmannsheil"!

Kaiser hat inzwischen wieder einmal eines seiner fabelhaften Frühstücke produziert, und bis Mittag haben wir dann in Wirklichkeit nichts getan, das heißt, ich lag mit Klaus vor der Hütte in der gleißenden Sonne und schaute nach den Gams in den drüberen Wänden. Den ganzen Tag könnte man drüben die Wände und Matten nach den Gams absuchen, die Schleierwasserfälle betrachten und über das Vorhandensein der drüben zum Teil tiefliegenden Schneefelder nachdenken.

Zankende Alpendohlen. Ein-, zweimal das Klong, Klong zweier Kolkraben, die in wirbelnden Flugspielen ober uns in den azurblauen Lüften, den Sieben Brüdern zustrebend, einander jagen.

So faulenzen wir, nur durch das Mittagessen unterbrochen, bis zum frühen Nachmittag. Dann wird beratschlagt, was wir tun. Kaiser ist fest davon überzeugt, daß ich noch eine gute Woche hier oben bleibe. Allein ich muß ihm mit Gewalt erklären, daß ich nicht mehr mag, keinen Schuß mehr auf einen weiteren Gams abgebe. Nicht mit diesem Gewehr! Ich habe zwei gute Böcke, und Klaus und ich haben so viele wunderschöne Eindrücke in dieser traumhaften, majestätischen Stille ansammeln können. Ich schlage Kaiser lachend und glücklich, wie ich jetzt bin, vor, daß wir am Nachmittag höchstens noch schauen gehen, abends zusammenpacken und morgen früh absteigen. Er will mich immer wieder überreden, noch zu bleiben, aber es ist beschlossene Sache.

Abends gab's dann noch ein mächtiges Hüttenpalaver über alles, was mit Wild und Jagd und Waffe zusammenhängt. War deshalb ganz besonders interessant, weil auch Kaiser Hegeringleiter ist und wir so unsere Erfahrungen austauschen konnten.

Der Abstieg war schweißtreibend, denn jeder von uns zweien mußte einen Gams mit hinunterbringen. Die Stücke schleiften wir einfach hinten nach, anders war das ja gar nicht möglich. Wenn's auch schwierig war, wir haben es geschafft. Schweißverklebt und müde. Die Knie schon etwas weich, zumindest meine.

Bei Sonnenuntergang saßen wir wieder vor der unteren Hütte und suchten mit den Gläsern oben die Kare und Grate nach den Gams ab. Und wie zum Abschied konnte man noch oberhalb der Wechselklamm, die von hier aus gesehen das in einer Mulde liegende Finstereck vollkommen verdeckte, einen guten Bock in den Wänden ausnehmen.

In der Hütte hinten hingen die beiden Böcke im kühlen Dunkel. Sommergams aus den Hohen Tauern! Ich hatte mir's so schön und erhaben nicht vorgestellt.

Bergkristall

An einem späten, verhangenen Nachmittag kauerten wir schon fast eine Stunde im kühlen Nieselregen hinter den Steinmauern des Unterstandes unterhalb der Bettlerscharte. Immer wieder weiter drüben die Grasfelder und das näher gelegene Finstereck oder oberhalb den weiten Kamm der Bettlerscharte absuchend, gewahrten wir doch nichts Entscheidendes. Jäger Kaiser meinte, daß bei dem Wetter das ganze Wild auf die Läufe kommt. Wird bestimmt richtig sein, ist ja auch bei uns im Burgenland bei solchem Wetter so; nur liegen wir fast 2000 Meter höher. Bei den Grasfeldern hab' ich schon zwei umherziehende Gams durch die schwächer und stärker werdenden Regenschleier ausmachen können, aber alles viel zuweit. Ob da einer zu uns herziehen mag?

Eine Geiß taucht für einige Minuten an die 300 Meter beim Finstereck unten auf. Ist aber gleich wieder weg. Und der Nieselregen wird immer schwächer. Auf einmal hört er ganz auf. Wir schälen uns aus den Hubertusmänteln, schütteln das Wasser ab, und der Jäger meint wieder, daß es jetzt bestimmt interessant wird. Wir können ja in diesem gut drei Büchsenschüsse weiten, moosgrünen Kessel auch gar nichts anderes tun, als im Felsplattenschirm zu warten, da jeder Schritt von diesem weg über freies Gelände führt.

Noch immer ist die ganze Gipfelszenerie ringsum grau in grau, nur genau gegenüber bei den Sieben Brüdern überm Tal zeigen sich mit einem Mal über den grauspitzen, zerklüfteten Graten ganz weiße, zerrissene Wolkenfetzen, die vor dem grauen Himmel schnell dahinsegeln. Ob's aufreißt?

Grad als ich wieder die Gratzacken ober uns durchstudiere, stößt mich der Jäger an. „Der Bock!" sagt er nur und zeigt halb nach rechts.

Tatsächlich, dort turnt jetzt noch viel zuweit unterhalb des zerklüfteten Grates in den grünen Almrauschfeldern ober dem Finstereck einer umher.

Ein sehr guter sogar. Aber was das schönste ist – er will gradwegs in unsere Richtung, just zur Bettlerscharte.

Einige Male verhält er, steht ganz frei. Da sehen wir, auch wenn fast 400 Meter zwischen dem Wild und uns liegen, daß er paßt.

Das Wetter wird immer besser, jetzt stahlt sogar schon der blitzblaue Himmel zwischen den weißen Wolkenfetzen durch. Überall um uns funkeln die regennassen Gräser und zeigen ein herrlich sattes Grün, in dem die grauen Felsen seltsam harmonisch stehen. Der Gams ist hinauf zum Grat und drüber verschwunden, aber mein Begleiter kennt die ganzen Wildwechsel und meint: „Dort kummt er net rüber, er muaß zu uns! Absteigen kann er nur durch die Bettlerscharte ins drübere Tal." Und tatsächlich, nach fast zehn Minuten steht er halbrechts, nun aber viel näher, etwa an die 250 Meter wieder am zackigen Horizont. Ein guter Bock! Schon im Wildbret ist er viel stärker als alle, die wir bisher sahen. Und erst die Krucke!

Jetzt nur nicht rühren! Wenn er herunteräugt und uns ausmacht, sind all meine Hoffnungen dahin. Aber schon zieht er weiter.

„Der will zur Notklamm rüber!" meint Kaiser wortkarg und blinzelt nur so zu ihm hin. Damit ihn kein starker Blick trifft, scheint es. Und ich denke, Teufel, der macht's grad wie ich bei solchen Anlässen! Der Bock, fahl mit dem dunklen Aalstrich der Sommerdecke, steht dunkel ober uns. Auf gute 200 Meter. Sobald er wegäugt, will ich mich zum Schuß richten. Wenn er dann auch noch verhofft, soll's tuschen.

Doch was jetzt? Genau dort, wo rundum die scharfen, dunklen Felskonturen in die dahinsegelnden weißen Wolkenfetzen schneiden, tut sich der Bock nieder. Mit dem Glas kann man ganz genau das Haupt mit der guten Krucke, den Träger und ganz wenig vom Trägeransatz sehen. Sonst nichts!

Das muß sein Lieblingsplatz sein. Er, der König der Berge, eräugt von diesem Platz aus jede Bewegung auf allen ostseitigen Hängen.

Einmal, als er wegäugt, visiere ich ihn an. Ein Traumbild, aber das Ziel ist zu klein. Über zwei Drittel des Gams sind ja verdeckt. Wäre auch unweidmännisch, eines Jägers nicht würdig, der Schuß auf den ruhenden Gams. Ja, wenn er hoch würde! Je länger wir beide ihn beobachten, desto besser erscheint uns die Krucke. So ein Anblick! Fast eine halbe Stunde vergeht, und wir beide kleben in den Felsen hingeschmiegt, damit uns der Bock ja nicht „überzieht"! Schon läßt die Helle des Lichtes etwas nach. Die Sonne ist hinter den weißen Wolkenfahnen überm Grat verschwunden. Vermutlich in einer halben Stunde wird es finster sein und dann ade, Kapitalbock.

Weiterwarten. Gedanken kommen, gehen. Einmal fasziniert mich der Anblick des Bockes da oben, dann wieder ärgert's mich, daß er sich niedertat. Wo doch alles bestens klappen müßte, führe ich doch die Sauer 80 mit der .300 Winchester, der Patrone für die weitesten Entfernungen. Dies eingedenk der Kanonade mit dem .243er-Repetierer.

Kaiser stößt mich in die Seite: „Da, der Bock!" Hoch aufgerichtet steht er oben am Grat, äugt, sich immer drehend, alles ab. Da ist auch schon die Lösung für sein Verhalten: Ein mächtiger Adler, vom drüberen Tal kommend, ist jetzt grad ober dem Gams und umkreist ihn. Und der dreht sich rundum und wehrt einmal sogar mit den Vorderläufen den Adler ab. Der Aar, lautlos mit mächtigen Schwingen, umkreist den Bock etwa zehn Meter hoch. Während ich atemlos durchs Glas hinaufstarre, zischt der Jäger: „Sofort schießen, wenn er's Blatt zeigt und ruhig steht!"

Das braucht mir Kaiser nicht zweimal zu sagen! Schon habe ich den Mantel runter und als Auflage blitzschnell auf die Felsplatten gelegt.

Es ist ein noch nie geschautes, noch nie geahntes Schauspiel. Im Fadenkreuz habe ich den unruhig tanzenden Bock und oberhalb, am Rand, den auf ihn stoßenden Adler. Ob der Bock krank ist, weil ihn der Adler so attackiert? Hat gar nicht danach ausgeschaut.

Es geht und geht nicht, ich kann nicht abkommen, der Bock steht keine Sekunde ruhig. Der Adler umkreist den Bock ganz eng, und der dreht sich immer genau dem Adler zu. Hat schon wieder die Vorderläufe hoch.

Der Adler schraubt sich nun ein wenig höher und hängt im weißblauen Himmel. Der Gratwind hält ihn ohne Schwingenschlag. Der Bock äugt ihm entgegen und zeigt genau das linke Blatt. Ob's nicht doch etwas weit ist? Trophäe, Haupt, Träger, Wildkörper, Läufe, alles haarscharf gegen den Horizont. Ich atme ein, halte den Atem an. Habe jetzt den Adler wieder oberhalb des Fadenkreuzes, dessen feiner Faden genau am Blatt des Bockes steht. Dröhnend bricht der Schuß. Den Bock hebt es hoch, und während der Adler hochstiebt, kollert uns, sich überschlagend, der Gams bereits verendet bergab entgegen. Grad, daß ich im rollenden Echo von den Sieben Brüdern her neben mir den treuen Kaiser wahrnehme, der den Hut hochwirft und schreit und jauchzt „Weidmannsheil, wir haben eahm!"

„Iwan der Schreckliche“

Die Schwarzwildjagd hat sich im mittleren Burgenland innerhalb der letzten zwanzig Jahre sehr gewandelt. Die Zahl der Jäger hat stark zugenommen: Wirtschaftlich ist die Nachkriegszeit längst überwunden. Ein Wirtschaftsaufschwung sondergleichen brachte ein eigenes Phänomen zum Vorschein: den „Prestigejäger“. Im übrigen keine absolute Neuheit. Vor rund 100 Jahren berichteten die Jagdzeitungen schon über solch unliebsame Typen. Jäger kann nur ein Heger sein. Alle anderen Abarten gehören in keinen grünen Rock.

Ein mit der Materie nicht so sehr Vertrauter wird sich nun fragen, warum die „Jäger“ denn solch einen Aufwand mit ihrem „Zunftgeschehen“ treiben. Ganz einfach. Jagd ist absolute Vertrauenssache, und der Jäger ist im Revier mit jeder Verantwortung auf sich allein gestellt. Es gibt keine andere Möglichkeit, hier ordnend einzugreifen, als eben den jahrhundertealten Begriff der Weidgerechtigkeit hochzuhalten. Nur diese innere Bereitschaft des einzelnen, dieses große überlieferte Gut zu ehren und zu bewahren, läßt unsere Reviere und unser Wild noch gedeihen und sichert ihm jenen Platz, der diesem auch in einer verrotteten Wohlstandsgesellschaft gehört.

Aber zurück zum Schwarzwild. Die Erkenntnis, daß man Sauen sehr leicht ankirren kann, hat den Schwarzwildbestand arg dezimiert. Gute Trophäenträger, Keiler mit 20 cm Waffenlänge oder mehr, sind sehr selten geworden. Einzig und allein Reviere, die an die nahe Staatsgrenze von Ungarn grenzen, haben in diesem Gebiet noch einigermaßen Aussicht, mit solchen Stucken rechnen zu dürfen. Nur im Leithagebirge konnte sich ein energischer Hegeringleiter durchsetzen und eine mehrere Reviere umfassende freiwillige Schonzeit erreichen. Sauen unterstehen bei uns leider nach wie vor keinerlei Abschußregelung, das heißt, wenn man von der mehr oder weniger symbolischen Schonzeit für die führende Bache absieht, können sie das ganze Jahr über geschossen werden.

Weil aber alles, was ein Gewehr tragen kann – und derer gibt es genug –, auf Schwarzwild fast immer Dampf macht, wurden die Sauen im Laufe der Jahre auch ungemein vorsichtig. Selbst in jenen vereinzelten Revieren, wo es noch eine Art „Sauhege" gibt, zeigen sie sich bei den Fütterungen äußerst nervös und nehmen sie nur unregelmäßig an. Sauen brauchen, trotz allem, was man ihnen Gutes zu tun bereit ist, einen großen Lebensraum. Selbst bei den besten Leckerbissen bleiben sie nicht ewig. Plötzlich und förmlich über Nacht packt sie der Wandertrieb.

Nach neuesten Erkenntnissen der Wildforschung in Polen hat es sich erwiesen, daß Schwarzwild bis zu mehrere hundert Kilometer durchwandert, so es sich einmal auf die große Reise begibt. Sauen gehen in ihrem engeren Lebensraum gerne auf eine sogenannte Rundreise. Daß dies im verkleinerten Raum wie hier zutrifft, wurde dadurch bestätigt, daß in diesem Gebiet mit 91 Revieren sich drei verschiedene Revierpächter mit jeweils großen, zusammenhängenden Revierkomplexen darauf verlegten, Schwarzwild, da es ja von Abschußrichtlinien und -beschränkungen befreit ist, im großen zu füttern und zu bejagen. Dort, wo vor etwa 10 Jahren kaum 15 Stück maximal pro Jahr erlegt wurden, betrug der Abschuß plötzlich 100 Stück im Jahr. Und ein Jahr danach klagten fast alle anderen Revierpächter des Bezirkes über den enormen Rückgang an Sauen. Dabei beträgt die Entfernung von diesen Revierkomplexen zu den Revieren mit dem vordem so guten Schwarzwildbestand bis zu 40 km. Der Kreislauf im Lebensraum des Schwarzwildes war gestört. Die ungarische Staatsgrenze – heute in diesem Gebiet nur durch Maschen- und Stacheldraht gesichert – hat mit ihren Sperren fast keinerlei Bedeutung für die Bewegung des Wildes.

Die sehr vereinzelten alten Keiler sind so vorsichtig geworden, daß förmlich der Spruch der kanadischen Bärenjäger auf sie zutreffen könnte: „Eine Kiefernadel ist gefallen, der Adler sah es, der Hirsch vernahm es, und der Bär windet es", nur daß, so scheint es, alte Sauen schon an die Stelle von Hirsch und Bär, in bezug auf Vorsicht, getreten sind. Einer dieser unsteten Gesellen ist auch mir in letzter Zeit begegnet. Schon im Vorjahr stand so alle 2 bis 3 Wochen im Verlauf des Frühjahres und des Sommers eine jener alles in Erregung versetzenden Keilerfährten in meinem Revier. In Anblick bekamen weder Georg noch ich den Bassen, sosehr wir auch darauf versessen waren. Einmal zog er allein auf den „Stand“, dann wieder mit einer Rotte Überläufer im Hochwald in die Saulacke, und ein andermal stand seine Fährte im Sommer plötzlich auf der Dutka, dem mit Waldstreifen durchzogenen, hochgelegenen Feldteil hinter der Hütte. Aber niemals zweimal an derselben Stelle. Kaum einmal gefährtet, war er am nächsten Tag auch schon wieder wie ein Spuk verschwunden.

Im Herbst war er, wie es schien, weit weg. Franz, der breitschultrige Förster von nebenan, mit dem ich bereits vor Jahren gemeinsam gejagt hatte, schilderte mir einmal bei einer Abschußlistenkontrolle und einem guten Glas Wein, daß sich ein sagenhaftes Stück Schwarzwild immer auf demselben Wechsel von seinem Revier ins andere bewege. Nämlich genau quer an einer bestimmten Stelle durch das aus Wiesen bestehende, lange Winingtal, das dort in den langgestreckten Wäldern lag. Entfernung von mir an die fünf Kilometer. Franz schilderte beim Gläserklang diese enorme Fährte, die dort so alle Monate etwa einmal aufkreuzte. Aber, wie er mit verklärten Kopfbewegungen sagte – ich glaubte ihm aufs Wort: „Nichts zu machen!“

Der Wind brauste und stöhnte klirrend durchs Land, und bei der gefrorenen Saulacke, bei der wir natürlich trotzdem täglich Futter streuten, stand einmal, ganz aus heiterem Himmel, mit einem schwachen Stück als Begleiter eine überdurchschnittliche Fährte. Sofort saß ich förmlich bis zum Gotterbarmen bei dieser irren Kälte an. Ehrlich gesagt, ich wollte die Sau, wenn schon nicht erlegen, so doch wenigstens in Anblick bekommen. Machte stundenlang im Revier isometrische Übungen mit den eiskalten Zehen, allein der Basse war weg. Er hatte uns wieder einmal genarrt. Bang horchten wir umher, ob jemand schon Dampf darauf gemacht hatte. Nichts! Ohne Resultat! Doch unerwartet erfuhr ich etwas Neues über den Keiler. Der „Vollstrecker“ hatte gesprochen. Das war der schlaflose Jäger aus einem der nahen Reviere. Dem traute zwar keiner, und er selbst sprach nicht viel. Aber ab und zu machte er doch so eine Bemerkung, die dann über drei Ekken dorthin kam, wo sie der Urwaldtelegraf hintrug. Und auch er hatte sich, wie es schien, die Zähne ausgebissen.

Im späten Frühjahr, wir hatten schon alle Hoffnung auf den Bassen aufgegeben, und Georg meinte, daß er gewiß wo in der Rauschzeit in Ungarn geblieben wäre, kam ich in Huberts Waldsauna. Und dort traf ich den schelmischen Spiegelberg, Kompadre aus alten Tagen. Schlau wie ein Fuchs und vorsichtig wie ein Wolf.

Dazu muß man über des vierschrötigen Huberts Waldsauna Bescheid wissen. Nämlich: Mitten in dem an die 3000 Hektar großen Revier, noch zu meinem Hegering gehörend, auf einem herrlichen Fleck mit weiter Fernsicht nach Ungarn, hat Freund Hubert, Schrecken aller Kostverächter, eine heimelige Hütte mit angebauter Sauna, das Ganze unter dem Namen „Haus Sonnblick". Wöchentlich trifft sich dort die High-Society unter den örtlichen Jägern und solchen, die es werden wollen, und ergibt sich dem russischen Bad. Aber wehe Wanderer, wenn du durch die Pforten schreitest. Denn du mußt ein Herz haben wie ein Löwe und einen Magen wie ein Pferd. Denn Hubert ist Hobbykoch! Das heißt, daß er andauernd beim Herd steht oder aber eigens gemischte Getränke serviert. Getränke, die es, was Alkohol betrifft, in sich haben. Mithin das Gegenteil von dem, was sich Mediziner vom Saunabetrieb vorstellen.

Und heute war der Spiegelberg auch da, und nach etlichen Lagen, man könnte auch sagen Gelagen, wurde er weich, plauderte aus, daß er den starken Keiler kenne. Spiegelbergs Revier verlief so fünf bis zehn Kilometer von meinem entfernt, und mir schlug gleich das Herz höher, und ich war sofort hellwach. „Eine Riesensau und jetzt ein kümmernder Überläufer dabei!" Das war „meiner", der mir schon so viele schlaflose Nächte bereitet hatte. Er war's, „Iwan der Schreckliche", wie ich ihn im geheimen getauft hatte.

Spiegelberg redete weiter, erzählte, daß er den Keiler schon eine ganze Weile kenne, aber sich die Zähne daran ausgebissen habe. Also er auch! Und Spiegelberg fuhr fort: „Einmal, nach vergeblichem Ansitz, vernahm ich beim Heimgehen durch den nächtlichen Hochwald hügelan zwischen den pechschwarzen Stämmen die Sauen. Sie wechselten an mir vorbei, als ob ich nicht existieren würde. Eine Nacht wie im Kohlensack! Ich starrte mit dem Glas bergan, wo zwischen den Stämmen der Sternenhimmel den Waldboden begrenzte. Und ich habe geglaubt, ich werde verrückt, denn ich sah eine schwache Sau auf 30 Schritt durch den Himmel wechseln, und danach kam etwas Unheimliches, Mächtiges in den Himmelsspalt. Wie ein Riesenscherenschnitt. Um gleich wieder zu verschwinden! Das schwarze Haupt des Riesenkeilers! Ein Bild wie in der Grottenbahn. Und alles nur Sekunden!

Du kannst mir glauben, ich war und bin jetzt noch ganz weg. Gesehen habe ich das Stück nie mehr!"

Der Kukuruz am Stand war milchig und Hannes bei mir zu Gast. Selbstverständlich, daß ich ihm den besten Platz dort anbot. Und im Dunkeln kam er, der erfahrene Jäger, der bereits einige hundert Stück Schalenwild erlegt hat, ganz matt zu mir. Eine „Riesensau" habe in der Nordwestecke am Stand im Kukuruz gebrochen, direkt am Waldrand und nur im Mondschatten, während irgendwo weiter oben eine anscheinend ganz schwache umhergezogen sei. Auf dem Boden hatte er sie nach einer halben Stunde dann anzubirschen versucht, aber der Wind mußte sich, für Hannes unmerklich, gedreht haben, denn die Sau sei auf einmal wie weggezaubert gewesen. Aus!

Das konnte nur „Iwan" gewesen sein!

Am nächsten Morgen besahen Georg und ich uns die Lage. Enorm starke Fährten nur bis zu zwei Meter vom Waldrand entfernt im Kukuruz. Obwohl schwache Saufährten kreuz und quer durch den Wildacker gingen. Altes Stück!

Der Mais wurde gelb, und ich saß in einer ruhigen Herbstnacht am Stand an. Rehe und ein Tier rumorten je an zwei gegenüberliegenden Seiten der etwa 150 Meter breiten Kukuruzfläche. Da verhoffte links ein Tier, von mir etwa 80 Gänge entfernt, während ich, den Mond im Rücken, auf der alten Standkanzel saß und über das Tagesgeschehen sinnierte. Das Tier warf auf und zog im Troll weg. Aufgepaßt! Da, oben im Hochwald am Hang, doppelt so weit entfernt, knackte dürres Holz. Dürfte, dem Knacken nach, kein starkes Tier gewesen sein. Die Rehe blieben und ästen gleich wieder weiter. Der Einblick in den zum Teil schon arg verwüsteten Kukuruz war gut, und ich dachte an die vier Überläufer, die sich fast täglich hier aufhielten und von denen ich heute einen erlegen wollte.

Wieder ein Krachen, danach weiter oben, im dunklen, nicht einzusehenden Waldhang. Also mehrere Stücke. Ich war vom Gedanken, daß der so sehnsüchtig erwartete, einzeln gehende Keiler gerade mir pfeilgerade kommen würde, so besessen, daß ich schier eine gewisse Enttäuschung ob des mehrmaligen und, wie es schien, von verschiedenen Plätzen stammenden Krachens der Dürräste verspürte. Solch ein Undank!

Ein Rascheln, Tapsen und leichtes Blasen näherte sich dem mir gegenüberliegenden Waldrand. Und dann kam die von mir schon jeden Augenblick erwartete Stille, das Verhoffen der Stücke vor dem unmittelbaren Austreten aus dem schützenden Bestand. Doch da, jetzt knackte es nochmals ganz oben. Ein Nachzügler. Wer? Und mein Herz schlug im Hals. Das Ganze schien eine Bilderbuchgeschichte zu sein. Nach zwei, drei Minuten Pause traten tatsächlich die bekannten vier Überläufer, alle gleich stark, eben wie Brüder, aus. Das heißt, sie trollten alle gemeinsam erst einmal im hohen Bogen gegen den Wind. Alles prüfend, trollten sie in das obere Drittel der Standkukuruzäcker und begannen es sich gleich gemütlich zu machen. Vor lauter Brechen und Schmatzen war nun natürlich von dem nochmaligen verspäteten Krachen noch zu erwartenden Stück nichts zu vernehmen. Zudem verdunkelte sich binnen Sekunden und völlig unerwartet die ganze Szenerie; aufkommende Wolken verdeckten den Mond in meinem Rücken. So konnte ich, ob ich nun wollte oder nicht, nur darauf warten, daß das noch folgende Stück irgendwo die freie Fläche überqueren würde – flüchtig natürlich – und ich es zwischen Kukuruz und Waldrand auf der etwa 30 bis 40 Gänge breiten Schneise in Anblick bekäme. Tatsächlich fegte ein schwarzer Schatten kurz darauf über die freie Fläche in den Wildacker. Die Sauen drinnen verhofften einige Sekunden und brachen gleich darauf weiter. Es ist ja so, daß sich Schwarzwild in Maiskulturen oder im Weizen mitten im Acker sichtlich wohler fühlt. Am Rande solcher Felder ist selten Schaden festzustellen, fast immer sind die Mittelflächen plattgewalzt. Instinktiv bleibt es eben den gefährlichen Rändern mit dem freien Gesichtsfeld fern.

Die Sauen brachen wohl eine halbe Stunde, als sich plötzlich – der Mond war von den segelnden Wolkenschiffen fast dauernd verhangen – ein Stück dem Geräusch nach dem Mittelteil des durch einen schmalen Fahrweg getrennten Maisfeldes näherte und bald danach flüchtig über die vier bis fünf Meter breite Schneise in den zweiten Kukuruzteil überwechselte. Überläufer! Jetzt war meine Chance da. Ich griff hastig zum Ferlacher Bergstutzen mit der 7×65 R, visierte die Schneise trotz aller düsteren Lichtschwankungen an und harrte der Dinge.

Ein weiterer Schwarzkittel setzte über die Schneise. Und schon folgten die restlichen zwei. Eins war mir klar geworden, das Licht war so schlecht, daß ich bei den bisher überwechselnden Stücken sicher nicht leicht zu Schuß gekommen wäre. Durchs Fadenkreuz visierte ich die Stelle an, auf der die

Stücke bisher den Weg überfallen hatten. Und während diese nebenan, also links, bereits wieder vertraut brachen und ich schon einmal vor lauter Flimmern im Zielfernrohr das Gewehr abgesetzt hatte, bewegten sich, als der Mond gnädig plötzlich für Sekunden wieder, wenn auch nicht sein ganzes, so doch wesentlich mehr Licht als vorher gab, dort, wo jetzt das Fadenkreuz stand, die Kukuruzstauden direkt am Schneisenrand. Ich entsicherte augenblicklich, eingestochen hatte ich schon lange, und hielt erregt den Atem an. Jetzt, Haupt und Blatt frei am Schneisenrand, Keiler, wie gedacht. Heiß durchfuhr es mich. Alle Heiligen: Das Stück will kehrtmachen! Bin doch schräg darauf. Fahler Mondstrahl und Donner und Blitz. Ein greuliches Klagen der beschossenen Sau dringt mir durch Herz und Seele. Knochentreffer! Alles rumpelt und rumort, und die wilde Jagd geht jetzt vom Kukuruz zurück in den Waldhang. Ich habe keine Zeit mehr zum Nachladen. Zum sicher mehr zeigenden Nachtglas komme ich auch nicht. Habe nur das Gewehr abgesetzt und erkenne, daß sich ein wesentlich stärkeres Stück den flüchtigen Überläufern angeschlossen hat. Wie es scheint, hin und her schwankend. Teufel noch einmal! Das Getrappel im dichtverwachsenen Hang oben verliert sich in der Ferne, während genau oberhalb des Anschusses, dort, wo die Sauen eingewechselt sind, sich ein Stück zwischen den Bäumen im Unterholz blasend hin und her bewegt. Deutlich ist das zu hören. Was habe ich getan? Was ist das für ein Schuß! Ist das Geschoß durch irgendwelche Maisstengel abgelenkt worden? Das Blasen wird schwächer, klingt wieder an. Endlich, nach einer guten Viertelstunde, herrscht Stille. Teuflischer Schuß! Zudem glaube ich jetzt mehr und mehr, daß das beschossene Stück sicher nicht der gewaltige Keiler war, den ich so sehr erhoffte. Gebückt sehe ich auf die Leuchtziffern meiner Armbanduhr. Es ist Viertel nach eins. Und jetzt reißt es mich wieder aus den deprimierten Gedanken, denn da rührt sich oben auf dem Hang, etwa 200 gute Gänge von mir entfernt, die Sau aufs neue. Hätte ich nur nicht so übereilt oder am besten gar nicht geschossen! Mir bleibt nichts übrig, ich muß bis zum Morgen warten. So ergebe ich mich meinem Schicksal, und zähneklappernd vergehen gute eineinhalb Stunden. Der Morgen will nicht kommen.

Komisch, vorher war es gar nicht so kalt. Wild sehe ich kein einziges Stück, als es plötzlich ganz hell wird. Ich reiße mich aus dem Dösen und öffne die Hochstandtür. Der Mond hängt hell und klar am wolkenlosen

Himmel. Jeder Halm ist im klaren Mondlicht auf den Standäckern zu erkennen. Und die Sau schon lange verstummt!

Ohne viel zu denken – das wäre denn doch gelacht! –, habe ich auch schon das Glas vom Gewehr genommen und steige die Leiter hinab. Als ich aber eilig dem Waldrand zustrebe, denke ich doch einen Augenblick voll plötzlicher Zweifel, ob das vernünftig ist, was ich jetzt vorhabe. Ich will nämlich endlich Gewißheit haben, was mit dem beschossenen Stück los ist! Ach was, wie viele Sauen habe ich schon erlegt, und alles ist gutgegangen. Bei Sturm und Kälte, bei Regen und Schnee, bei Tag und Nacht, und alles ist immer oder fast immer gutgegangen. Nichts da! Her damit, kommen mir die bösesten Gedanken. Das Bergansteigen wärmt mich richtig auf, und schon bin ich durch die Maisfelder und beim Waldrand. Als ich dann zwischen die silbergrauen, im blanken Mondlicht so stumm und starr aufragenden Stämme sehe, unterdrücke ich neuerlich das innerliche Zaudern, gehe weiter. Bin schon da, wo die Schwarzkittel eingewechselt sind, ihre Fluchtfährte im Bodenlaub hinterlassen haben. Stellenweise glänzt es auf. Schweiß! Ich greife danach, prüfe zwischen den Fingern und sehe auf meine nasse Hand. Vermutlich Wildbretschuß, jedenfalls keine Leber, denn die fühlt sich grießförmig an, und auch keine Lunge, weil die schmiert sich zäh zwischen den Fingern. Doch da, jetzt spüre ich es, ein kleiner, scharfer Knochensplitter!

Es ist wider Erwarten sehr leicht, der Fährte zu folgen. Hell wechseln alle Schritte mit dem Dunkel und Halbdunkel des Waldschattens, und ich kenne zudem noch ungefähr die Stelle, wo ich das letzte Rumoren der kranken Sau gehört habe. Über der steilen Böschung, die ich jetzt von Stamm zu Stamm greifend hinaufsteige, ist von hier keine 50 Gänge eine kleine, halbverwachsene Lichtung. Dort muß es sein. Und mit jedem Schritt werde ich langsamer und vorsichtiger, mache Pausen und horche nach dem Stück. Nichts! Bin auch schon, noch immer der überraschend gut erkennbaren Fluchtfährte folgend, etwa 20 Gänge vor der erwähnten Stelle und kann diese bereits gut im blassen, alles in fahle, düstere Farben verwandelnden Mondlicht erkennen. Doch von einer Sau keine Spur, sosehr ich auch meine Augen strapazierte. Mit vorgehaltenem Gewehr, bereit, jeden Augenblick mit einem Schuß auf die allenfalls noch nicht verendete Sau zu reagieren, birsche ich weiter. Der leichte Wind steht zu mir, und das ist gut, denn plötzlich spüre ich überraschend den scharfen Geruch des beschossenen Stückes.

Das Herz klopft im Hals, ich stehe da zwischen den einigermaßen freien Fichten und Buchen. Jede Faser ist angespannt, als es mich jäh aus dem ganzen bangen Erwarten reißt. Greulich und furchtbar klappert und bläst der Keiler keine fünf Schritt vor mir aus dem seitlichen Schatten einer zwischen den grausilbernen Buchen stehenden starken Eiche. Und ich springe zurück, das Gewehr schon angebackt, bereit zu schießen. Verkaufen werde ich mich teuer, denke ich noch, da nimmt mich die schwerkranke Sau wahr. Vorne hochgestellt, klappert sie ganz furchtbar mit den Waffen. Dazwischen wütiges Blasen. Ohne zu überlegen schieße ich in die Waldnacht hinein. Auf ein paar Schritt bin ich sicher, ohne genaues Zielen zu treffen.

Die Haare steigen mir zu Berge, denn ein schauerliches Klagen, abgelöst von einem neuerlichen Geklapper, alles unheimlich furchterregend, ist die Antwort des beschossenen Stückes. Und ich springe zurück. Ohnmächtig zu handeln, denn ich muß das Gewehr erst für diese Situation viel zu umständlich brechen, um zu laden. Fingere auch schon, begleitet vom Klagen, Blasen und Gebrechwetzen der nun auf mich langsam, wie gelähmt zukommenden Sau mit der Patrone am Lauf umher. Endlich ist sie drinnen, und das Gewehr schnappt zu, um augenblicklich an der Backe zu liegen. Instinktiv habe ich mich fest mit der einen Schulter wie zum Schutz hinter einen Baumstamm gepreßt. Alles ist plötzlich so unerwartet, und die Sau kommt kriechend und jetzt auch klappernd und gurgelnd auf mich zu. Mein das Stück endlich erlösender, alles beendender Schuß hebt die Sau vor mir förmlich hoch, um sie sofort in sich zusammenzucken zu lassen. Ein letztes, langes Blasen. Aus!

Grad jetzt liegt der Keiler in einem hellen, grausilbernen Mondlichtfleck, und sogar die Waffen sind zu erkennen, während das Haupt noch immer wie für ewig anklagend und angreifend zu mir gewandt ist. Das Drama ist zu Ende, und nur allmählich beginne ich zu denken, daß das ein nicht ganz vernünftiges Bravourstück von mir war. Lange stehe ich, an eine Buche gelehnt, vor dem Stück, lasse die Saujagden all der Jahre Revue passieren. Dann kehre ich in die Gegenwart zurück, trete hin zum Keiler, betaste die Waffen und drehe das Haupt, während der Mond fahl und doch strahlend durch die Äste bricht.

Als ich dann doch den Heimweg antrete, nachdem ich das Stück versorgt und ihm den letzten Bissen gegeben habe und ich schon in der Selitza beim plätschernden Bach bin, greife ich nochmals in die Tasche nach der einen Patronenhülse, die ich mir aufgehoben habe. Ja, es ist wirklich wahr, ich habe nicht böse geträumt, der Keiler liegt oben im Standwald mit seinen drei Schüssen. Der erste hat ihm den einen Vorderlauf zerschmettert und den zweiten angekratzt, und der zweite hat dem kranken Stück keinen Schock mehr gegeben. Erst der dritte saß im Leben, schräg zwischen den Lichtern.

Es war aber doch nicht der begehrte, starke Einzelgänger. Das erlegte Stück zeigte geringere Waffen, als ich sie erwartet hatte.

Zwar trat bei mir eine Pause bei der Bejagung der Sauen ein, aber bald widmete ich mich ihnen wieder ganz. Nur der legendäre Keiler fehlte. Vielleicht hatte er sich während meines nächtlichen Abenteuers in der näheren oder weiteren Umgebung aufgehalten und das ganze Drama irgendwie vernommen, oder er war irgendwo auf die Fluchtfährte der flüchtenden Überläufer gestoßen. So etwas überträgt sich! Jedenfalls glänzte er durch Abwesenheit.

Einige Wochen vergingen, da stand die Fährte überraschend wieder im Revier. Ein einziges Mal! Nichts wurde mehr von ihm gehört. Nur vom Paulibergrevier trug der Urwaldtelegraf ein-, zweimal die Botschaft her: „Der dortige große Bwana hat eine Riesensau gesehen!" Angeblich brachte ihn das so gewaltig aus dem Häuschen, daß man beinahe schon von einem Haus sprechen konnte...

Und eines Tages rief mich Freund Fred, der große Medizinmann aus Wieselsburg, an, der am Pauliberg, in diesem grünen Paradies für Jäger, jagte. „Stell dir vor, vor einigen Tagen habe ich überraschend im Kohlgraben während eines Regens einen Keiler erlegt. Mein bisher stärkstes Stück. Ich freue mich ja so! Darf ich das nicht, er hat immerhin 120 kg auf die Waage gebracht, und die Waffen sind auch ganz gut – 17 Zentimeter! Hallo! Hörst du mich? Na, jetzt habe ich geglaubt, du bist schon weg...!"

„Iwan der Schreckliche" war im ewigen Sauhimmel und die Sehnsucht nach diesem urigen Stück Schwarzwild zu Ende.

Oben: Wintererinnerungen, die ein Leben lang anhalten.

Unten: Wie viele sind es wirklich?

„Der Veteran"

Den Geweihten kann man hier im Pannonischen vielleicht noch in der ersten oder, wenn's gutgeht, in der zweiten Woche des August bekommen. Wenn's gutgeht, denn der Feisthirsch, der sich zur Brunft rüstet, ist, wie W. Riegler so treffend sagt, „ein Waldgespenst, das du nur ahnst und niemals kennst; dort, wo du meinst, da steht es nicht, und wo du wartest, geht es nicht, und ist nun hoch bei Sternenlicht." Im übrigen sind dann Mitte August die Weizen- und Haferfelder schon abgeerntet und die unter Umständen beträchtlichen, nächtens entstandenen Hochwild- und Sauschäden bezahlt. Nebenan im benachbarten großen Waldrevier reibt sich der brave Nachbar die Hände, denn jetzt bleiben die hohen Herren, wie der Ecker Poldl die Geweihten gerne bezeichnet, für gute zwei Monate im Wald. Und nur im Wald. Das halbe Jahr zogen sie brav in die benachbarten mit Wald und Feld und Wiesen besetzten Reviere zur Äsung. Aber jetzt, wo man sich seinen Tribut für Schaden und Ärger mit den Bauern holen könnte, jetzt beginnt es spannend zu werden. Ein Schuft jener Jäger, der sich nicht freut, wenn er, meist unverhofft, den herrlichen Anblick eines Geweihten oder auch den der so eleganten und anmutig ziehenden Tiere hat. Doch alles zu seiner Zeit. Man möchte doch gerne auch die großen Kaliber einsetzen. Die sollen doch nicht so tatenlos im Schrank dahindämmern.

Was hatte ich in den heißen Juni- und Julitagen bzw. -nächten nicht alles schon für den August geplant. Beim Bockjagern und Sausitzen konnte ich gut zehn Hirsche bestätigen, die sich in meinem Revier recht wohl fühlten. Drei, vier Spießer, von den beiden Kümmerern unter 12 cm Stangenlänge gar nicht zu reden. Ein Sechser, der verdrehte Eissproßzehner, ein Kronenzwölfer. Und dann der eine, um den sich alles drehte. Nicht exakt an-

Schwarzwild im vertrauten Waldesdunkel.

sprechbar, da er sich immer nur im letzten Licht zeigt. Doch das eine weiß ich bestimmt: Er ist vom achten bis zehnten Kopf. Absoluter Abschußhirsch. Die Stangen lang und hoch und ohne Kronen mit ein paar wie verdrehten Enden drum herum. Eine heißersehnte Trophäe. Vielleicht kann das mancher nicht so recht verstehen, aber Abnorme, ob Rehbock oder Hirsch, reizen mich weit mehr als die beste, aber gleichmäßige Trophäe. Gar erst, wenn es sich um echte Einstangler handelt, oder um Widdergeweihe bei Bock oder Hirsch. Hirsche dieser Art sind ja sehr selten. Einmal, vor einigen Jahren, hatte ich solch einen scheuen Bruder mit Korkziehergeweih bei uns im alten Gemeindemaiß mit seinem schier undurchdringlichen Dschungel zu Gast. Fast einen Monat lang, und gesehen habe ich ihn auch ein paarmal, jedes Mal aber bloß für ein bis zwei Sekunden. Und da zwischen den Birken und Fichten. Grad nur so. Dann blieb er verschwunden.

Jetzt aber war August, und ich saß auf den weizengelben Dutkafeldern an. Dort, wo es schon beträchtlichen Schaden in den großen Weizenschlägen gab und jede Nacht das Hochwild hauste. Ab Mitte Juli waren die Stücke immer später ausgezogen, und – der Teufel sollte es holen – jetzt kamen sie nur noch im letzten Schimmer. Immer weniger. Ich kannte das schon seit Jahren. Aber man glaubt eben, daß sie heuer, nur heuer, doch länger aushalten würden.

Die Dutkafelder bilden einen fast einen Kilometer langen Hügelrücken, der sich etwa einen halben Kilometer breit in Nord-Süd-Richtung durchs Revier zieht und oben an den Wald grenzt. Dort, in dem riesigen, einen Osthang bildenden Nachbarmaiß hatten sie ihren Einstand und waren für Freund und Feind unerreichbar, vor beiden sicher.

So ein Feisthirsch geht seltsame Wege. Meist will er nicht viel Bewegung machen und tut sich für ein, zwei Wochen in den feldnahen Gehölzen, so er nur einigermaßen Ruhe hat, nieder. Aber es gibt auch Ausnahmen. Vor zwei Jahren zog fast jede Nacht ein kapitaler Zwölfer von der „Scharigellacke“, die gute vier Kilometer weit entfernt im dichten Wald auf halbem Weg zur ungarischen Grenze liegt, immer auf demselben Feisthirschwechsel zur Äsung ins Feld. Bis zur zweiten Woche im August, um dann im großen Waldkomplex in unmittelbarer Nähe der ungarischen Grenze seinen Einstand zu nehmen.

Die Sonne war schon im Westen versunken, als ich drüben im dunklen

Waldstreifen mitten in den fahlgelben Getreidefeldern mehrfache Bewegungen wahrnahm. Alles ging sehr schnell. Der Wind stand gut, und ich preßte das Glas erregt an die Augen. Drei Basthirsche, darunter ein Kronenhirsch, pflügten förmlich durch das hohe Getreide auf mich zu. Alle drei waren mir unbekannt und unbekümmerte Jugend. Auf gute hundert Schritt, dort, wo der grannenlose Kolbenweizen stand, verhielten sie und taten sich gütlich. Und ich, sicher auch dankbar für den Anblick, hielt aus bis zum letzten Lichtschimmer. Es kam nichts mehr dazu, und ich trabte in die nahe Fuchsengrabenhütte.

Am Morgen hatte das Wetter gehörig umgeschlagen. Jetzt, wo die Bauern ernten wollten, setzte Regen ein, der eine gute Woche anhielt. Sosehr ich mich auch bemühte, nur einmal kam mir der geheimnisvolle alte Hirsch abends in Anblick. Beim Heimweg aus dem Selitzatal, als ich auf die Dutkafelder schwitzend hochklomm. Wie ein Schemen stand er gegen den westlichen fahlrosa schimmernden Himmel. Hob sich dort wie ein ewiger unerreichbarer Wunschtraum ab, und – weg war er. Ich hätte sowieso nicht schießen können. Erstens dauerte alles nur Sekunden, zweitens wegen des Schusses in den Himmel. Wer weiß, wohin das Geschoß seine Bahnen nähme!

Daß ich so einen groben Fehler gemacht und hier im Dustern den Hirsch vergrämt hatte, wurmte mich. Ausgerechnet ihn, den Geheimnisvollen. Auf etwa 80 Meter gut als Silhouette anzusprechen. Das würde mir der Veteran gewiß übelnehmen und sich überstellen!

Es war auch so. Zweimal fährtete ich ihn noch mit seinen unverwechselbaren starken Schalen drüben auf den Neuäckern im östlichen Teil jenseits des Selitzatales. Und dann begann im Wald die Brunft, und – er war weg. Bang verfolgte ich alle Meldungen über die verschiedenen Hirschabschüsse rundum. Er war nicht dabei.

Es gibt hier im mittleren Burgenland im wesentlichen drei große Waldkomplexe, die gute Hochwildeinstände sind.

Da ist einmal der südliche, das heißt österreichische Teil des Ödenburger Gebirges, der sich vom etwa 550 Meter hohen Herrentisch bei Sieggraben, an Höhe bis etwa 250 Meter verlierend, über den Oberen Wald nach Osten bis zum an Deutschkreutz grenzenden Ausläufer des Neckenmarkter Waldes hinzieht. In diesem Komplex mit einer geschlossenen Waldfläche von fast 7000 ha stehen rund 300 Stück Hochwild.

Dann kommt dem Rotwildvorkommen nach der im südlichen Teil des mittleren Burgenlandes gelegene Geschriebenstein. Ein etwa gleich großer Waldkomplex mit den höchsten Erhebungen von 850 Metern. Hier stehen auch an die 300 Stück Hochwild.

Und letzlich der Paulibergkomplex bei Landsee, zu dem auch der benachbarte Heidriegel und mit dem Gebiet unmittelbar zusammenhängende weitere größere Waldflächen zu rechnen sind. Größe etwa 2500 ha mit einem Stand von rund 100 Stück Rotwild.

Die Entfernung zwischen den am weitesten auseinanderliegenden Punkten in diesem Gebiet beträgt maximal 30 Kilometer. Zudem liegen in den Verbindungslinien zwischen diesen Hochwildvorkommen zahlreiche größere und kleinere Wälder eingestreut, so daß tatsächlich ein laufender Wechsel zwischen diesen Gebieten erfolgt. Zudem muß bedacht werden, daß das Ödenburger Gebirge durch die Staatsgrenze in zwei etwa gleich große Teile zerfällt, sich also ein fast gleich großer, weiterer Teil drüben in Ungarn befindet und die Staatsgrenze jetzt für das Wild praktisch keine Behinderung darstellt. Das gleiche gilt für den Geschriebenstein.

Und zu guter Letzt grenzt der dazwischen liegende Pauliberg an die Rosalia, den großen, waldigen Mittelgebirgszug nördlich davon.

Die Hirschbrunft, etwa pünktlich mit dem 1. September einsetzend, je nach Wetter und Lage, spielt sich natürlich im Herzen dieser großen Waldgebiete ab. Nur vereinzelte Hirsche bleiben mit zwei, drei Tieren irgendwo am Rande dieser Gebiete hängen. Dort, wo ihnen eine stärkere Konkurrenz den weiteren Zutritt ins grüne Paradies verwehrt.

In meinem Revier, das einen südlichen Ausläufer des Ödenburger Gebirges bildet, steht um diese Zeit nur selten Hochwild. Das heißt, jährlich versuchen an zwei Stellen, nämlich am verwachsenen „Alten Schlag" und weiter vorne in dem großen, an den jährlichen neuen Urbarialschlag grenzenden Urbarialmaiß – beide Gebiete mit etwa 30 ha Größe – Hirsche mit ein paar Tieren den Einstand für die Brunft zu nehmen. Mit dem Resultat, daß sie, da diese Gebiete relativ beunruhigt werden, entweder plötzlich abwandern oder sich die Brunft nur ganz heimlich abspielt.

Ich rannte mir täglich am Morgen die Füße aus, um nur ja alle an diese beiden Waldzonen grenzenden Wege abzufährten. Am neuen Schlag hatte sich tatsächlich ein Hirsch mit drei Tieren eingestellt. Er wurde immer vertrauter, und so standen täglich am angrenzenden Abfuhrweg die Fährten.

Bloß in Anblick kam er nicht, und selbst als sich im „Oberen Wald“ an bestimmt 15 Brunftplätzen die Hirsche bestätigen ließen und in den kalten Nächten röhrten, daß es eine Freude war, blieb er stumm.

Ein paarmal saß ich auf der großen Eiche, von der aus man so herrlich in das grüne, flache Meer hineinsehen konnte, und sah auch die Tiere. Und mit dem starken Tordalk, dem wunderbaren Nachtglas, konnte ich seine Fegestellen mitten auf dem angrenzenden Schlag ausnehmen. Weiß schimmerten die drei blanken armdicken, abgeschabten und abpolierten Fichtenstämme mitten aus dem grünen Traum. Allein in Anblick kam der Hirsch nicht. Sicher fegte er nur nachts an den grauen Stämmen, wenn er die schützende Wildnis des Urbarialmaißes vermutlich auf nur ganz kurze Zeit verließ. Am liebsten wäre ich in den Dschungel hineingegangen und hätte mir den „Hohen Herrn“ herausgeholt. Gegen Ende September dann mußte ich mich schon – es hatte sich immer noch nichts ereignet – mit Gewalt zurückhalten.

Die Brunft näherte sich dem Ende. Ich saß mit der sich auch allmählich ihrer Grenze nähernden Geduld wieder einmal weiter unten auf der grausilbernen Randbuche auf dem von Fritz und mir vor zwei Jahren mit soviel Schweiß gebauten Auslug in der hohen Astgabel oben in der Krone an. Das Dunkelwerden war nicht mehr ferne, der leichte Wind stand gut. Auf einmal bewegte sich dort etwa 150 Meter von mir, genau gegenüber, ein Fichtengipfel, der aus dem etwa mannshohen Bestand doppelt hoch herausragte, wild hin und her. Im Augenblick war mir klar, was das hieß. Der Hirsch fegte! Das Glas augenblicks vor Augen, suchte ich die Stelle. Hatte sie auch gleich. Der Baum schwankte noch immer, doch plötzlich trat Ruhe ein. Einige Sekunden danach schob sich ein dunkelbrauner, massiger Körper vor. Jetzt wurden Haupt und kohlschwarze Stangen frei. Vorsichtig sichernd schob sich das Stück auf die kleine, von mir vorerst gar nicht beachtete Lichtung daneben. Braver Hirsch, siebenter bis achter Kopf, ungerader Eisproßzehner mit Prügelstangen.

Glas ab. Die Ferlacherin mit der 7 × 65 R vom großen Nagel am Buchenast gerissen, mit dem Knie fest gegen die Leiter und mit dem Rücken gegen den hellgrauen Buchenstamm gepreßt und das Gewehr in Anschlag gebracht. Ellbogen auf dem einen querstehenden, armstarken Ast aufgelegt. Wo ist der Hirsch? Da, habe ihn schon. Er will weiterziehen! Das Haupt ist jetzt verdeckt, das Blatt aber frei. Schon gestochen. Jetzt spüre ich, daß der Wind die Buchenkrone ganz schön schwanken läßt. Dennoch riskiere ich's. Mit einem fahlen Blitz, so duster ist es schon, fährt die 7×65 R aus dem Lauf, und mir bleibt fast das Herz stehen. Just im Augenblick des Schusses hat mich ein neuerlicher Windstoß mit dem Fadenkreuz aus dem Hirsch herausgehoben. Nur so zwei, drei Fingerbreit über den Rücken, aber doch daneben.

Das Echo rollt donnernd über die Neuäcker und den Lackendorfer Wald. Nur Sekunden, dann ist der Hirsch weg. Und ich ganz sicher, daß ich falsch abgekommen bin. Ein Anfänger hätte es besser gemacht! Aus der Traum! Mit dem starken Nachtglas suche ich dann noch den ganzen Schlag ab. Vergebens. Und erst im Dunkel klimme ich von meinem Buchensitz und tappe verdrossen heim. Was wohl Georg, der treue Freund, dazu sagen wird. Wo er ohnehin über meine luftigen Sitze immer schimpft. Und über mich belämmerten Tropf, der ich ihm stets widerspreche. Wo er doch so oft recht hat.

Daß ich gefehlt habe, weiß ich mit aller Sicherheit. Und der Zehner wird jetzt abwandern, sich überstellen. Das ist klar. In der Brunft berechtigt! Kennt man!

Tatsächlich überstellte sich das Hochwildrudel. Schon nach zwei Tagen gab's keine frischen Fährten mehr. Der Hirsch war verschwunden, so wie er gekommen. Noch nirgends hatte ich ihn zuvor gesehen. Ja und der andere, der Veteran, mußte auch noch immer am Leben sein.

Es war bereits Mitte Oktober, als sich allmählich Kahlwild in die Randwälder überstellte. Hie und da auch ein schwacher Hirsch. Einer von denen, welche die Brunft bloß als Zaungäste miterlebt hatten.

Oben im großen Nachbarrevier waren die üblichen Abschüsse getätigt worden. In Wirklichkeit fast alles zu jung erlegt. Wer will schon warten. Und Georg, der bei den Triftwiesen am Waldrand auf Sauen angesessen war, kam am Morgen atemlos zu mir. Hatte beim Heimweg mehrere Stück Kahlwild mit einem Hirsch, Fährte gleich dem verschollenen Veteranen, gefunden. Rasch raus ins Revier und das Ganze begutachtet. Er könnte es sein. Er, der Veteran, mit der so wie vom Wind zerzausten rechten Stange.

Die Fährten jedenfalls glichen jenen, die er mit seinen Tieren gegen Ende August gesetzt hatte.

Das Wetter schlug um, und fast eine Woche gab's nur Regen und Sturm. Hernach folgte eine längere Südwestlage. Für die Trift und die benachbarten Birkenäcker unbrauchbar. Hier mußte man Nordwind haben. Und die Fährten standen fast täglich neu.

Dann begann ich abends und morgens mit der Ansitzerei. Sah an die 20 Tiere, und jedesmal, wenn's soweit war, daß der Hirsch aus dem Walddikkicht, das an die Birkenäcker angrenzte, nach dem Kahlwild austreten sollte, war es zu finster, und ich mußte aufgeben.

Unerwartet hatte sich das Rudel, das nun seinen Einstand zweifellos in dem hinter den Birkenäckern liegenden Urbarialmaiß hatte, überstellt. Das heißt, es trat jetzt auf der anderen Feldseite, bei den Neuäckern, aus. Dort saß ich mich ebenfalls krumm. Schlief sogar zweimal im Schlafsack auf dem Trifthochstand, der recht eng und zugig ist, um im Morgengrauen nur Rehe und einmal ein Kalb zu sehen. Dem ich allerdings jetzt, wo mir schön langsam die Sache zu lange wurde, kurz entschlossen die Kugel antrug. Der Schuß hatte außerdem sein Gutes. Das Rudel überstellte sich neuerlich zurück, auf die gut einen Kilometer Luftlinie entfernte Birkenfelderseite. Dort fährtete es sich wieder täglich.

Das Wochenende kam, und ich klebte in der Birkenäckerkanzel. Im Rükken den großen Urbarialmaiß. Blick nach Westen. Die Sonne war versunken. Ein seltsames fahles Zwielicht herrschte. Noch nicht Nacht und nicht mehr Tag. Da zog rechts aus den begrenzenden Föhren ein Tier ganz dunkel gegen den letzten, rosafarbenen Himmelsstreifen auf den Feldrücken heraus. Ein weiteres, ein drittes und ein viertes Stück Kahlwild folgten. Dahinter kam mit geringem Abstand – der Veteran. Unverkennbar und majestätisch. Als ob ich nicht existieren würde. Ich, der ich nur gute 150 Meter davor erregt dasaß. Die Stücke verhofften zu mir her, bereit zum Abspringen. Und ich hatte sie schon der Reihe nach im Fadenkreuz. Jetzt das letzte Schmaltier. Weiter nach rechts! Nun den Hirsch! Atem angehalten. Da kommt von hinten, während der Hirsch noch immer bombenfest steht, plötzlich ein Tier. Wie ein böses Omen taucht es im Zielfernrohr auf, steht dicht beim Hirsch. Aber nun hält es an, verhofft. Bin unverrückbar auf dem

Blatt des hochaufgerichteten Veteranen. Gestochen. Donnerstrahl, und alles ist in einem fantastischen, verschlingenden Blitz verschwunden.

Das Gehör registriert augenblicklich den Kugelschlag, mäßig hell, also Blatt. Nicht so dumpf wie beim unangenehmen Weichschuß. Es ist alles gut. Die Tiere rumpeln weg. Der Hirsch, soviel kann ich noch beim blitzschnellen Absetzen des Gewehres erkennen, geht mit ab. Als letzter. Das H-Mantel-Geschoß aus der 7×65 R erlöst ihn gleich. Schon rumpelt es dumpf auf dem Feld, von mir nicht mehr einzusehen hinter dem Hügelrükken. Ich fühle es, daß der Hirsch dort liegt. Und ich atme auf und bin dankbar.

Grey Horse

Poldl, Hubert und mich bedrückte und erfreute etwas zur selben Zeit: Grey Horse hielt uns zwei Jahre in Atem. Aber der Reihe nach. In der ersten Woche des September beginnt normalerweise die Hirschbrunft, und in meinem Jagdtagebuch finden sich darüber verschiedene Eintragungen.

Etwa vom 7. 9.: „Hirsche röhren in der Selitza, sieben verschiedene, vom Alten Schlag aus zu hören."

Eine Woche danach am 13. 9.: „Hirschbrunft, sieben Hirsche röhren, ein neuer achter, der beste in der Finsterfurt."

Nun, der Nachbarpächter hatte im Vorjahr keinen Aufhabenden frei. Wie es im Leben so ist, es scheint ja nicht immer die Sonne. Und gerade ihm kam an einem Abend, im Paralleltal zur Selitza, der oberen Finsterfurt, auf etwa 50 Schritt ein gewaltiger ungerader Zehner in Anblick. Mit Prügelstangen und Herzbeben für den Betrachter.

Mein Revier grenzt an den Beginn des waldumsäumten Finsterfurttales, und fortan versuchte ich es dort mit Ansitz und Abfährten. Bekam natürlich ein paar Hirsche in Anblick, aber nichts Erhebendes. Am 17. röhrten drei Aufhabende auf dem Rücken zwischen Finsterfurt und der etwa einen Kilometer entfernte Selitza um die Wette, und bis zum 23. hatte ich immerhin schon 17 verschiedene Hirsche in Anblick bekommen. Aber was sollen Worte, es war alles Jugend.

Am 26. September wollte ich's am Alten Schlag auf dem Gegenhang zur Finsterfurt versuchen. Tiere bekam man dort täglich in Anblick. Es war Sonntag, und ich wollte einmal schon nachmittags ansitzen. Der Alte Schlag ist ja doch noch der ruhigste Revierteil, und ich hatte fast so eine leise Ahnung. Und tatsächlich! Auf der alten Kanzel aufgebaumt, riß mich etwa eine Stunde vor Büchsenlicht ein Trenzer aus dem Dösen, und auf etwa 50

Schritt zog ein graubrauner, wie ein Pferd aussehender Riesenhirsch über die schmale Schneise vor mir. Ich riß das Glas hoch, Heiland, ein uralter Kämpe, mit stumpfen, prügeldicken, bleigrauen Stangen, anscheinend von der nahen Suhle schlammverschmiert. Der Zehner aus der Finsterfurt! Aber ohne anzuhalten, kaum daß ich die 9,3 in Händen hielt, war er schon wieder im Maiß verschwunden.

Bebend hielt ich das Gewehr, nein, es handelte sich um keinen Traum, hatte zwar nur Sekunden gedauert, war aber Wirklichkeit. Alles Warten half nichts, bei keiner der weiter unten liegenden Lichtungen kam der Geweihte in Anblick. Nur ein Tier stand wie zum Hohn auf einer der einzusehenden Inseln, kaum 100 Meter unter der Schneise. Meine lapidare Eintragung im Tagebuch: „Anblick Alter Schlag: Grey Horse, drei Sekunden, volles Tageslicht, statt ums Gewehr zuerst zum Glas gegriffen!"

Der Hirsch blieb verschwunden. Zwei Tage danach fand ich seine charakteristische Fährte auf dem den Maiß begrenzenden Urbarialweg. Elf Zentimeter lang und neuen Zentimeter breit – eben Grey Horse, wie der Name schon sagt.

Am 30. September und am 1. Oktober röhrte ein Hirsch mehr auf den gegenüberliegenden Brandfeldern vor dem Waldrand. Dort grenzt das fast 3000 ha große Nachbarrevier an. Ich wollte mich vergewissern und bekam Grey Horse sowie einen guten jungen, doch mehrendigen Hirsch neben acht Tieren im letzten Licht in Anblick.

Nun, ich will ein guter Nachbar sein und melde meinem dortigen Reviernachbarn, daß es an meiner Grenze leicht ginge. Und am übernächsten Tag fiel auch schon der Geweihte. Aber der schwächere Beihirsch, ein Vierzehnender vom 6. Kopf. Wie es im Leben eben manchmal ist; selten eine gute Tat, die man nicht bald bereut.

Die Hirsche schrien täglich ringsum weiter, doch Grey Horse schien verschwunden. Zwei Wochen danach kam mir beim zappendusteren Heimweg vom Brand auf freiem Feld ein Hirsch gegen den Horizont wie ein apokalyptisches Pferd entgegen. Den Wind hatte ich im Gesicht. Rasch warf ich mich zu Boden und konnte nur atemlos das Schemen, das da im Troll vorüberzog, auf einige Schritt gegen den finsteren Himmel ein, zwei Sekunden betrachten. Aber zu nah. Ein tiefes, dröhnendes Schrecken. Vorbei der Traum.

Am nächsten Tag bestätigte die Fährte: Grey Horse. Fortan blieb er aber verschwunden. So etwas ist eben zuviel für solch einen alten Kämpen.

Die Brunft war vorbei, die Fährten wurden immer weniger, und Hubert, der gewichtige Kompadre vom Kronberg, berichtete von einer Traumfährte bei ihnen unten: 11×9 Zentimeter. Ich wußte genug, der Hirsch war nun nach Osten zehn Kilometer weitergezogen. Narrte dort Hubert und Poldl. Bis Hubert unvermutet einen kranken Hirsch mit Widdergeweih erlegte. Ein Hegeabschuß.

Wenn der Poldl nichts von sich hören läßt, aber daheim ist, so gibt es nur eine Lösung: Er hängt Tag und Nacht den Fährten nach, bei Wind und Wetter. Noch dazu, wenn er gegen Hubert eine Scharte auszuwetzen hat. Da gibt's nur ein Hinunterschlingen der Mahlzeiten, und talauf, talab hinter den Geweihten her. So nach dem Motto: er oder ich. Es geht um die Ehre! Und tatsächlich kam Poldl eines Tages mit einem Zehnerhirsch zusammen. Einem Eissproßzehner. Ewigen mittelmäßigen. Einem Krisperl, wie wir sagen. Poldl hatte aufgegeben. Und ich Egoist atmete auf.

Der Sepp im Nachbarrevier schoß einen kranken, aber kapitalen Vierzehnender. Sollte er nur. Ich träumte immer nur von den bleigrauen, mächtigen, stumpfen Zehnerstangen, sah Grey Horse im Traum vor mir im letzten Licht.

Weihnachten ging vorüber, Grey Horse zog seine Fährte noch weiter nach Osten, nach Deutschkreutz über den alten Hirschwechsel beim Mönchswald.

Wurde von Poldl und Hubert gefährtet. Der Hirsch war für ein Jahr gerettet. Wir konnten für die nächste Brunft auf Grey Horse, den Kapitalen, hoffen.

Schneestiebende Saujagd bei Poldl, Schnepfenstrich bei mir, Böcke da und dort. Und Hans meldet eine Riesenfährte bei ihm im Girmer Wald. Keine zwei Kilometer vom Mönchswald entfernt. Wieder und wieder. Die Trittsiegel stechen von den anderen Hochwildfährten ob ihrer Stärke förmlich heraus; Grey Horse ist da! Aber so leicht kommt man ihm dort nicht bei, schon gar nicht in der Feiste. Wir sagen nichts und hoffen. Jeder still für sich und genauso für den anderen. Wir sind Kameraden und haben denselben Trost, daß nämlich Grey Horse lebt. Ende August wartet jeder bangenden Herzens auf die ersten prangenden Herbstzeitlosen. Denn dann müssen die Geweihten röhren, dann beginnt die Brunft. Wer weiß, wohin, zu wem Grey Horse ziehen wird. Poldl wird wieder ganz ruhig sagen, daß er bereits mit den „Herren“ gesprochen hat. Mit dem Hirschruf nämlich. Na und, wenn er nicht mit der 7,62 Russian oder der „vom Hofe“ spricht, soll er nur. Da habe ich nichts dagegen.

Wenn einer von uns aber Grey Horse heuer strecken könnte, nicht auszudenken. Immerhin müßte dieser Hirsch ja, da ich ihn auf mindestens vom 10. Kopf schätze, noch etwas stärker, noch reifer geworden sein. Wir würden einander auf die Schulter schlagen und mindestens drei Tage feiern. Versteht sich. Sollte ihn aber Scharol bekommen, so würden wir ihm Weidmannsheil sagen und derb die Hand drücken und todsicher beim Edmund in der „Kupferkanne“ den Kummer hinunterspülen.

Ich selbst würde den Morgen danach nach Neckenmarkt in die Burgstall fahren. Den Revierteil, von dem man den Neusiedler See so herrlich vor sich liegen sieht, und im ersten flammenden Morgenrot würden mich hoch oben die langen schlängelnden Gänsekeile heiser rufend begrüßen. Und alles wäre wieder gut...

Der Schneekeiler

Spätherbst. Die Sauen zogen so jeden zweiten, dritten Tag in den Kukuruz der Wildäcker. War meine Absicht gewesen, sie dorthin zu bringen, aber gleichwohl gestaltete sich das ganze Unternehmen zu ihrer Erlegung immer schwieriger. Die Bejagung ringsum in den Revieren tat den Schwarzkitteln nicht gut. Es gab schon zu viele Jäger, die sonst nichts tun wollten, als nur den Sauen – und wohl auch vielem anderen Wild – ununterbrochen nachzustellen. Irgendwann muß man aber nicht nur dem Wild überhaupt, sondern den Sauen im besonderen Ruhe gewähren. Verschiedene bedrückende Meldungen trug der Urwaldtelegraf mir zu. Da und dort hatte man auf Sauen erfolglos oder mit Erfolg geblitzt. Es befanden sich sogar Stücke darunter, die man normalerweise nicht erlegen sollte. Und der „Vollstrecker" im Revier an der ungarischen Grenze gab ihnen überhaupt keine Ruhe mehr. Selbst dort, wo sie noch nie bejagt worden waren. In der Folge benahmen sich die Sauen ungemein unstet und vorsichtig. Freie Flächen mieden sie überhaupt. Das Brechen auf den Waldwiesen etwa gehörte der Vergangenheit an, und Schneisen überfielen sie nur in voller Fahrt. Einmal kamen sie um neun Uhr abends, obwohl nicht gestört, am nächsten Tag gleich erst um drei Uhr in der Früh. So schien die Erlegung einer einigermaßen jagdbaren Sau ein schier auswegloses Beginnen zu sein.

Selbst Hannes, der große Jäger vor dem Herrn, der bei uns zu Gast weilte und es einmal auch versuchen wollte, scheiterte. Da fand Edmund, der mich eine Woche lang beim täglichen Füttern abgelöst hatte, fast 30 bis 40 Gänge hinter der Sausuhle den Wechsel eines starken Stückes Schwarzwild. Das konnte in gewissem Sinn als eine Sensation gewertet werden, denn Sauen halten im allgemeinen selten denselben Wechsel. Wenn aber doch, dann nur einige Tage hindurch.

Trotz allem fütterten wir täglich, denn aus Erfahrung wußten wir, daß, ob angenommen oder nicht, in der Suhle immer frische Kirrung sein mußte, um die Schwarzröcke im Revier zu halten. Ehrensache, daß hier natürlich kein Schuß zu fallen hatte!

Gemeinsam besahen wir uns um die Mittagszeit die Fährte. Was ich gar nicht so recht geglaubt hatte, stimmte voll und ganz. Der Keiler – denn ein solcher mußte es sein – zog schon einige Tage lang auf demselben Wechsel durch den Hochwald und das Stangenholz ins angrenzende, unübersichtliche Kukuruzfeld. Die beiden Schalenspitzen waren ganz gleich und nicht sehr spitz, gar nicht unregelmäßig und scharfkantig wie bei den Überläufern. Also ein Stück, gut über vier Jahre alt.

Zweifellos: Fürs erste eine beachtliche Keilerfährte, jeden Einsatz wert, fürs zweite aber die Tatsache, daß man dem Stück hier nicht beikommen konnte. Ich sah mir nur die Baumkronen oberhalb unserer Köpfe an, alles dicht und duster und weitab von jedem Weg und Steg. Daß Edmund den Wechsel überhaupt gefunden hatte, war reiner Zufall.

Da die Suhle schon einige Tage verlassen dalag, wollte er nur so gefühlsmäßig das Waldgelände dahinter erkunden. Zu allem Übel war erst vor einigen Tagen Neumond gewesen, was wohl so viel bedeutet wie: Alles vergebens! Aber dann kam der Hauptfaktor, nämlich die Zeit, die zur Eile drängte.

Jahrelang hatte ich mich der Schwarzwildjagd gewidmet, wußte daher sofort, daß diese Sau unmöglich noch lange diesen Wechsel benützen würde. Auch unbeschossen nicht!

Wir rätselten, wie es wohl am klügsten anzustellen wäre. Aber nichts Brauchbares fiel uns ein. Hinunter zum „Stand", zu den Wildäckern zu, schien es sinnlos. Alles viel zu dicht und vollkommen unübersichtlich. Aber hinauf zu, wo Edmund den Wechsel noch nicht restlos erkundet hatte, gab es da eine Chance? Im übrigen war es gut, daß Edmund dort noch nicht entlanggegangen war, denn würden wir der Fährte, die sich im Laub und in der Streu des Hochwaldes gut ausgehen ließ, restlos nachhängen, so konnte das nur ungut enden. Käme das Stück, das grundsätzlich – wie es schien – allein ging, auf die parallel zu seiner alten Fährte führende Menschenspur, so wäre alles zu Ende. Wo der Keiler herkam, ahnten wir beide ohnehin.

Sauen wittern unheimlich. Wie sehr, möge folgendes Erlebnis zeigen. Hans, der Jagdfreund aus Fischamend, der schon in verschiedenen Kontinenten gejagt hatte, erlegte hier einmal im Winter ein Stück Schwarzwild. Mit der 7 × 65 R. Es gab keinen Ausschuß. Um nicht das ganze Revier zu beunruhigen, transportierten wir am folgenden Morgen das Stück mit einer Plane bergab zu Tal. Dann schneite es. Einen ganzen Tag lang. Und zwei weitere Tage danach ging ich dieselbe Strecke ab, um abzufährten. Kaum zu glauben: Einige Stunden zuvor – es mußte am Morgen gewesen sein – war ein einzelnes Stück Schwarzwild unserer bereits stark verschneiten Schleifspur gefolgt. Gute 200 Meter weit. Vom Anschuß weg. Obwohl fast 30 cm Schnee darüber lag und keiner von uns voll Schweiß und das Stück unaufgebrochen und noch dazu auf einer Plane war. Jene Stelle, wo wir drei Tage zuvor gerastet hatten, umkreiste die Sau, um dann genau der Spur weiter „nachzuhängen".

Gut also, daß Edmund kehrtgemacht hatte. Sicherheitshalber umschlug ich, die Bracke am Riemen, mit Edmund den Revierteil. Er hatte leicht gezweifelt, als ich ihm genau den Wechsel dort oben im letzten Ende des Gemeindewaldes vor der alten großen Urbarialdickung beschrieb. Als wir aber von ganz oben, durch den Bestand kommend, dort den frischen Wechsel fanden, bestand volle Klarheit. Schon hatte ich einen Plan, wenn auch einen recht gewagten, ausgeheckt. Im „Einser" genannten Teil, wo einige große Buchen standen, die jetzt langsam begannen, ihr goldbraunes Laub zu verlieren, könnte man versuchen, im vom Unterwuchs freien Stück den Keiler, so er zeitig dran war, auf dem ansteigenden Hang, den er zu überqueren hatte, abzufangen. Freilich, ob das relativ helle Laub oder gar die hellen Baumstämme als Hintergrund genügen würden, um einen sicheren Schuß abgeben zu können, blieb das große Fragezeichen.

Edmund mußte ich direkt überreden, es zu versuchen. Das Ganze kam ihm nicht ganz geheuer vor. Von wegen Büchsenlicht und mitten im Bestand bei den starken Buchen auf dem Boden? Und gar der Wind? Der Wind schien gut zu bleiben, und ich mußte meinem Freund ein richtiges Loch in den Bauch reden, damit er das Unternehmen starte.

Ein Erfolg schien mehr als fraglich, doch würde der Keiler, selbst wenn er überhaupt käme, sowieso in ein, zwei oder drei Tagen ausbleiben und sich überstellen. Nach alter Sauentradition würde er zwar sicher wiederkommen, doch vermutlich erst in zwei, drei Wochen. Oder nicht gar später.

Kaum hatte ich abends in der Ordination Schluß gemacht, stand Edmund mit traurigem Gesicht da. Der Wind hatte umgeschlagen! Weiteres Warten also sinnlos.

„Und das Licht?“ war meine Frage an ihn.

„Fast gar keins, obwohl sternenklar!“

„Der Mond ist noch viel zu schwach!“

Edmund schüttelte mutlos die Achseln, weigerte sich standhaft, es noch einmal zu versuchen.

Also mußte ich es tun. Am nächsten Vormittag stand ich an der geplanten Stelle im hohen Urbarialwald. Dort, wo dieser unmittelbar an die große Dickung grenzt. Und direkt am Hangrand oben war der Keiler, aus der Dickung kommend, in Richtung „Stand“ gezogen! Das Herz schlug mir bis zum Hals vor Freude, als ich die frische Fährte auf einem freien, moosbedeckten Stück einwandfrei erkennen konte. Ohne sie zu queren, trat ich unverzüglich den Rückzug an, um mir an die 30 Schritt unterhalb einen Platz zwischen zwei etwa 30jährigen Föhren, die da als einzige Vertreter ihrer Art standen, auszusuchen. An den Stamm der einen Föhre lehnte ich mich sitzend an, was mir einige Deckung bot, während die Sau, wenn alles klappte, oberhalb nur auf kurze Entfernung bei den silbernen Buchen und weißen Birkenstämmen vorbeizudefilieren hatte.

Die Dämmerung fand mich, bei gutem Winde vermummt, auf einem alten Hubertusmantel zwischen den beiden Föhren sitzend. Den kurzen 9,3 × 62-Steyr-Mannlicher-Stutzen, mit dem ich schon viele Sauen erlegt hatte und der hier so handlich und als einzig brauchbare Waffe erschien, zwischen den Knien, harrte ich der Dinge. Das achtfache Zielfernrohr mit dem dicken Fadenkreuz würde auf meiner Seite sein. Glas zum Ansprechen brauchte ich heute nicht.

Die ganze Chance und Hoffnung war darauf aufgebaut, daß die Sau eben hier im Bestand viel zeitiger als sonst hoch und bei mir vielleicht, da ja bisher ungestört, noch beim letzten Licht vorbeiziehen würde. Der leichte Wind stand noch immer gut, kam grad aus Norden. Im Mais schreckte einmal kurz ein Reh. Dünn und hoch. Ein einjähriges Stück! War wohl so 200

Letzte Begegnung einer Morgenbirsch.
Zwei, aus den Feldern in den tagsüber schützenden Wald einwechselnde Rehe.

Meter weg. Eine Maus raschelte an mir vorbei, und rechts im jetzt dunklen Hochwald begann eine Waldohreule zu rufen. Rasch brach die Dämmerung herein. Allmählich fing ich an, am Sinn meines Unternehmens zu zweifeln, prüfte noch einmal kurz das Licht durchs Zielfernrohr. Ging noch ganz gut!

Kalt wurde mir. Ob die Sau tatsächlich kommen würde?

Jetzt herrschte schon richtiges Duster, und die Sichel des Mondes hing schräg hinter mir. Schmal und schwach, wie ich vermutet, aber man gewöhnt sich bis zu einem gewissen Teil an die Dunkelheit. Schon konnte ich die hinter den großen Buchen und Birken befindlichen Stämme nicht mehr ausnehmen, und liebevoll hielt ich den Mannlicher zwischen den Knien und den leicht klammen Fingern. Wie genau der schoß! Auf 100 Meter nur zwei Fingerbreit die Streuung. Und das bei dieser starken Patrone und dem kurzen Lauf. Das ganze Gewehr war ja nur einen Meter lang. Ja, das war er, mein abgegriffener, im Lauf spiegelblanker und funkelnder Sautöter mit dem fast 20 Gramm schweren Geschoß.

Ob's für einen richtigen Jäger mehr geben kann, das sein Herz höher schlagen läßt, als gute Waffen und eben jenes Natürliche, das zum Herzhöherschlagen gehört?

Da knackte oben, auf keine 30 oder 40 Schritt, ein dünner Ast! Fast zu leise! Jetzt noch einer, hernach atemlose Stille. Und jäh wurde ich gewahr, daß es viel zu dunkel war, so dunkel wie etwa in einem Kohlensack. Ein Unsinn das Ganze! Suchte ich so das große Abenteuer? Blitzschnell hatte ich das Gewehr sitzend im Anschlag und entsicherte mit vor Kälte klammen Fingern lautlos. Suchte oben auf die kurze Distanz die hellen Stämme im Zielfernrohr und fand die Birkenstämme tadellos. Himmel, es muß gehn! Bin nun in Anschlagrichtung, während vor mir dort, wo ich hinvisiere, der Keiler stehen muß. Ich spüre instinktiv die unmittelbare Nähe! Viel näher als geplant! Verdammt, die Moosinseln da oben haben jeden Laut gedämpft. Und prüfend bläst und saugt da ober mir die kapitale Sau den Wind ein. Nein, der Wind steht gut. Ist wohl nur, weil sie jetzt freie Lücken vor

Bald naht die Notzeit.
Überraschender Wintereinbruch im Mittelgebirgsrevier.
Der mittelmäßige Bock hat seine Stangen noch nicht abgeworfen.

sich hat. Krampfhaft suche ich das Stück nach Gehör und Gesicht. Da, ein schwebender großer schwarzer Schatten dicht ober mir auf keine 30 Schritt. Verflixt kalt ist der Stahl der Waffe, und in den Fingern kribbelt die Kälte, während das heiße Herz im Halse und nun auch schon in den Schläfen pocht. Habe sie! Jetzt! Soll ich stechen? Mit steifem Finger suche ich den Stecher, schon rastet dieser ein, und der große Schatten oben gleitet stetig weiter. Fühle den Abzug. Jetzt nur die feine Kante des Stecherzüngels, und der Schuß donnert hinaus, daß mir das Gewehr fast aus der Hand fliegt! Ich bin augenblicklich geblendet vom rot und orangefarbenen Mündungsfeuer, und wie erschlagen von dem alles vernichtenden Gefühl: Das Gewehr ist vorzeitig losgegangen!

Ich war in dem Augenblick sicher nicht auf dem Keiler drauf, gefühlsmäßig etwas höher. Und prasselnd fährt der zurück, also ob er den ganzen Wald mitnehmen wollte! Wie betäubt sitze ich da und starre das Gewehr in meinen Händen an. Noch nie hat mich diese Waffe enttäuscht.

Denke an alle Ursachen, die es gäbe! Ist denn der Abzug plötzlich kaputt? Lang brauche ich, bis ich mich von dem Schock erhole. Und als dann das Brechen der endlich und so nahe vor mir gewesenen Sau verebbt ist, kann ich es immer noch nicht fassen. Sitze eine gute halbe Stunde im vollkommen Finstern und kann mich selbst nicht trösten. Endlich trete ich traurig den Heimweg an. Doch unten beim Bach, nachdem ich durch den finsteren Wald gestolpert bin, versuche ich alles zu rekonstruieren. Nehme das Magazin und die Hülse heraus und versuche zu stechen. Alles normal! Nochmals! Wieder alles in Ordnung! Spanne noch einmal und berühre bei gespanntem Abzug den Stecher von hinten. Klack! Heiland, Stern! Jetzt ist mir alles klar, was ich nicht glauben kann und nochmals versuche. Schaden oder Fehler in der Konstruktion!

Und als ich wie ohnmächtig heimkomme und gleich Hannes anrufe, versucht der das gleiche bei seinen Mannlichern. Tatsache! Stimmt! Und Rücksprache beim Büchsenmacher bestätigt es dann ebenfalls. Es existiert eine Serie, die da fehlkonstruiert ist. Gibt es angeblich jetzt nicht mehr, aber was nützt mir das. Der Keiler ist weg. Und bleibt es auch.

Langsam nur kann ich mich in den kommenden Wochen mit der so vertrauten Waffe wieder anfreunden. Ähnlich einem erkannten Feind, der kein Feind mehr ist, ist ja ein erkannter Fehler auch kein Fehler mehr. Ob's hilft?

Wer berührt auch schon seinen Stecher in gestochenem Zustand noch einmal und noch dazu von hinten. Und als ich dann keine zwei Wochen danach einen Überläufer mit dem Mannlicher strecke, bin ich wieder fast versöhnt. Nur Edmund und Georg, denen ich die ganze Geschichte natürlich erzähle, schauen mich ganz entgeistert an. Na ja!

Der Winter kommt. Diesmal mit mehr Schnee als sonst. Hier im Pannonischen ist das ja nicht so selbstverständlich. Oft gibt es Winter, die keine solchen im Sinne eines Jägerwinters sind, das heißt auf gut deutsch, daß eben zuwenig Schnee liegt. Aber heuer gilt es, und die Rauschzeit der Sauen ist da. Sie besuchten sogar zwei- oder dreimal den mittlerweile ganz verwüsteten, nur noch mit leerem Kukuruzstroh bedeckten Wildacker. Und stekken immer wieder in der großen Urbarialdickung. Wieder einmal kommt Edmund wie ein Heilsengel zu mir. Im Frühjahr hat er sich in der Urbarialdickung eine kleine Schneise freigeschlagen für den Schnepfenstrich, der ihm alles bedeutet. Bei der Fasanenschütte, die dort steht und auch von Rehen gut angenommen wird und die wir gar nicht so ernst nehmen, aber immer wieder versorgen, finden sich seit drei Tagen die Sauen ein, und jetzt in der Rauschzeit ist eine mächtige Fährte bei den sieben anderen dabei. Der starke Keiler vom November, den ich dank klammer Finger und überempfindlichen Mannlichers verhaut habe! Grad unterhalb der Schneise steht eine alte, verlassene Kanzel im Bestand. Schon eine Weile nicht benützt und zum baldigen Abtransport geplant, da der Bewuchs immer höher und undurchsichtiger wird. Aber jetzt im winterlichen Schnee. Mensch, die Sache!

Hin mit dem kettenbewehrten VW. Die Bracke bleibt der Fährten wegen im Wagen. Als wir uns durch den Schnee und das Gestrüpp gerauft haben und dort stehen – wenigstens zehn frische Schwarzwildfährten haben wir mittlerweile gekreuzt –, da stimmt alles. Die Sauen ziehen hier zur Schütte! Nichts als zurück und eine ganzen Sack Kukuruz her. Das wird doch wohl nicht verboten sein. Denn wenn ich an den Wildschaden des vergangen Jahres denke, könnte ich viel mehr tun, um mich abzureagieren.

Wieder bringe ich Edmund nicht dazu, dort anzusitzen. Nein, ich soll's zuerst versuchen. Den Glühwein nachher möchte er gerne spenden.

Man soll solche Gelegenheiten beim Schopf packen, sonst könnte man es später bereuen. Das Wetter ist diesig und grau, aber der Mond schon fast dreiviertelvoll. Und Schnee, Schnee, Schnee! Mit Schlafsack und angezogen wie weiland Amundsen sitze ich bereits spät am Nachmittag in der alten Kanzel, nachdem wir noch mittags gemeinsam einige Zweige davor weggezwickt haben. So fürs bessere Schußfeld. Für alle Fälle! Von wegen Schußfeld: An die 40 bis 50 Meter lang und fünf bis sechs Meter breit mochte es sein, mittendrin in dem fast bürstendicken Urbarialmaiß.

Wind geht fast keiner und wenn, so direkt zu mir. Also keine Gefahr. Kälte hat es heute zum Steineebersten. Trotz Pelzrock, Russenmütze und Daunensack kriecht es so gegen 21 Uhr in mir hoch wie das ferne, kalte Grausen. Das wichtigste ist, daß die Hände warm bleiben! Und vermummt harre ich aus. Alles ist matt und milchig wie grauer Samt. Rehe waren schon einige bei der Schütte, im übrigen auch ohne Glas im Schnee leicht zu erkennen. Bald danach beginnt die linke Seite der Lichtung zu leben. Brechen und Stille wechseln einander ab. Wieder und wieder. Und einige Male klagt dort drüben schrill ein abgeschlagenes Stück.

Herrliche Zeit für den Jäger, solch eine Sauenhochzeit. Aber es zieht sich hin. So gegen 23 Uhr erst, ich kann die Zeit nur schätzen, flitzt eine einzelne Sau zur Schütte und auch schon wieder zurück! Ob unsere Spuren die Ursache dafür sind? Oder der frische Kukuruz? Gleich darauf stehen deren zwei auf der Schneise bei der Kirrung. Eine Minute etwa. Ohne mich anstrengen zu müssen, kann ich sie als Überläufer ansprechen. Ich will aber heute mehr! Und plötzlich ist da oben bei der Schütte alles voll Sauen. Hin und her geht das, wild und ungestüm. Ein Blasen und Schmatzen! Eine ist der anderen neidig, und ich bin mit dem Anblick allein schon zufrieden, endlich ihn wieder einmal so aus dem vollen heraus genießen zu können!

Keine Kunst, da jetzt irgendein Stück aus der Rotte herauszuschießen. Muß ich aber nicht unbedingt! Schon suche ich mit dem bewährten Tordalk die ganze Szenerie ab. Da – unvermittelt steht ein großer, schwarzer Kasten mitten zwischen den anderen Stücken. Breit und mächtig, und ich habe guten Wind. So eine starke Sau, nur ein sich jetzt in der Rauschzeit zur Rotte gesellter Keiler kann es sein, der das ganze Jahr über Einzelgänger war. Der bleibt nicht lange auf der Bühne. Glas ab, nach dem Gewehr gegriffen. Die gute 9,3, mit der ich wieder versöhnt bin, liegt angebackt. Die Rotte füllt jetzt das ganze Gesichtsfeld, und die alles überragende Sau in der Mitte ist immer wieder von anderen Stücken zum Teil verdeckt. Wie da einen guten weidmännischen Schuß anbringen, ohne ein anderes Stück anzukratzen?

Wieder und wieder setze ich ab, aber beim vierten Mal ist das Schußfeld freier. Ein paar der Überläufer und Bachen sind schon vom Randgesträuch verdeckt, also höchste Zeit. Den Handschuh runter und gestochen! Ich wundere mich, daß ich heute noch immer so ruhig bin. Ich will nichts riskieren! Bin am Keiler, jetzt klopft's doch mächtig in der Brust, die breiten Balken des Abkommens sind links und rechts von ihm. Jetzt steht der Basse breit! Jetzt ist schon wieder einer der Überläufer davor! Er schlägt ihn ab, ein schrilles, kurzes Klagen. Der Keiler macht einen Schritt zurück zur Mitte und steht spitz.

Teufel, ein bißchen sollte er breiter stehen. Da spüre ich einen leichten Luftzug an meinen Wangen vorbeiziehen, und der Keiler wirft blitzschnell auf. Steht noch immer schräg. Will weg! Da lasse ich fliegen.

Der helle Blitz verschlingt das Ganze, während der Keiler sich dort noch im Feuer herumwirft und wild und schrill wie noch nie zuvor gehört klagt, daß es mir durch Mark und Bein geht. Wieder wirft er sich herum und ist jetzt rechts im Gesträuch verschwunden. Ganz benommen setze ich ab. Was war denn das für ein Schuß? Ich glaubte, sicher am Blatt abgekommen zu sein, vielleicht – durch die Wendung des Stückes überrascht – einen Gedanken zu tief. Aber der Treffer sitzt ganz sicher im Leben. Dem schrillen Klagen nach muß es sich um einen Knochentreffer handeln. Und oben bläst der Keiler schwer getroffen und für mich verdeckt im Gestrüpp. Und ich kann gar nichts tun! Die Minuten verrinnen! Von den anderen Sauen ist schon längst nichts mehr zu vernehmen. Einmal noch stöhnt der Keiler förmlich blasend auf. Teufel noch mal! Lungenschuß tief! Und wahrscheinlich Lauf ganz hoch. Gibt's doch nicht!

Stille. Kein Laut mehr. Mein Keiler liegt mit Sicherheit. Ein Hauptschwein, wie man so schön sagen könnte. Aber er ist von dieser schmalen Schneise weg und für mich nicht sichtbar, liegt ganz bestimmt nur ein paar Meter nebenan im hohen Schnee. Doch ich darf nichts riskieren in dieser bleigrauen, verhangenen Milchnacht; sosehr es mich reizt, das beschossene Stück zu suchen. Nein, wenn er am Ende doch noch nicht verendet ist? Vor dem Angehen fürchte ich mich eigentlich nicht. Mit dem kurzen Mannlicher, das Glas selbstredend abgenommen, würde ich ihm den Fangschuß geben. Aber was, wenn er nicht verendet ist, sondern im Wundbett sitzt und vor mir abfährt? Nein, wäre alles viel zu unweidmännisch. Sich in einer halben oder gar erst in einer Stunde ganz, ganz leise wegzustehlen ist die einzige Möglichkeit.

In der Früh beim Licht muß ich das Ganze umschlagen. Dann wird man weitersehen. Ob er gute Waffen hat? Ob's der ist, den ich vor fast zwei Monaten nicht weit von hier verblitzt habe? Der hat sicher schon etliche Kugeln pfeifen gehört! Trotz all der Ungewißheit bin ich mit einem Mal wieder ganz fröhlich und freue mich auf den Morgen. Ja, da werde ich mit Edmund den Keiler holen, und in Edmunds „Kupferkanne" werden wir ihn einmal richtig tottrinken.

Sicher wird er wieder mit dem Whisky anfangen mit dem „Kentucky Gentleman", mit dem immer das ganze Theater anfängt. Da steht wohl „Superb Quality" drauf und „Sour Mash" und „Kentucky Straight Bourbon Whiskey", aber was nützt das alles zusammen, wenn ich spätestens nach dem vierten Glas dem lieben Mundos sehr leicht beweisen kann, wie mächtig die Amerikaner lügen und auf die Pauke hauen. Da ist nämlich auf der Bottle, sprich Flasche, in schwarzweißer Zeichnung mit rosa Gesicht ein bestimmt 60jähriger Mann, eben ein Kentucky Gentleman, mit schwarzem Zylinder und respektablem Bart drauf. Und was steht bitte darunter, ha? Da steht doch glatt nichts anderes als „4 years old!" Eine größere Lüge gibt es doch wohl gar nicht.

Hat sich beim Anschuß nicht etwas gerührt? Alle Sinne spanne ich an, kann aber nichts vernehmen als den ganz leicht von links durch die Dickung streichenden Nachtwind, den ich jetzt so kühl im Gesicht fühle. Irgendwo rieselt der Schnee von den Ästen. Wohl nur vom Wind, und ich verkrieche mich wieder ganz in den Schlafsack und den alten Wachpelz.

Der Wind wird zusehends stärker und stöhnt und seufzt durchs Gesträuch und durch die Fugen der alten Kanzel. Es ist jetzt noch viel dunkler geworden. Sicher ist der ganz und gar verdeckte Mond im Westen hinter der Ruine Landsee schon untergetaucht. Ich packe zusammen, hänge mir den Rucksack mit dem Schlafsack drinnen um und den Mannlicher um den Hals. Die Hände vorne auf den hängenden Stutzen gestützt, stapfe ich hinab zur Selitza und müde und froh weiter hinauf zur Hütte. Und dort, Mitternacht ist schon lange vorüber, schlafe ich unruhig mit Hoffnung und Zuversicht und ab und zu leise aufkeimendem Zweifel bis zum Morgen.

Als ich aufwache, strahlt der blanke Himmel durchs Fenster. Das Wetter hat sich vollständig geändert, es ist herrlich schön draußen. Rasch habe ich den heißen Tee bereitet und bin auch schon auf dem Weg zu Edmund. Nur zu zweit können wir's angehen, denn sicher ist sicher! Einer muß, obwohl die Nacht vergangen ist und der Keiler ja sicher längst in Walhall umherstolziert, doch vorstehen, wenn der andere das Stück angeht. Zu unübersichtlich ist das Gelände und der Schuß trotz allem nicht ganz klar. Wie konnte der Basse nach Erhalt dieses schweren Geschosses noch so lange blasen und stöhnen?

Es ist ein freudiges Begrüßen mit dem schlaftrunkenen treuen Freund, der ja berufshalber immer spät aufsteht. Edmund hat seinen Ferlacher Bergstutzen und ich die 9,3. Nachdem ich daheim kurz Bescheid gesagt habe, nehme ich die Brandlbracke, und mit dem kettenbewehrten VW sind wir im Nu im Hochwald oberhalb der Dickung.

Den Hund immer an der Leine, stehen wir auch bald danach gegen den Wind unten bei der alten Kanzel beim Schneisenanfang, und Kossa, die nur auf Schweiß geführte brave Brandlbracke, zieht und zerrt und windet nur so umher. „Also getroffen hast ihn sicher, schau nur den Hund an!" meint Edmund und wir beschließen, erst einmal den Anschuß zu untersuchen. Kaum kann ich den Hund halten, so ungestüm ist er. Überall stehen Saufährten, und schon auf gute zehn Schritt vom Anschuß sehen wir Schweiß im Schnee. Ach, du Jammer! Typisch links und rechts herausgeblasener, hellroter Lungenschweiß. Sorgfältig suche ich nach Schnitthaaren, denn der ganze Platz ist nur einige Meter breit und wird von ganz dichtem Unterwuchs begrenzt, in den nach links alle Fährten führen. Auch die breite Schweißfährte! Da finde ich im Schnee zwei kleine Röhrenknochenstücke. Verdammt und zugenäht! Es ist also doch so, wie ich es nur im entferntesten gefürchtet habe. Der Basse hat einen ganz hohen Vorderlaufschuß mit Eröffnung der Kammer. Teufel noch einmal! Vor Edmund schäme ich mich recht, denn wie konnte ich auf so kurze Distanz so schlecht schießen! Aber als wir stumm alles zu rekonstruieren versuchen, leuchtet es mir ein: Wegen des von den Sauen rund um die Schütte herumgeschobenen Schnees, bald höher, bald tiefer, bin ich zu tief abgekommen. Zudem ist da, wie ich weiß, eine kleine Erhöhung im Boden unmittelbar davor. Und außerdem zufolge meines Respekts vor starken Sauen, wegen der mächtigen Kammborsten und des eventuellen Schusses nur durch den Kamm. Dazu hat sich das Stück gerade beim Schuß auch noch bewegt. Alles zusammen keine Ruhmestat.

Leise besprechen wir die Lage. Ich will mit Kossa direkt der Fährte nachhängen, durch den Schweiß ja nicht zu verfehlen, und Edmund soll parallel mit mir etwa immer so 20 Meter daneben mitziehen. Vielleicht sogar etwas schräg vor mir. Denn sollte das Stück trotz aller Wahrscheinlichkeit doch noch irgendwo im Wundbett sitzen und hoch werden, so könnte es eventuell Edmund vor mir in irgendeiner Lücke abfangen. Ich selbst tippe auf etwa 50 Meter, die sich das Stück mit der Rotte davongemacht hat und dort verendet liegt. Aber immerhin ist Rauschzeit und ein Keiler hart. „Mensch“, meine ich nur so zu Edmund bevor wir uns trennen: „Wird doch irgendein Splitter der 9,3 ins Herz gegangen sein, und das Stück liegt irgendwo da vor uns!“

„Wer weiß?“ orakelt Edmund nur knapp. Dann trennen wir uns. Edmund geht hinunter zu und jetzt, nach einem kurzen Blick und Handbewegung zu mir, hinein in den Maiß, parallel zum Anschuß. Ich warte. Als Edmund leise pfeift, keine 20 bis 30 Schritt von mir schräg entfernt, nehme ich den Mannlicher in die eine und den unruhigen Hund am Schweißriemen in die andere Hand, und es geht hinein, der Schweißfährte nach. Durch Birken und Eichengestrüpp, Buchen und Salweidenbewuchs. Den tief ausgetretenen Wechsel kann ich im Schnee jeweils schon abwechselnd 5 bis 10 Meter weit durchs Gesträuch erkennen und pfeife leise Edmund laufend zu, der etwas näher kommt und immer antwortet. Den Hund wage ich nicht zu schnallen, die Gefahr wäre zu groß, daß ihn der Keiler schlägt. Einwandfrei kann ich erkennen, daß das Stück auf drei Läufen der Rotte, die sich bereits nach vielleicht 20 Schritt im Bestand gesammelt hat, gefolgt ist. Und ich muß auch erkennen, daß links und rechts der mächtigen Fährte, die zwischen den Stauden hin und her ziehend dahinführt, doch immer in Nordostrichtung bergan, feine Schweißspritzer bis zu drei und vier Handbreit weit den Lungenschweiß anzeigen. Teuflisch, der Schuß! Hier hat der Basse verhalten. Deutlich sieht man im Schnee, wie er auf der Stelle herumgestiegen ist. Aber ich sehe auch die Schleifspur des lahmen Vorderlaufes und verwünsche diesen Schuß. Mit Edmund kann ich mich gut verständigen, wir pfeifen einander laufend zu. So wissen wir immer, wo der andere steht, um ihn bei einem allfälligen Schuß nicht zu gefährden. Weiter geht's jetzt, sich nach Süden wendend, und die gemeinsame Fährte der Rotte verlassend.

Schon haben wir uns schwitzend und manchmal auch nach Atem ringend an die 100 Meter durch den Bestand gekämpft. Zügig ist der Keiler weitergezogen. Aber jetzt, wo er sich bereits von der Rotte getrennt hat und beginnt, hinunter zu, zum Hochwald und eigentlich in die Reviermitte zu wechseln, kann es spannend werden. Wenn jetzt ein Widergang kommt, ist er da wo in unmittelbarer Nähe.

Ich muß rasten in diesem Dschungeldickicht. Leise pfeife ich zweimal, das heißt „anhalten". Edmund kommt zu mir, und wir rasten schweißüberströmt von dem Stapfen durch den hohen Schnee und das dauernde Bücken und Kriechen. Der Hund hat zu hecheln aufgehört. Wortlos deute ich Edmund meinen Plan. Ich bleibe stehen, und er soll hinaus auf die etwa 100 Meter weit entfernte Allee, soll dort schauen, ob er auf die Fährte stößt, und wenn nicht, die Allee nach Süden zu hinabgehen und sich etwa weitere 100 Meter unterhalb, dort, wo die Dickung, auf deren höchstem Plateau wir uns jetzt befinden, in den Hochwald übergeht, so vorstellen, daß er einigermaßen Schußfeld hat. Der Keiler geht bereits im Kreis und muß alsbald liegen. Das sagt mir mein Instinkt! Immerhin habe ich hier schon so manches Stück erlegt.

Edmund stapft los. Lange warte ich und werde erst jetzt wieder des schönen Tages gewahr. Irgendwo singen und turnen einige Schwanzmeisen auf den Ästen umher. Mir fällt ein, wie ich vor Jahren einen Überläufer im Winter anschweißte und diesem fast einen Kilometer weit nachging, bis ich ihn bekam. Er hatte sich von seinen zwei Begleitern nach dem Schuß getrennt und war angeschweißt allein los. Über Berg und Tal. Und eine zweite Rotte Überläufer hatte ihn bei der Trift droben gekreuzt und war ihm nach, um ihn gleich einzuholen. Es war sehr lehrreich gewesen, dieses aufgeschlagene Buch der Wildnis im Schnee. Der angeschweißte Überläufer mußte dort am Treffpunkt in einem Lärchenmaiß gestanden sein, und alle die fremden Sauen hatten ihn unruhig umkreist und an ihm gewittert. Alles war wie im Kreis abgetrampelt gewesen. Dann hatten sie sich wieder getrennt. Er in derselben Richtung weiter und die zweite Rotte zurück in ihren Einstand. Nichts war es geworden aus deren Ausflug ins weite Revier.

Ich muß weiter der Schweißfährte nach. Die Meisen sind jetzt neben mir, und die Bracke äugt kurz nach ihnen. Da reißt es mich und den Hund herum. Dort, wo ich vermutet habe und Edmund jetzt sein muß, fällt ein

Schuß! Und dröhnend noch einer! Nichts hält mich mehr, ich hänge der Fährte ohne Vorsicht und in Eile nach, und in zehn Minuten bin ich beim Keiler und bei Edmund. Direkt am Übergang zum Hochwald am südlichen Dickungsrand stieß Edmund auf die Rotfährte und den schwer blasenden Keiler, der klappernd und fast unbeweglich im Wundbett saß. Der Länge nach liegt er hingestreckt in dem aufgewühlten Wundbett. Und rundum überall Schweiß. Der Hund umspringt den Bassen bissig, und ich nehme die Mütze ab und bedaure das Leiden, das ich dem Stück zugefügt habe, vollen Herzens. Wenn so etwas auch sehr selten vorkommt, ausgeschlossen ist es nie.

Edmund ist da ein viel größerer Realist und reißt mich aus den traurigen Gedanken, boxt mich in die Seite und zeigt mir die Waffen, die eine schmale Handbreit blitzend aus dem schaumigen Wurf ragen. Bestimmt sind sie über dem Durchschnitt.

Und der Schuß? Der linke Vorderlauf ist ganz hoch ab und hängt nur an der Schwarte, der Kasten vorne auf beiden Seiten durch. Unheimlich zäh und hart war er, der Basse, und ein besseres Ende hätte er auch verdient!

Mit Edmund habe ich dann wohl einige Tage danach den Keiler doch totgetrunken, aber es kam in mir keine richtige Stimmung auf. Die Waffen wollte Edmund schon gar nicht haben. Die gehörten ja nach Brauch und Sitte einzig und allein mir, meinte er. Ja, und dann haben wir spät noch als die einzigen Gäste in seiner Kupferkanne über Keiler, Böcke und Hirsche und auch über Patronen und Gewehre und sogar über Marchhechte und Rabnitzforellen geplaudert.

Bevor Edmund Jäger wurde, war er begeisterter Fischer. Im allgemeinen ist man bei Leuten, die so mit 30 plötzlich die Jagdprüfung machen, etwas skeptisch. Edmund war aber aus anderem Holz geschnitzt. Dort, wo die meisten zu schießen beginnen und sich in tollen Schilderungen ergehen, dort wehrte er sich. Ich mußte ihn fast mit Gewalt zu seinem ersten im Neudorfer bunten Herbstlaub erlegten Reh bringen. Ich glaube, er hat mich dann umarmt, und Senta bekam eine Sonderzuteilung von ihm. Es mag übertrieben klingen, weil doch mit solchen Worten das meiste Schindluder getrieben wird, aber mein Freund Edmund war zuerst Heger und dann Jäger.

Täglich raus, um zu sehen, was die Sauen gemacht hatten. Die Fasanschütten gehörten ihm, da scheute er keine Mühe, und die Rebhuhnketten kannte er besser als ich. Aber nicht, um sie zu bejagen! Und wenn, dann einmal, zweimal im Herbst. Nichts war schöner, als mit ihm und Scharol, nur zu dritt, in Feld und Graben. Die herbstliche Waldjagd in Girm beim Hans mit Hase, Hahn und Fuchs im farbenbunten, fallenden Herbstlaub bedeutete ein unvergeßliches Ereignis für ihn und uns.

Den ganzen Winter über fieberte er den Schnepfen entgegen. Waren sie dann da, schoß er höchstens zwei, obwohl er täglich früh und abends auf den Schnepfenstrich ging. Und auf die Frage, was denn los wäre mit Anblick und so, antwortete er nur, wieviel Schüsse er rundum gezählt und kleinlaut, daß er auch eine, drei oder gar sechs Schnepfen gesehen, manche auch gehört habe. Und auf die brennende Frage: „Na und?“, was soviel hieß wie: „Hast denn gar alles gefehlt?“, pflegte er meist still zu sagen, daß er sowieso schon einen Schnepf hätte.

Auf die Rehböcke konnte er sich nicht so leicht einschießen, die waren immer noch zu jung. Na, nächstes Jahr ist er besser! Da hat er besser auf! Damit wollte er Fremden gegenüber nicht zugeben, daß er seine wahre Freude am Anblick allein hatte.

Seine erste Sau schoß er in den Rauhnächten bei Vollmond und Schneesturm, daß einem Hören und Sehen verging. Das Tosen und Toben der gewaltigen Natur machte ihm nichts aus, weil er glaubte, eins mit ihr zu sein. Um ein Uhr nachts, während keine hundert Meter hinter ihm der Schneeorkan einige achtzigjährige Fichten im Hochwald entwurzelte. Scharol und ich hatten noch nachmittags abgefährtet und Edmund eingeschärft, daß die Sau auf alle Fälle kommen würde. Sie kam und lag im Feuer, obwohl er, wie er nachher schilderte, endlose Zeit gebraucht hatte, sie zwischen zwei Sturmböen am Blatt zu bekommen.

Am folgenden Vormittag heulte noch immer die „Metelitza“, der aus den eisigen östlichen Weiten kommende, brausende Schneesturm, der bei uns hier an der ungarischen Grenze in einigen Stunden die Verbindung zwischen den Orten total zuwehen kann. Und weil's doch damals seine erste Sau war und so etwas angenagelt gehört, luden wir sie auf, und ich fuhr mit ihm auf den Hasenberg zum Fotografieren. Wir kamen aber nur bis zur Kuppe, wo dieser mit Erika und Wacholder bewachsene Höhenrücken eben beginnt, und zum Wald zu konnte ich nicht gut fotografieren, weil von dort noch immer der Sturm daherfegte. So machten wir aus der Not eine Tugend und zeigten dem Wald den Rücken mit Blick zum nahen, nur ein paar freie Felder weit entfernten Friedhof. Und ich machte das Erinnerungsfoto mit Edmund grad dort, wo auf dem Bild hinter Edmund die schwarze Föhre im Schneesturm vage zu erkennen ist – grad bei ihr liegt er begraben.

Man müßte sehr weit gehen, um einen von seiner Art zu finden, vielleicht zu weit. Er war mein Freund, und die Trophäe des Schneekeilers ist eigentlich etwas, das mir von Edmund geblieben ist. Sie wird mich allzeit an ihn erinnern!

Von Sauen und Kalibern

Ödenburg, diese alte deutsche Siedlung, schon 859 urkundlich erwähnt, ist von Lackenbach, meiner neuen Heimat, nur durch weite Wälder und die ungarische Staatsgrenze, den „Eisernen Vorhang", getrennt. Der deutsche Name stammt von der germanischen Bezeichnung „Odins Burg". Die ungarische Bezeichnung Sopron aber leitet sich vom alten deutschen „Sauprun" her. Wildschweine kamen hier also schon immer vor. Einmal mehr und dann wieder etliche Jahre lang ein paar weniger. Es gibt aber rundum in den Orten überall alte, auf Schwarzwild bezogene Flurnamen.

Somit war es nur noch eine Frage der Zeit, bis ich mich dem Schwarzwild voll und ganz zuwenden würde. Ja, und nun, nach 25 Jahren, sind es deren hundert erlegte Schwarzröcke geworden. Zudem fand ich die Freundschaft eines der exzellentesten Schwarzwildjäger, die ich je kennengelernt habe, des weitum bekannten Ecker Poldl aus Neckenmarkt, eines Mannes von echtem Schrot und Korn, eines Jägers, der fast zum Bestandteil unserer heimischen Wälder geworden ist. Viele Tips und Erfahrungen erhielt ich von ihm.

Zur Strecke brachte ich das Schwarzwild mit den verschiedensten Kugelkalibern. Im Anfang hauptsächlich mit der 7 × 65 R, H-Mantel und Teilmantel. In der Wirkung sind diese annähernd gleich, doch ergab das H-Mantel-Geschoß leicht Geller. Mit Halmen oder Ästchen in der Ziellinie war nicht zu spaßen. Apropos Geller. Mit der .243 Winchester habe ich auch vier oder fünf Sauen erlegt. Zwei waren sogar ohne sich weiter zu rühren im Feuer geblieben. Bis ich einen Überläufer dadurch verlor, daß ich vermeinte, dieses .243er Kaliber wäre alle Welt. Kein Schweiß! Wer kennt das nicht. Doch darüber später. Einen Schwarzkittel erlegte ich sogar, freilich ohne es zu wollen, mit der teuflischen Hornet. Der Himmel möge mir vergeben. Ich führte diese Patrone neben der 7 × 65 R im Ferlacher Bergstutzen und saß in meinem ehemaligen Revier Neudorf einmal bei einem von Schwarzwild gut angenommenen Mais- oder, wie man hier sagt, Kukuruzfeld an. Und nickte übermüdet ein! Erwachte von Georgs Berührung, aber gleichzeitig auch vom Brechen der Sauen, und sah augenblicks einen Überläufer im Mondlicht keine 50 Gänge vor uns. Schlaftrunken fuhr ich zum Gewehr, hatte das Stück gleich mitten im Glas, und der Schuß brach. Aber ach, o weh, schon am schwachen, peitschenden Knall, mehr noch als am fehlenden Rückstoß, wußte ich, daß ich den falschen Abzug betätigt hatte. Und verfluchte mich und das Gewehr und die Sauen! Die aber fuhren wie die fliegende Post ab, und von meinem Überläufer war weder was zu sehen noch zu hören.

Bang und voll böser Ahnungen verließen wir beide dann, obwohl mir Georg, der die Schußzeichen genau beobachtet hatte und schwor, daß die Sau einen guten Blattschuß hätte, nach mehr als einer Stunde klammheimlich den Ansitz. Nachzusuchen wagte ich nachts bei dem Schuß nicht, um das kranke Stück ja nicht aufzumüden. Rief noch um Mitternacht meinen alten Freund und Wunderjäger Hannes an und erzählte ihm alles, ihn gleichzeitig für den Morgen um den Hund, der dafür weit besser geeignet schien als mein Spaniel, bittend.

Hannes, der schon damals vor Jahren Hunderte Stück Schalenwild erlegt hatte, lehnte es ab, zu kommen. Erst möge ich am Morgen nachsehen und ihn dann anrufen. Das Stück läge nämlich! Ja, und es lag tatsächlich, keine 35 Meter weiter mit Herzschuß! Die lange Nacht hat mir aber trotzdem nicht gut getan!

Mit der .308 Winchester Silvertip fiel fast ein Drittel der Schwarzröcke. Auf die entsprechende Entfernung begrenzt, weiter darf man eben nicht, liegt da alles hundertprozentig. Und das meiste direkt im Feuer.

Das 180-grain-Silvertip-Geschoß ist für Sauen wie prädestiniert. Es gibt da praktisch kein Nachsuchen.

Und um das Sündenregister voll zu machen: Zwei Sauen, beides Überläufer mit etwa 50 kg, erlegte ich mit der .222 Rem. Waren so hitzige Gelegenheiten vor etlichen Jahren. Beide um die Mittagszeit. Einmal im Getreide, oder besser gesagt unvermutet auf einem Feldweg zwischen den Feldern. Fluchtweg, bei Blattschuß, an die 20 Meter. Das zweite Stück im Hochwald beim mittägigen Abfährten hoch werdend und verhoffend. Entfernung 30

Schritt. Blattschuß. Fluchtweg etwa 35 Meter. Möchte ich aber nicht mehr tun. War kein einziger Tropfen Schweiß dran.

Gut die Hälfte, also 50 Sauen, schoß ich mit der meiner Auffassung nach besten Saupatrone, der guten, alten 9,3 × 62. Hauptsächlich noch mit der alten H-Mantel von RWS. Da gibt es keine Komplikationen und kein Rätseln, sofern man die richtige Entfernung einhält.

Das Stück liegt, wo es soll. (Fast) immer! Die Patrone schieße ich aus dem „Sautöter", dem kurzen und überaus handlichen 9,3 × 62 Steyr-Mannlicher-Stutzen. Das Gewehr ist wunderbar führig und auch sehr leicht. Und kaum einen Meter, das heißt genau 98 cm, lang. Natürlich gibt es bei dem Kaliber und der Ladung einen enormen Feuerzauber. Wenn da beispielsweise bei der Teilmantel ganze 18,5 Gramm davonfliegen, spielt sich schon was ab.

Was den Steyr-Mannlicher im allgemeinen betrifft, er ist wirklich gediegen und hat sich überall in der Welt bewährt. Mein Herz schlug höher, als ich ihn bei den so überaus patriotischen Engländern im Tower ausgestellt fand. Ein Gewehr, das sogar englischen Königen gut war.

Die 9,3 × 64 ist zwar verführerisch, da sie doch bessere Leistung, also Rasanz und Auftreffwucht, mitliefert. Nach vier erlegten Stücken hörte ich jedoch damit auf. Das Gewehr war zu unhandlich, mich störte der lange und schwere Lauf des Steyr-Mannlichers. Was jedoch für diese Entscheidung den Ausschlag gab, war die Tatsache, daß zwar das erste beschossene Stück, eine Bache mit rund 65 kg, im Herbstmais, hochblatt getroffen, gut einen Meter vom Anschuß zurückflog, die nächsten Stücke aber, bei nur leicht hinter dem Blatt angetragenen Schüssen, sinnlos weit gingen. Natürlich mit Bächen von Schweiß. Aber wozu? Das Geschoß der 9,3 × 64 dürfte wesentlich härter konstruiert sein, braucht also, um voll wirksam werden zu können, stärkeren Widerstand. Vergleichsweise gibt es da im Kaliber .375 Holland & Holland Magnum eine weit größere Palette von Geschossen. Für Sauen dürfte auch hier das Winchester Silvertip-Geschoß die beste Lösung sein.

Wie hart Sauen sein können, und das auch bei ganz guten Schüssen, erlebte ich einmal mit der 9,3 × 62. Gewiß ein Ausnahmefall, aber ewig in dramatischer Erinnerung.

Im hohen Schnee hatte ich einem Keiler das Geschoß leider etwas tief angetragen, d. h., er bewegte sich während des Schusses, und ich war zuwenig aufmerksam. Resultat: durch zwei Meter Schnee geschossen, dann dem Keiler beide Vorderläufe hoch aufgerissen und die Kammer leicht eröffnet. Die Lunge voller Geschoßsplitter. Links und rechts rot in den Schnee – wie der wahre Alptraum – blasend, war das Stück mit der abfahrenden Rotte mit und ihr nachgeflüchtet. Dazu kam dann der zweite Riesenfehler: In der Meinung, daß da sowieso alles gleich aus wäre, hatte ich die Bracke zu früh geschnallt! Man ist eben vor Fehlern nicht sicher. Was folgte? Eine greuliche Hatz mit schweißbedecktem Hund und wild schlagender Sau. Allerdings erwies sich dann, Gott sei Dank, der Schweiß als vom Keiler stammend. Nach gut 200 Metern im fast hüfthohen Schnee fand im dschungelartigen Unterwuchs das Drama sein Ende. Auch das gibt es.

Mit Gewehren und Kalibern ist das so eine Sache. Man ist mit dem eigenen Feuerrohr glücklich und zufrieden. Da kommt dann irgend so ein Freund und schildert von seinem neuen Langrohrgeschütz. Innerlich lehnt man ab. Wochen vergehen, neuerlich hört man davon und erinnert sich vor dem Einschlafen all der pardonierten Sauen. Weil zuweit! Und der Freund kommt wieder, und dann irgendwann einmal bestellt oder kauft man so ein Ding. Eines, das weiter langt! Das krasseste Beispiel darin war die .300 Weatherby Magnum. Schade um jeden Schuß. Mündungsfeuer blauweiß wie beim hochkarätigen Diamanten, nur Tausende Male stärker blitzend. Und der Ton fast beklemmend! Und die Stücke, wenn kein Knochentreffer erfolgte, trotz der 200 oder 220 grain ins schier Endlose gehend. Jedenfalls mindestens immer gute 100 Meter. War gleich wieder Schluß damit.

Man muß aber das Ganze so sehen, daß ich, natürlich auch von bösen Geistern beeinflußt, eine Patrone suchte, die – alter Traum eines jeden Jägers – fast für alles Wild brauchbar war. Bei der .300 Weatherby Magnum steht ja auch stolz auf der gelben Patronenpackung über dem großen Tigerkopf: „The most versatile cartridge in existence.“ Also auf gut deutsch: „Die universellste Patrone der Welt!“

Sicher ist es nicht sinnvoll, mit solchen grandiosen Ladungen auf Wild unter 100 kg zu schießen, aber doch verlocken einen die enorm gestreckte Flugbahn und der vermeintliche Schock. Hier lag der Fehler einwandfrei am Geschoß.

Bald danach erlegte ich am Stand, dem verträumt daliegenden Revierteil im Gemeindewald, beim Mond mit der .300 Weatherby Magnum einen Überläufer. Blattschuß. Ohne zu zucken, lag das etwa 40 kg schwere Stück im Feuer.

Ein Hirschtier im frühen Herbst lag mit Blattschuß abermals im Feuer, während ein Kalb, schwach und sichtlich kümmernd, mit der gleichen Patrone fast noch 100 m – Schuß schräg hinter dem Blatt – ging. Also für schwaches Wild keine gleichmäßige Schußwirkung. Ich gab die Weatherby, obwohl ich so stolz darauf war, weg, kehrte für den Herbst und Winter wieder zur .300 Winchester Magnum und dem Silvertip-Geschoß zurück.

Da brauchte ich nicht zu experimentieren, denn mit dem 180 und 220 grain Silvertip-Geschoß hatten Georg und ich Jahre hindurch schon etliche Stücke erlegt. Georg verschießt übrigens überhaupt nur das 180 grain Silvertip im .308 Winchester. Er läßt sich durch nichts davon abbringen.

Mit den Geschossen ist das so eine Sache. Ist die Ladung stark, muß auch der Geschoßmantel entsprechend stark sein. Ich denke da an 9,3 × 64 oder .300 Weatherby Magnum. Denn zerlegt sich das Geschoß erst relativ spät, fliegt die ganze Kraft, klipp und klar gesagt, auf der anderen Seite des Stükkes wieder hinaus. Wenn man da keinen guten Knochentreffer erzielt, kann es ungut ausgehen. Beispielsweise liefert das kleine Kal. .222 Rem. ausgezeichnete Resulate auf Rehwild bis maximal 100 m. Darum, weil sich das nur 3,24 Gramm schwere Geschoß voll entfalten kann. Der Martel, seines Zeichens altgedienter Förster, hat sie einmal, als er sie noch in der Anfangszeit sah und die .222 Rem. noch nicht bekannt war, als „Rauberpatrone" bezeichnet. Natürlich im Scherz, aber es gibt keinen Rauch ohne Feuer.

Viele, die diese ausgezeichnete Schonzeit- und ganz gute Rehpatrone führen, ließen oder lassen sich von der guten Wirkung verleiten. Wenn da ein Anfänger dahintersitzt, kann er allerhand Unheil anrichten. Denn bei Weichschüssen liefert diese Patrone praktisch keinen Schweiß, und das Stück geht davon. Wehe dem Ärmsten, wenn er, gewiß nicht mit Absicht, aber doch, solch ein Stück aufmüdet und keinen Hund führt! Traurige Dinge geschehen genug mit solchen Patronen. Eine Geschichte, die sich hier vor einiger Zeit zugetragen hat, möge bezeichnend sein für diese schwachen „bösartigen" Kaliber.

Ein leidenschaftlicher Weidmann, 30 Jahre alt, war Berufsjäger in einem mit kleinen Waldstücken durchsetzten und vom Frauenbrunnwald mit seinem Sauvorkommen begrenzten großen Feldrevier an der ungarischen Grenze. In diesem etwa 3000 Hektar großen Revier gab es das ganze Jahr über Hegeabschüsse in Fülle. Raubwild und Raubzeug, schon durch die das Revier halb umfassende ungarische Grenze bedingt. Dazu Geißen und Kitze und hie und da einen Bock. Warum soll sich ein Berufsjäger in der Ebene mit einer schweren und unhandlichen Waffe das ganze Jahr abplagen, wenn es was Feineres und Leichteres gibt. Noch dazu belästigt der Knall einer schwächeren Patrone das rundumstehende Wild nicht sosehr. Und so kam dieser Jäger auf die „jüngere Schwester" der .222 Rem., die 5,6 × 50 R in einem Schonzeitgewehr. Die Wirkung dieser kleinen Biester ist auf Raubwild und Rehe derart gut, daß man bald zu allerhand verleitet wird.

Der Sommer kam, und die Sauen gingen ins milchige Getreide. Als unser Mann im plätschernden Nieselregen an der Westflanke eines mitten in den Feldern stehenden Wäldchens auf einen Kümmerer ansaß, kam zwar im Weizen kein Reh in Anblick, dafür aber sah er, wenn auch nur ganz kurz, die Teller einer Sau. Und das genau vor ihm, auf keine 80 Schritt. Er spekulierte hin und her, das vermutlich starke Stück hob periodisch die Teller. Der Jäger, übrigens ein ausgezeichneter Schütze, zauderte nicht, visierte die Stelle, wo die schwarzgrauen Teller immer wieder sichtbar wurden, genau an, und als die Sau wieder im Fraß verhoffte und das Haupt etwas höher hatte – man konnte nur die Teller richtig ausnehmen –, schoß er im blinden Vertrauen auf seine erprobte 5,6 × 50 R genau hinter den linken Teller. Knall und Blitz. Ein Schlegeln auf der Stelle. Das Getreide bewegte sich hin und her. Aus. Stille. Am Anschuß lag einer der trophäenmäßig besten Keiler der letzten Jahre.

Der Schuß genau hinter den Teller hatte ihn schlagartig verenden lassen. Erschüttert und erstaunt stand der Schütze dann vor dem Bassen. Wie sah der nur aus? Beinahe 1,50 m lang, ein uriges Stück, aber abgekommen bis fast auf die Knochen. Wie es später durchsickerte, hatte schon vor Monaten im Nachbarrevier einer der dortigen „Jäger" mit einem Idealgeschoß aus dem Schrotgewehr, abends beim Heimweg vom Wald mit dem Keiler konfrontiert, sofort geschossen und ihm den Vorderlauf hoch zerschmettert. Vom zweiten Schuß schweigt die Sage. Jedenfalls war das Stück krank abgegangen. Die 5,6 × 50 R war diesmal eine Erlösung für das Stück, aber keine Entschuldigung.

Nach der Erlegung gab es ein großes Hallo über den riesigen Haut- und Knochenkeiler, der nur knapp unter 100 Kilo auf die Waage brachte. Mindestens die Hälfte mehr wäre normal gewesen.

Nach allerhand Feiern kam der stolze Erleger zu mir, um die Waffen vermessen zu lassen. Immerhin gute 20,5 cm lang und unheimlich breit und stark. Ich sagte, obwohl ich mit Herzklopfen an diese Patrone dachte, dem Erleger ein herzliches Weidmannsheil und sparte auch nicht mit meinen Bedenken.

Die Zeit verging, und nach ein paar Wochen – welch Duplizität des Falles – saß in derselben Gegend wieder ein junger Jäger tagsüber an, und ein besonders starkes Stück Schwarzwild kam ihm auf ähnliche Weise in Schußnähe. Auch diesmal war es die Patrone 5,6 × 50 R, die unüberlegt abgefeuert wurde. Dermal tief Vorderblatt, also Laufschuß hoch, und der Keiler polterte weg. Nicht mit Hunden und nicht mit Geduld zu finden!

Nach etwa drei Wochen wurde er, oberhalb meines Reviers, im Wald vom dortigen Jäger überraschend erlegt. Abgekommen wie ein Geist und mit zerschmettertem oberem Laufgelenk. Die Entfernung vom ersten Anschuß bis hierher beträgt an die 15 km.

Vielleicht ist es nun etwas verständlicher, warum ich auf größere Kaliber eingeschossen bin.

Da ist die .300 Winchester Magnum, 220 grain Silvertip, weit, weit besser. Ergebnisse wie bei der 9,3 × 62, aber sie langt wirklich weiter. Entschieden weiter, und das bei sicherem Erfolg. Schock und auch genügend Schweiß, wenn es nottut. Das Silvertip-Geschoß halte ich übrigens echt für das beste Schalenwildgeschoß. Es zerstört zwar verhältnismäßig viel, aber es tötet sicher und schnell und gibt auch Schweiß. Selbstverständlich existieren viele gute Geschosse, wie zum Beispiel das Hirtenberger ABC-Geschoß oder das Nosler-Geschoß. Derzeit gibt es solch eine Fülle von Geschoßkonstruktionen, daß gewiß, um Kaiser Wilhelm zu zitieren, „jeder nach seiner Fasson selig werden kann“. Jagd dient der Erbeutung von Wild. Dies ist schon seit Hunderttausenden von Jahren so. Nur die Mittel, die zum Erfolg führen, haben sich geändert, verfeinert.

Aber was sollen all die Kaliberdebatten, man muß als echter Jäger genau wissen und es im Gefühl haben, ab wann ein Patrone für Schwarzwild verwendbar ist. Grundsätzlich halte ich Kaliber unter 7 mm für unbrauchbar.

Die Pulverladung bleibt dabei ohne Bedeutung. Ideal ist natürlich das Kaliber 9,3 mm (entsprechend .375 Holland & Holland).

Was die Entfernung betrifft, ist sie bei Sauen gleichgültig! Halt, keine falschen Trugschlüsse! Gleichgültig insofern, als es bei Sauen nur Maximalentfernungen von 100 Metern geben sollte. Jeder fremde Jäger möge sich dies einprägen. Je kürzer die Distanz, um so besser! Weit entfernte Sauen bringen ungenaue Schüsse, ein schlechtes Finden des Anschusses, und da sich beim Schwarzwild allzu leicht die Schwarte verschiebt und die breite Fettzone darunter, das Weiß, den Schußkanal verlegt, gibt es nicht immer Schweiß. Sauschwarten reißen ja nicht wie eine Rehdecke auf. Noch dazu zeichnen Sauen nicht immer gleich, unter Umständen gar nicht. Da kann beim Nachgehen oft schon das Abzweigen eines Stückes von der Rotte genügen. Es ist das beschossene und liegt dann meist bald.

Nun kommt ein recht dunkles Kapitel. Die Fehlerquote! Um es kurz zu machen: Von 100 Stück Schwarzwild habe ich deren vier verloren. Was auf gut deutsch heißt, daß vier Stück verluderten. Das bedrückt mich heute noch, obwohl es schon Jahre zurückliegt. Aber aus Fehlern soll man lernen.

Die erste Sau, noch dazu einen guten Keiler, beschoß ich um Mitternacht beim untergehenden Mond.

Ich war schon auf dem Heimweg und traf mit einer Rotte zusammen. Patrone: 7 × 65 R Teilmantel aus meiner Ferlacher Bockbüchsflinte.

Die Rotte, die eben meinen Weg – oder ich ihren – durch die Felder kreuzen wollte, ging ab, um nach etwa 100 Metern zu verhoffen. Ich liege flach, und endlich trennt sich ein großer Kasten von den anderen unruhigen Stükken. Schuß, aber vermeintlich zu weit hinten, also Leber und Gescheide. Teufel! Alles fährt polternd ab!

Im Morgengrauen am Anschuß wohl etwas Schweiß, aber nach etwa 20 Metern kein Tropfen mehr. Fluchtrichtung nach Nordwesten zum an die 250 Meter entfernten, vorspringenden Waldeck. Und dort kommen mir, eben war es hell geworden, deren sechs selbstbewußte und pilzhungrige Naturfreunde entgegen. Sie waren schon nachts aufgebrochen, um ja bei Tau und Tag an Ort und Stelle zu sein. Die hatten schon alles kreuz und quer zertrampelt.

Mein damals zwölf Monate alter Schweißhund versagte. Und ich natürlich auch. Ich vermeinte nämlich, nach einer guten Stunde planlosen Suchens immer in gedachter Fluchtrichtung, daß es eben nur ein böser Kratzer wäre. Na ja, wird schon gutgehen. Im übrigen hatte ich zu dieser Zeit erst kaum ein halbes Dutzend Sauen erlegt.

Am späten Nachmittag desselben Tages trieb es mich aber doch hinaus zum Ort der Tat. Wieder nichts, obwohl ich den ganzen Hochwald kreuz und quer absuchte. Und am nächsten Tag fand ich, da ich ja doch keine Ruhe gab, den Keiler. Bereits unbrauchbar! Er war wohl mit der Rotte genau in das vorspringende Waldeck eingewechselt, hatte sich dann aber von ihr getrennt, und zwar bog er etwa 30, 40 Schritt im Waldinnern um ungefähr 180 Grad ab – ein tödliches Zeichen, hätte ich es nur gleich gefunden! –, war dann wieder zum Waldrand zurück und hatte sich dort in ein äußerst dichtes Dornengestrüpp eingeschoben, wo er verendete. Schade!

Nummer zwei verlor ich mit der .243 Winchester. Kein Schweiß! Nicht ein Tropfen! Der Überläufer war, obwohl ich vermeinte, ein Schußzeichen zu bemerken, nicht zu fährten. Wir hatten damals einen herrlichen, schönen Herbst, trocken und mild. Indianersommer! Die Sau lag nach etwa 350 Metern in einer Hochwaldinsel eines fast undurchdringlichen Dickichts. Das Geschoß hatte Knochen nicht gefaßt, also reiner Durchschuß.

Nummer drei, trotz 9,3 × 62, im guten, alten Revier bei der Ruine Landsee. Weichschuß. Gott sei meiner Seele gnädig! Und schlampig nachgesucht. Grundsätzlich kein Schweiß. Vermutlich auch kein Ausschuß. Nach drei Tagen gefunden. Guter Keiler. Ist eben passiert. Habe oft an den etwas zu schnellen Schuß gedacht und immer versucht, es besser zu machen.

Nummer vier, erst vor einigen Jahren, war ein Überläufer aus einer mittleren Rotte. Längst hatte ich es mir, wenn es auch nicht leicht fiel, abgewöhnt, auf ein begehrenswertes Stück zu schießen, sondern hielt die eiserne Regel ein, nur einem abseits, also frei stehenden Stück, die Kugel anzutragen. Blitz und Donnerschlag! Die 9,3 aus dem kurzen Lauf gab ein derartiges Mündungsfeuer, daß ich augenblicks nichts sah. Zudem war es eben, die Wolken flogen nur so am mitternächtlichen Himmel, ganz düster geworden, da sich eine große, tiefe Wolkenbank vorgeschoben hatte und den damals dreiviertelvollen Mond verdeckte. Entfernung zur Rotte und somit zum beschossenen Stück etwa 50 Meter. Es mußten noch andere Sauen hinter dem das Feld auf 85 Meter begrenzenden Waldrand gewesen sein, denn nach dem Schuß ging es richtig drunter und drüber. Als endlich Ruhe eingekehrt war und ich den Anschuß untersuchte, fand ich rein gar nichts. Am nächsten Morgen zog der Hund immer zurück zum Hochsitz. Ich aber meinte, daß dies meine Spur wäre, da ich ja nachts am freien Anschuß umhergestiefelt war. Der Hund hat aber immer recht!

Resultat: Der Überläufer war nach dem Schuß Richtung auf mich zu geflüchtet und lag im hohen Klee! Eine Schande, aber wahr! Jedenfalls fand ich ihn erst am nächsten Tag, und da war er bereits anbrüchig. Mit Sauen und Saujägern habe ich allerhand erlebt und die verschiedensten Typen und Charaktere kennengelernt. Wer möchte nicht schon gerne eine Sau erlegt haben! Und wenn schon, dann soll es auch noch schnell gehen. Ich will nur ein paar aufzählen, die zur weidgerechten Spezies gehören, aber denkwürdig geblieben sind.

Einmal hatte ich vor Jahren zwei Steirer, einen Berufsjäger und seinen ebenfalls passionierten Freund, zu Gast. Ehrliche, einfache Menschen. Aber aus dem Gebirge. Ehrensache, daß ich schon gut einen Monat vorher in banger Erwartung alles blockiert und jeden Schuß eingestellt hatte. Gefüttert habe ich auf Teufel komm raus, auf allen möglichen und unmöglichen Stellen. Eine sichere Sau mußte her. Und es mußte ehrlich zugehen. Nicht so wie in der bekannten Geschichte vom vornehmen Baron, der auf den Hahn kommt und der Berufsjäger schon vorsorglich vorher einen Hahn schießt und ihn seinem Holzhauer mitsamt dem Rucksack gibt, er möge aufbaumen und dann den Hahn beim Schuß aus dem Gipfel werfen. Der Baron kommt und ist ganz Feuer und Flamme. Am Morgen blitzt der Schuß, und der Simmerl haut den Rucksack mit Hahn aus dem Gipfel! Nein, es mußte hier diesmal richtig zugehen. Und wirklich sicher mußte die Sau sein.

Am ersten Abend hatten beide, die sich nicht trennen wollten, einen Anblick von acht Sauen. Entfernung etwa 50 Meter. Rätselten aber trotz gutem, nur leicht verhängtem Mond über eine Viertelstunde, ob das wohl Schwarzwild wäre, da die schwarzen Gesellen ab und zu im Getreide untertauchten und beide frommen Steirer noch nie so etwas nachts angesprochen hatten. Und dann waren die Sauen natürlich weg. Just als sie als solche erkannt worden waren. Am nächsten Tag saßen die Gäste getrennt an. Jeder hatte Anblick von einzelnen Stücken und wagte im finsteren Wald, wie ihm schien, und zudem als Gast, nicht den für ihn ungewohnten Schuß.

Ich wollte nicht mit, obwohl sie dazu drängten. Ich selbst bin im Wald am liebsten allein und habe schon gar keine Freude, wenn einer neben mir wie bei einer Exekution „Feuer“ kommandiert. Also beschlossen die beiden, gewiß erfahrene Hochgebirgsjäger, wieder gemeinsam anzusitzen. Mitten im Hochwald, bei der bewährten Sausuhle. Das Los sollte den Schützen bestimmen, und der Begleiter alles beobachten. Ergebnis: Nach dem geglückten Schuß im rauschenden, zappendusteren Wald schlichen sie heim in die Hütte. Hocherfreut kamen die beiden frühmorgens zu mir. Wir rasselten los über Stock und Stein. Die Zeit drängt. Es ist ja Sommer. Der Schuß sitzt hochblatt! Im vor der Suhle befindlichen Eichenstock! War aber auch schön, so vorsichtige Leute zu Gast zu haben.

Einmal brachte mir Freund Tschetri einen seiner Verwandten. Ein hohes Tier. Fabrik und so. Zudem eine über dem ganzen Geschehen im Himmel hängende Erbschaft schwindelnder Höhe.

Also da kenne ich nichts. Zumal Tschetri ein echter guter Freund war. Der hohe Verwandte, der ganz gewöhnlich aussah, schoß das Kal. .308 Winchester. Und erlegte vor mir einen Fuchs in voller Flucht auf gute 80 Schritt, wobei er nicht ganz eine Sekunde zielte. Mir fiel alles ab, als sich herausstellte, daß das gar keine Eintagsfliege war. Er schoß wie der Teufel! Eine Kreuzung zwischen Bufallo Bill und Wilhelm Tell!

Sauen hat er wenige erlegt. Einmal eine in der Suhle, dann einen Überläufer in einem Getreidefeld. Durch die Halme wurde das Geschoß so abgelenkt, daß es die Drossel traf. Die Sau flüchtete daraufhin unter den vom Schützen am Waldrand bezogenen Hochsitz und schob sich dort in den niederen Föhren ein. Furchtbar und wie nach Rache blasend. Eine wahrhaft nicht alltägliche, dazu noch recht verfängliche Situation. Als das Blasen schon längst verstummt war, wagte es der Schütze dennoch nicht, seinen sicheren Sitz in luftiger Höhe zu verlassen. Erst Stunden danach baumte er ab und stand alsbald vor dem längst verendeten Schwarzkittel.

Wie das so ist, hatte mir die Jägerei auch hier im Ort drei miteinander verwandte Jungjäger beschert. Alle drei eifrig und tapfer. Einmal im Winter, die drei hatten mir brav beim Füttern geholfen, stieß ich auf einem alten Sauwechsel auf eine überaus gute Schwarzwildfährte. Wollte mich dort auch abends ansetzen, schon aus dem Gefühl heraus, daß der Keiler ganz bestimmt auf den Meter genau wiederkommen würde. Wie das schon so geht, gerade an diesem Abend war ich beruflich verhindert. Um die grobe Sau tat mir leid, da ich glaubte, daß sie unstet wäre und nach zwei, drei Tagen abwandern würde. Fuhr also rasch zu dem einen der drei hin und wies ihn ein. Er sollte sich dort ganz nahe ansetzen. Der Brave war auch im Dämmern an Ort und Stelle. Und spekulierte eifrig mit dem umgehängten Glas, woher das Stück kommen sollte. Bis ihm jäh einfiel, daß er daheim das Gewehr vergessen hatte. Also runter und nichts wie in den heimatlichen Bau. Raus mit dem Puffer! Und wieder zurück die etwa zwei Kilometer in den Wald. Alles geht gut. Als der so Säumige es sich endlich bequem machen kann, krabbelt vor ihm auf der Lichtung etwas. Ist wohl nur ein „kleines Schwein". Aber trotzdem! Es ist ja immerhin der erste Schwarzkittel! Donnernd bricht der Schuß aus dem umgehauten 98er mit der guten 8 × 57 IS. Liegt im Feuer, das „kleine Schwein" – und hat sehr gute Waffen und wiegt 144 kg aufgebrochen!

Einmal schoß eine hübsche Dame aus dem goldenen Westen, auf meinem Schoß sitzend, zwei Frischlinge mit meiner feuerstrahligen 9,3 × 62. Nicht alltäglich! Ich meine die Art und so. War aber ganz keusch und sittsam. Eben wohlerzogen. Ich auch, was denn sonst! War nur so gesessen, weil ihr sonst die Auflage zu weit entfernt gewesen wäre. Ich mußte die Hübsche von wegen Rückstoß gut halten. Ging alles glatt und als ob es das Selbstverständlichste der Welt gewesen wäre. Ich bedankte mich dann noch beim Rotwein in der Hütte bei ihr und ihren zwei Begleitern, die derweilen woanders angesessen waren, für das so schöne Erlebnis.

Aber zurück zu den Sauen. Beim Schwarzwild haben wir es mit einer unserer – wenn man so sagen will – intelligentesten Wildart zu tun. Lediglich der Fuchs mag noch schlauer sein. Ein alter, erfahrener Keiler schlägt da alles. Der Ausdruck vom „dummen Schwein" ist absurd. Das gibt es nicht, da sind Hochwild und vor allem Rehe viel, viel „dümmer". Nur verhält sich das Schwarzwild manchmal schier gegen jedes Gesetz der Verhaltensforschung und Vernunft. Instinkt ist ihm alles! Aus unerfindlichen Gründen meidet es manchmal gewisse Orte, wenn sie auch noch so verlockend sind, und steht mitten im freien Feld ohne Deckung. Ja, jeder muß einmal aus seinem Schema ausbrechen.

Die erregendsten Erlebnisse, die ich in all den Jahren bei der Schwarzwildjagd hatte, sind nicht einfach zu schildern. Nicht nur, daß meine Liebe und Passion für das Schwarzwild und die Schwarzwildjagd immer wieder die Begegnungen mit diesem als beglückend und spannend erscheinen ließen, es gibt echt prickelnde Erinnerungen.

Daß Schwarzwild mitunter ganz konträr reagiert und überhaupt keine Angst vor dem Menschen zeigt, sondern im Gegenteil, richtig angriffslustig werden kann, kommt zwar sehr selten vor, aber doch immer wieder. Zweimal hatte ich solche Begegnungen. Einmal erlegte ich etwa um Mitternacht, schon bei untergehendem Mond, vom „Einser" genannten Ansitz im lückigen Hochwald aus einen Überläuferkeiler, der sich mitten in einer stärkeren Rotte befunden hatte. Der Überläufer lag wohl ein paar Gänge neben dem Anschuß, also fast im Feuer, doch kam mir das kalte Grausen, als sofort nach dem Schuß das stärkste Stück der Rotte in voller Fahrt auf mich losbrauste. Und das, obwohl die restliche Rotte auf den Schuß hin förmlich wie die Wilde Jagd abgegangen war. Eine gute halbe Stunde lang rumorte das Stück rund um mich, der ich nur knappe zweieinhalb Meter über dem Boden saß. Nur ganz langsam verließ es mich dann, der ich mit gesträubtem Haaren dasaß. Geführt hat die Bache bestimmt nicht, da wir Spätherbst schrieben und die schwächsten Stücke der Rotte Überläufer waren.

Ein zweites Mal ereignete sich ähnliches. Vom Rand einer Dickung aus beschoß ich nachts, ebenfalls bei etwa halbem Mond, einen Überläufer, der im Feuer lag. Eine alte Bache, die ich vorher gut angesprochen hatte und die mit Sicherheit nicht führte, fuhr noch förmlich im Blitz des Mündungsfeuers auf mich zu. Entfernung an die 50 Schritt, und ich etwa drei Meter hoch in einer breiten Astgabel einer stärkeren Randbuche. Nur einige Schritt von mir entfernt, doch immer im Dickicht bleibend, umkreiste sie mich drohend murrend gut eine Viertelstunde. Nur ganz langsam verließ sie mich, immer noch böse murrend.

Vor Jahren hatten Georg, einige Gehilfen und ich mitten in einem großen Dickicht, entlang einer verwachsenen Allee liegend, eine etwa zwei mal zwei Meter große und mannstiefe Grube ausgegraben, um sie im kommenden Herbst mit Mais, Kartoffeln und Rüben für die Sauen anzufüllen, damit diese dort, fern jeder Gefahr, immer gedeckten Tisch vorfänden. Es kam aber nicht soweit. Den Fährten nach zu schließen, steckten etwa einen

Monat später mehrere Sauen in dieser großen Dickung. Mit einem Rucksack voll Salz war ich den ganzen Nachmittag unterwegs gewesen, um die rundum verteilten Lecken aufzufüllen. Gegen den Wind kommend, langte ich in der letzten Dämmerung bei der Grube an und wollte dort noch Salz deponieren. Angenehm müde setzte ich mich unten an den stufenförmigen Rand und sann so vor mich hin. Mit einem Male war es dunkel geworden, ein leises Rascheln durch den leichten Wind übertönte alles, als lautlos, mir schien das Herz stillzustehen, auf die drei, vier Schritt vor mir, der ich in den niederen Unterwuchs entlang gegen den Horizont blickte, ein riesiger schwarzer Körper stand und den Himmel verdeckte. Und das ohne jedes fremde Geräusch. In der nächsten Sekunde hatte ich die Hand ausgestreckt, ohne an irgend etwas zu denken, einfach ganz instinktiv nach dem kurzen Steyr-Mannlicher-Stutzen mit der 9,3 × 62 greifend. Aber was sollen hier dramatische Schilderungen! Der Stutzen lehnte noch einen guten Meter weiter, am nächsten Eichenstock, und war für mich in dieser Situation unerreichbar. Gleich darauf, vielleicht nach zwei oder drei Sekunden, zog der riesige schwarze Körper nach rechts in die Sträucher hinein und war verschwunden. Nur ein Knacken nach schätzungsweise zehn Schritt Entfernung übertönte noch meinen lauten Pulsschlag. Natürlich hatte ich jetzt schon längst mein Gewehr im Arm, doch der mächtige Keiler – denn nur so einer konnte es gewesen sein – blieb verschwunden. Ich glaube, daß ich hernach eine gute halbe Stunde regungslos auf der aufgeworfenen Erdböschung der Futtergrube lag. Selbstverständlich, ohne daß sich weder der Basse noch sonst ein Schwarzkittel blicken ließ.

Ich denke noch oft an diesen Augenblick der Wehrlosigkeit, wo ich ganz fest meinte, dem Schicksal ausgeliefert zu sein. Zurück birschte ich auf demselben Weg, auf dem ich gekommen war, nur ja nicht in die Richtung, in welcher der Keiler zu stecken schien.

Am nächsten Tag, schon am Morgen, war ich dort und suchte nach einem Trittsiegel. Tatsächlich handelte es sich um eine außergewöhnlich starke Keilerfährte, die, etwa vier Meter von meinem gestrigen Platz entfernt, frisch im weichen Boden stand. Eines aber war mir klar, und den ganzen Tag über ließ mich der Gedanke nicht los: Es hatte solche Dunkelheit geherrscht, daß ich einen gezielten Schuß ja gar nicht anbringen hätte können.

Die paar Sterne, die da zwischen den Wolken durchgeblitzt hatten, zählten in der großen Dickung so gut wie gar nichts.

Ein andermal. Im späten Frühjahr ging ich, nicht wie sonst immer am Vormittag, sondern diesmal am späten Nachmittag meine Schwarzwildfütterungen ab. Daß sich zwei oder drei Bachen mit ihren Frischlingen im Revier aufhielten, wußte ich. Nur hatte sich bis jetzt noch keine davon gezeigt. Allein die Fährten, sowohl der Frischlinge als auch der Bachen, markierten auf den verschiedenen Grenzwegen ihr Vorhandensein. Eine der Fütterungen, ein hölzerner Futterautomat mit einem Fassungsvermögen von gut drei Sack Mais, stand mitten im Bestand am Übergang zu einer etwa 20jährigen Dickung. Auch dort ließ sich in kleinen Stücken noch eine alte, verwachsene Allee feststellen. Ich achtete nicht sosehr auf die unmittelbare Nähe der Fütterung, da ich schon in Eile war, aber gerade diese Fütterung bereits einige Tage nicht kontrolliert hatte. Etwa dreißig Schritt durch den Hochwald schreitend, vernahm ich plötzlich eine Art scharrendes und blasendes Geräusch. Gleich darauf quiekte ein Frischling. Jäh wurde mir gewahr, daß ich mich so nahe an der Fütterung befand. An eine mächtige Föhre gelehnt, erstarrte ich und beugte mich dann, da ich nichts ausmachen konnte, etwas zur Seite. So erhielt ich auf die nahe Fütterung, die ja gut gedeckt stand, Ausblick. Wie soll ich mein Erstaunen beschreiben, als ich zwei alte Bachen mit zusammen etwa zwölf Frischlingen direkt bei der Fütterung sah. Eine Bache fraß aus dem unteren Fütterungsschlitz und stieß mit ihrem Wurf auch links und rechts den Mais heraus, während die Frischlinge um sie herum gierig danach drängten. Die zweite Bache aber stand ganz genau entgegengesetzt und starrte in die andere Richtung in den Hochwald. Sie schien wie aus Erz gegossen. Nur ihr Bürzel bewegte sich wild hin und her. Nach einigen Minuten nahmen die beiden einen „Stellungswechsel" vor. Während jetzt die andere Bache mit dem Wurf gierig beim Mais herumwerkte, stand die erste wieder vollkommen abgewendet auf demselben Platz, auf dem zuerst ihre Kameradin gestanden war. Auch jetzt konnte man außer dem wilden und nervösen Bürzelschwenken keine Bewegung bemerken. Dieses Schauspiel wechselte fortan etwa alle zwei oder drei Minuten. Mein Glück war nur, daß ich schräg unterhalb stand und guten Wind hatte. Ich dankte dem Schicksal, daß ich als Jäger so etwas Herrliches und Erregendes miterleben durfte. Und die Frischlinge, die sich auf dem trockenen Boden gierig um den Fraß balgten, wirbelten wahre Staubfontänen auf. Über dem ganzen Geschehen lag eine ungeheure Spannung. Erst nach einer guten Viertelstunde konnte ich mich davonstehlen.

Wie oft hatte ich vordem die Kamera mit dem Teleobjektiv mit mir herumgeschleppt und hundertmal mehr in Anblick bekommen, als ich wegen der mangelnden Lichtverhältnisse fotografieren konnte. Diesmal wäre es Tag gewesen – und ich hatte sie ganz einfach zu Hause gelassen!

Wintererinnerungen

Vom Morgen an hatte es geschneit. Anfangs zart und weich und flaumig. Aus einem gleichmäßig verhangenen Himmel, der keine Sonne zeigte. Dann war eine Pause von einigen Stunden eingetreten. Und ein seltsamer windstiller Mittag hing wie ein unbestimmtes Ahnen über dem Land, um zwischendurch wie ein verhaltener, aber plötzlich hervorbrechender Husten mit heftigen Stößen böig aufzufrischen, die jetzt neuerlich dichten Schneeflocken in Wirbeln vor sich hertreiben. Und als ich abends das Fenster weit öffnete, stob es wirbelnd herein. Wie ein jäher, innigheißer Gruß aus dem nahen Wald kam mir der weiße Zauber vor. Und schier glücklich beugte ich mich hinaus nach den großen, weichen Flocken. Sie schienen im ersten Augenblick der Berührung im Gesicht zu brennen, doch nur einen Herzschlag lang, dann folgte die jähe Kühle und prickelte durch den Körper, und tief atmend sog ich die kühle Frische in mich ein. Der weiße Freund, der durch viele Monate ersehnte Winter, war jetzt richtig da. Er, der weiße Leithund, auf den jeder Jäger mit soviel Herzklopfen wartete. Es schien etwas in der knisternden Luft zu liegen, etwas, das man nicht fassen und auch gar nicht recht ahnen konnte. Aber es war da. Es beschleunigte Puls und Gedanken und brachte ein seltsames Sehnen zustande. Ein Sehnen, das durch den ganzen Körper lief und sich nicht recht beschreiben läßt. Nach großen, verhangenen Wäldern, nach glasklarer Winterluft und nach heiserem Gänseruf und endloser Weite. Nach vielen frischen Fährten in Wald und Feld und nach läutendem Hund und frohem Jagen.

Ich hatte noch allerhand zu schreiben, und als ich dann spät nachts, während draußen schon ein dumpfes Brausen über allem stand, den langen Tag beschloß, fühlte ich mich nach dem letzten Blick nach draußen echt glücklich über dieses weiße, tiefatmende Sausen und Brausen des nächtlichen Schneesturms. Der würde sich bis zum Morgen bestimmt legen, alles würde verweht sein. Aber – und das war das Schönste daran – ich hatte zwei freie Tage vor mir. Herz, was willst du noch mehr!

Ganz so sah der nächste Morgen nicht aus, aber fast. Ein leichter Wind wehte noch, doch das Schneien hatte aufgehört. Gut wadenhoch lag der Schnee im allgemeinen, das heißt, daß er dort fast einen Meter erreichte, wo ihn eben der Wind in der Nacht zusammengetragen und festgepreßt hatte.

Nach dem Frühstückstee ratterte draußen der Schneepflug vorbei, und gleich darauf kam Georg, auf den ich schon gewartet hatte. Ich stand ja längst in der festen Winterbekleidung bereit. Warme Unterwäsche, Keilhose, die Bergschuhe und dazu den gefütterten, halblangen Lodenrock und die Bergmütze. Die Bracke sprang dauernd an mir hoch und konnte es nicht erwarten. Den Wagen freigeschaufelt, und ab ging's. Georg neben mir. Georg, der Freund und Jagdkamerad durch viele Jahre. Was hatten wir beide nicht schon erlebt! Einmal wurde er mir sogar zum Lebensretter. Unbesonnen trat ich damals an einen schwer angeschossenen und wie reglos daliegenden Einstangenhirsch mit säbelförmiger und fast dreiviertel Meter langer Stange heran. Wohl hatte ich das schußbereite Gewehr in Händen, doch die in einer Hundertstelsekunde erfolgende Reaktion des kapitalen und uralten Hirsches erwartete ich nicht. Jäh fuhr er mit Haupt und Vorschlag, diesen langen Spieß als furchtbare Waffe zum Einsatz bringend, auf mich los. Und Georg, der unmittelbar hinter mir stand, hatte die Situation vor mir erfaßt und mich augenblicklich zu Boden gerissen.

Freilich, das liegt schon lange zurück. Doch als ich jetzt Georg so neben mir sah, wußte ich, daß sich Worte erübrigten. Sein lachendes Gesicht sprach Bände. Wir waren eines Sinnes!

Bis Neudorf kamen wir gut voran. Vor dem Brunnriegel, der steilen Kuppe am oberen Ende der Ortschaft, mußten wir dann Ketten anlegen. Ohne sie wären wir nicht weit gekommen, denn hier oben begann eine neue Welt. Plötzlich, nachdem man die Erhebung mit der folgenden leicht abfallenden Kurve passiert, ist man in den Wäldern; Heidriegel und Pauliberg, jeder von seiner Seite, nehmen einen auf, und die gedämpfte Weite der östlich liegenden Deutschkreutzer Bucht ist vergessen. Wenige Fahrzeuge begegnen uns, und Georg meint angesichts des verhangenen Nadelwaldes links und rechts, daß nachmittags hoffentlich kein Wind aufkommt, denn sonst liegen wir irgendwo auf der Straße fest.

Als wir uns bis Landsee hinauf vorgearbeitet haben – denn hier liegt doppelt soviel Schnee wie bei uns unten, und für die 15 km von daheim bis hieher haben wir die doppelte Zeit wie sonst gebraucht –, da empfängt uns, als wir durch den fast menschenleeren Ort durch sind, nach der letzten Kurve der richtige allmächtige Winter. Eine weiße, mehr als mannshohe Schneewächte sperrt quer die Straße. Grad dort, wo man sonst schon den herrlichen Blick in die welligen Täler der Buckligen Welt hat. Der Schneepflug, der wahrscheinlich eine Stunde vor uns gefahren ist, hat hier kehrtgemacht. Anscheinend war's ihm zuviel. Nun müssen wir zu Fuß weiter, wollen wir den Pauliberg erreichen.

Den Sack Kukuruz teilen wir in unsere Rucksäcke auf. Als wir diese dann schultern, spüren wir das Gewicht erst so richtig. Wir sind aber schließlich ausgerastet! Was soll da das bißchen Gewicht und das bißchen Wetter! Obendrauf kommt bei Georg die Flinte und bei mir der umgebaute Tokarev. Logisch gedacht, braucht jetzt bei den Fütterungswegen weder Georg seinen Meuchelpuffer noch benötige ich die russische Kugelwaffe. Es ist aber reine Gewohnheit. „Ohne" ist man doch kein Mensch. Halb nackt käme man sich da in den Wäldern vor!

Auf der Talseite, dem Niederösterreichischen zu, umgehen wir die Wächte und sehen endlich frei aus. All das Tosen in den Lüften umfängt uns hier im ungeschützten Freien wie die Wand einer ehernen Symphonie. Im verhangenen grauen Düstern liegt die Bucklige Welt mit ihren Hügeln und Gräben vor uns, während nach einer guten Schrotschußweite rechts der Nadelwald des Klosterberges beginnt. Wie ein graues Band schlängelt sich hier im Sommer die Straße immer in gleicher Höhe die Bodenwelle entlang. Von hier hat man ansonst die schönste Aussicht nach Westen. Bestimmt 20 oder 30 Kilometer breit liegt diese Märchenlandschaft bei Schönwetter vor einem, wenn man den kleinen Ort Landsee verläßt.

Wir stapfen fest drauflos, können bald von der Straße nach rechts abzweigen und sind auch schon drinnen im schützenden Wald. Hier kann der Wind nicht gut an, da liegt der Schnee überall gleich hoch, und es geht viel leichter, wenn wir auch die niederen Bestände meiden und immer nur durchs raume Stangenholz gehen.

Auf halbem Weg zur Klosterbergruine, die in etwa 750 m Seehöhe liegt, werden wir schon müde, rasten auch einmal kurz und wortlos. Aber dann haben wir es geschafft.

Die Bracke hat sich angepaßt, rauft sich nicht mehr so ziel- und planlos durch den hohen Schnee, sondern bleibt jetzt von selbst brav in unserer Spur. Nach einigen Windungen sind wir auf dem Klosterberggipfel, direkt hinter den grauen und mächtigen Gesteinsmauern der alten Klosterruine. Wir kennen diesen Ort ganz genau, denn hier oben auf der Kuppe hinter dem großen Gemäuer des ehemaligen Kamaldulenserklosters, das wie ein einziger zackiger Zahn zwischen den Bäumen und Sträuchern in den Winterhimmel ragt, ist ganz genau in der Mitte ein völlig windstiller Platz. Unmittelbar bei der mächtigen Mauer werfen wir unsere Last ab und setzen uns schnaufend auf die Rucksäcke. Während links und rechts der Wind an uns vorbei durch die ehemaligen Fenster und Türen der alten Ruine säuselt und pfeift, schauen wir einander heiß atmend und jeder seine Mütze schweigend haltend, abwechselnd an. Den höchsten Punkt des heutigen Reverganges haben wir geschafft. Und still wandern die Blicke zu den mächtigen vermauerten Gesteinsbrocken der Klosterruine.

Ein kurzes Leben war ihm nur beschieden, dem Kamaldulenserkloster. 1701 errichtete die Gemahlin des Palatins Paul Esterházy, Eva Tököly, westlich der Burg Landsee auf dem danach benannten Berg das Waldkloster. Aber schon 1782, anläßlich der Josephinischen Reform, wurde es wieder aufgelassen. Eine Zeitlang war es noch Pfarre, dem heiligen Michael geweiht, aber dann verfiel es ganz. Werden sich sicher hier geplagt haben, die Mönche, beim Bau der riesigen Mauern.

Einen herrlichen Platz gibt es auf der baumlosen, dreißig Meter hinter unserem Rücken vom Wind freigefegten, steil abfallenden Nordseite. Kuppen und Täler, fast alles nur herrlicher Nadelwald des Paulibergreviers, liegen hier hingebreitet vor dem staunenden Beschauer. Und nach Nordosten zu sieht man in die Deutschkreutzer Bucht mit ihren ebenen, weiten Flächen und den abwechselnd eingestreuten Wäldern. Und ganz hinten, von den waldigen, abfallenden Ausläufern des Ödenburger Gebirges bei Neckenmarkt begrenzt, leuchtet einem sonst immer die grausilberne Platte des

Alt und schlauer als mancher Jäger.

Neusiedler Sees entgegen. Heute ist sie nur als graues, helles Schemen zu erkennen, im sich verlierenden Dunst der beginnenden Ungarischen Tiefebene.

Attila, die Gottesgeißel, der 58jährige Hunnenkönig, Herr des Schrekkens für ganz Europa, ist hier irgendwo im Jahre 453 in der Nähe des Peisosees, wie der Neusiedler See damals hieß, gestorben. Am zu reichlich genossenen pannonischen Wein in der Hochzeitsnacht mit der jungen und überaus hübschen Germanenfürstin Ildiko.

Ganz schmale Augen bekommt da der Georg, als ich ihm das erzähle, aber noch viel mißtraurischer wird er, als ich ihm weiter berichte, daß nämlich genau drei Jahre später, 456, dort unten in der pannonischen Ebene am Rande des Neusiedler Sees Theoderich der Große geboren wurde. König der Goten und Herrscher über Italien mit Sizilien, Dalmatien, einem Teil Pannoniens, Inner-Noricum und Rätien. Im italienischen Ravenna verstarb er 70jährig und ist dort begraben.

Und noch etwas historisch Interessantes gibt es dort unten in der Ebene, im seit den blutigen Türkenkriegen, also seit 400 Jahren, kroatischen Nikitsch. Das große Langobardengräberfeld, das Zeugnis gibt vom Sitz eines langobardischen Fürstengeschlechtes. Aus Skandinavien und Norddeutschland kommend, verblieben die Langobarden fast hundert Jahre hier im pannonischen Raum. Aber plötzlich, im April 568, treten sie unter ihrem König Alboin den Zug nach Süden an und erobern in der Folge ganz Nord- und Mittelitalien.

Plötzlich haben wir alles um uns vergessen, und beide starren wir stumm hinunter in die graue, weite Ebene, während ober uns die Winde geheimnisvoll säuseln und heulen.

„Auf geht's!" meint Georg, und wir schultern wortlos unsere Rucksäcke. Hängen die Gewehre um, und der Hund springt an mir hoch, daß ich ihn abliebeln muß, um Ruhe vor ihm zu haben. Dann stapfen wir auch schon weiter. Vorbei an dem kurzen Kammstück, auf dem uns nun, von den Klostermauern nicht mehr ferngehalten, jaulend der Gratwind empfängt. Ganz automatisch werfen wir noch einen Blick dort gegen Ost und Nordost in die

Traum auf weißem Grund.

Richtung des Neusiedler Sees. Aber es wirkt alles nur grau und düster und verschlossen. Bald umfängt uns wieder der schützende Hochwald. Während wir bei den Felsbrocken, die wir durch den hohen Schnee spüren, nun abwärts stapfen, meint Georg: „Da hängt immer noch Schnee in der Luft!" Und ich nicke bejahend. Kurz darauf sind wir unten auf dem östlich vom Klosterberg mitten im hohen Tannen- und Fichtenwald gelegenen kleinen flachen Vorsprung. Hier steht die erste Rehfütterung. Die zahlreichen Rehfährten unmittelbar bei der Ruine haben die nahe Fütterung schon verraten. Die halbe Ladung kann ich ausleeren. Und während ich all die Fährten und Spuren rundum prüfe, setzt sich Georg auf seinen vollen Rucksack. Gut angenommen ist die Fütterung, kein Wunder, denn es gibt keinen Abfuhrweg in der Nähe. Wir sind mitten im Bestand, und jede Störung ist hier ausgeschaltet. Nicht einmal ansetzen könnte man sich da. Ob bei den vielen Rehfährten jene des Bockes dabei ist, der im Sommer auf der nahen verwachsenen Klosterbergallee immer geschreckt hat und den ich nur einmal kurz in Anblick bekam? Ein halber Professor mußte das wohl sein. Jedenfalls unheimlich scheu. Das bei jedem Schritt eines Anbirschversuches unvermeidliche Knirschen der Steine veranlaßt ihn zum sofortigen Abspringen.

Sachte stäubt es auf uns herab. Es ist lau hier drinnen, aber oben in den Gipfeln raunt und seufzt es, und manchmal klingt es für wenige Augenblicke wie der leise Chor eines russichen Volksliedes.

Weiter geht's. Immer bergab. Gegen Mittag wollen wir bei der östlichen Ecke des Spitzmaißes sein, dort, wo im hohen Holz bei den Tannen die beiden Täler mit dem Klosterbach und dem Kohlstattbach aufeinandertreffen. Dort ist die nächste Rehfütterung, und dort lassen sich eventuell auch Saufährten erwarten. Wir queren Hochwild- und Rehfährten. Zweimal werden Rehe in den seitlichen Brombeeren, denen wir gerne ausweichen, hoch, und einmal flitzt ein Hase ein paar Schritt vor uns weg. Gut, daß ich den Hund jetzt an der Leine habe. Das wäre wohl zuviel für ihn.

Der viele Schnee hat uns schon müde gemacht. Schwitzend und pustend kommen wir unten bei den Bächen an. Ganz still ist es hier in der tiefen, grabenförmigen Schlucht. Wie in einem großen, weißen Dom.

Auch hier überall Rehfährten. Und dann haben wir plötzlich drei Stück Rehwild direkt vor uns. Jäh springen sie ab. Vom alten Kukuruz ist fast nichts mehr da. Wir versorgen alles neu und sind damit beide unserer Last entledigt. Als alles genau geprüft, jede Hochwildfährte registriert und leider nur eine einzige Saufährte festgzustellen ist, machen wir beide, an eine mächtige Tanne gelehnt, eine Verschnaufpause. Tee mit Rum aus der Thermosflasche zu Speck und Brot. Das tut gut! Jetzt spürt man schon die Strapazen der drei, vier Kilometer, die wir über Berg und Tal zurückgelegt haben. Müdigkeit möchte sich in die Glieder schleichen, doch bald brechen wir wieder auf, ehe uns noch in den Beinen kalt wird. Wenn auch keine gewichtigen Rucksackladungen mehr zu schleppen sind, haben wir jetzt doch den schweißtreibendsten Weg vor uns. Über die steile Lange Leiten müssen wir hoch zur Abfuhrstraße, die das Paulibergrevier quer teilt, und dann, von ihr abzweigend, wieder nach Westen über die Kohlstatt zum Tannwald. Die Route ist ja schon ausgemacht.

Wenn auch Schonzeit ist, als Jäger hat man keine Ruhe, wenn man nicht alles kennt und in Wirklichkeit dann davon träumt, wo wohl im Sommer die entsprechenden Stücke stehen werden. Die Lange Leiten ist etwa der halbe Weg. Als wir schneebedeckt durch den hier etwas niederen Bestand hochkommen und das Straßl mit dem Buchenteil, in dem gerne die Hirsche durchziehen, erreicht haben, hebt der Wind viel stärker an. Es braust und tost in den Kronen. Die Waldharfe singt! Die herabfallenden Schneebatzen stieben uns in die heißen Gesichter, doch wir stapfen weiter, als ob es nichts anderes gäbe.

Bei der Kohlgrabenfütterung mit den Zuckerrüben sind die Hirsche gewesen. Wie es scheint, erst vor ein paar Stunden. Bestimmt sechs oder sieben und einer ist sogar dabei, dessen Trittsiegel gleich das Blut erwärmen. Ein „Hoher Herr", wie der Ecker Poldl ihn nennen würde, denn mächtig ist seine Fährte! Alle Fährten weisen in den unterwuchsreichen Spitzmaiß hinein. Ob's dort heuer in der Feistzeit besser klappen wird?

Wir müssen wieder etwas hoch, zur Straße zurück. Grad dort, aus dem Hochwald austretend, queren auf gute hundert Meter Tier und Kalb den Weg. Stock und steif stehen wir da und schauen. Die Bracke ist schon viel zu müde, um energisch zu werden, obwohl der Wind einigermaßen passen müßte. Sie wittert nur so leicht aufgeregt in der Luft umher. Bei dem Tosen in den Bäumen und Rauschen in den Fichtenwipfeln können wir die beiden Stücke nicht hochgemacht haben. Ob sie uns wohl eräugt haben? Da sind sie aber auch schon wieder im schützenden Bestand verschwunden.

Im großen Tannwaldschlag, nach Niederösterreich zu, ist der Wind gleich viel kälter. Aus West bläst er uns hier ungehindert entgegen, so daß wir uns den Kragen dicht machen und die Mützen tiefer drücken. Hier finden wir auf den windstillen Inseln hinter den Sträuchern, wie erwartet, vereinzelte Rehfährten und Hasenspuren. Auch zwei, drei Fuchsspuren sind dabei. Endlich, nach einem weiteren Kilometer, haben wir den Waldrand und somit die Straße nach Niederösterreich erreicht. Wir rasten im ruhigen Stück zwischen den Kurven, dort, wo der Hochwald wieder links und rechts die Straße umsäumt. Recht müde sind wir geworden, und als wir der Straße nach auf dem Weg nach Landsee die freie Fläche nach der Kapellenkurve erreicht haben und rechts das weite, tiefe Grenztal nach Niederösterreich vor uns liegt, setzt der Schneesturm richtig ein. Alles ist grau und verhangen und von der Buckligen Welt nichts zu sehen. Es stößt und saust und tobt in den Lüften und greift mit eisigen Armen nach uns. Die Luft ist kalt wie Stahl, und bei den Wächten, die wir queren müssen, reicht der Schnee seitlich sogar bis an die Hüften. Hier, wo der Wind durch nichts gehemmt überall ankam, stoßen und raufen wir uns durch die Verwehungen und Schneewächten. Alle drei müde und naß, kommen wir bei den ersten Häusern an. Die Stille nach der Kurve und inmitten der Häuser empfangen wir wie etwas Warmes, Ungewohntes, Behagliches. Und glücklich klopfen wir uns beim verschneiten Wagen den Schnee aus den Kleidern. Da gibt's jetzt gar nichts anderes als sofort hinein zum Hoferwirt. Als wir dann beim dampfenden Tee äußerlich und innerlich auftauen, meint der ganz Neugierige zu uns einzigen Gästen: „Na, haben S' viel geschossen heute?" Und ich meine nur so leichtweg, während der Rum angenehm ins Herz steigt und die Bracke sich an die Füße lehnt: „Na, net viel los bei dem Wetter!"

Der Mann, der den großen Keiler bezwang

Mitten in den pannonischen Wäldern lebte in einem kleinen Ort ein Jäger, der sich, wie es schien, mit Absicht der Zivilisation fernhielt. Zeit und Erfahrung hatten ihn zum Alleinjäger geprägt. Vertrauen konnte er in diesem grenznahen Landstrich nur seiner schwarzen Bracke. Die Stille der Wälder bedeutete ihm innere Einkehr. Gewiß hatte er schon viel Wild erlegt, aber ebenso viele Stücke oft aus dem Gefühl heraus pardoniert. Seinem Instinkt vertraute er blind.

Der Jäger hatte im Revier eine von Wald und Wiesen umsäumte Jagdhütte, in die er sich ab und zu flüchtete. Immer dann, wenn er von der „Zivilisation", wie er gerne sagte, genug hatte. Zivilisation, das war sein Beruf, den er sehr liebte und mit großer Vehemenz betrieb, und all die anderen Streßsituationen des täglichen Lebens, die durch eine anscheinend wild gewordene Konsumgesellschaft, die nie genug bekommen kann, fast Tag für Tag in irgendeiner Form entfesselt wurden. Dort in der Hütte beim nächtlicherweile aufflackernden Kaminfeuer wähnte er sich glücklich und konnte auch manchmal alles um sich vergessen.

Die Getreideernte mit Rehbrunft und Hundstagen war gekommen, und der Jäger hatte schon eine ganze Weile keine Sau, geschweige denn einen Keiler gestreckt. Aus jahrelanger Erfahrung wußte er, daß sich um diese Zeit, in der die Ähren noch milchig waren, immer ein guter Keiler – manchmal auch deren zwei – aus den letzten Waldwinkeln heraus in den stillen Nächten ins gelbwogende und so herrlich nach frischem Brot duftende Getreide einschoben. Die Zeit war kurz. Nur ein, zwei Wochen übten die Weizen-, Hafer- und Roggenfelder ihren verführerischen Zauber auf die alten Keiler aus. Würde die Ernte irgendwo in den Feldern beginnen, so schien es, als ob das Geräusch der lärmenden Maschinen meilenweit in die grünen Wälder dringen könnte, um das Wild von den Feldern abzuhalten.

Er hatte ein ganzes verlängertes Wochenende den Böcken nachgehangen und auch deren zwei erlegt. Einen Kümmerer und einen der „Freudenklasse“. Er war glücklich darüber und ausgeglichen, doch ließ ihn der Gedanke an einen guten Keiler nicht los. Und als er am letzten Tag in seiner Hütte bei offenem Fenster geschlafen hatte, hundemüde vom weiten Birschgang, riß ihn nachts das von den Feldern herüberklingende anhaltende Schrecken eines Rehes aus dem Schlaf. Ob da Sauen in den Feldern steckten? Sein Herz schlug schneller, und nur mit Mühe schlief er wieder ein. Am nächsten Morgen schon kontrollierte er jenen Teil seines Reviers, der dafür in Frage kam. Doch außer Reh- und Hochwildfährten und auch teilweisen Schäden konnte er von einer Sau nichts feststellen. Aber einen Strauß blauer Kornblumen mit ein paar Ähren drinnen nahm er mit nach Hause für seine Frau.

Wie die Herbstzeitlosen das Zeichen für die Herrschaft des Hirsches sind, beherrscht hier im Pannonischen zur Getreidezeit ein guter Keiler die Jägerherzen; sie schlagen in diesen Wochen für ihn.

Zwei Tage hatte sein Beruf den Jäger in den Klauen, aber dann, als der Himmel immer noch blaublank schön und klar und alles warm und heiß war und nichts auf einen Wetterumschwung hindeutete, konnte er sich fast einen halben Tag freimachen und den Rest der Felder kontrollieren. Er fand auch Hochwildfährten in Menge, sogar unheimlich starke dabei, aber wieder nichts von einer Sau. Es gibt in jedem Revier Teile, in denen sich nur bestimmte Wildarten wohl fühlen, und Wechsel zwischen den Bergen, Hügeln und Tälern und den Einständen. Wechsel, die seit ewigen Zeiten von bestimmten Wildarten eingehalten werden. Er kannte sie alle! Das ist ja auch das erste, das man in einem Revier kennen muß.

Es gibt zum Beispiel stille Örtlichkeiten, die gute, kapitale Hirsche anziehen, und Stellen, die das Schwarzwild immer wieder aufsucht. Als er dann abends wieder daran dachte, daß die Suche nach der starken Keilerfährte ergebnislos geblieben war, ging er noch einmal im Geist all die Wechsel durch, verglich alle neuen Einstände und kalkulierte das Wachstum der ehemaligen Kahlschläge und Dickungen mit ein. Und das Wetter hielt an.

Zwei Tage vergingen zwischen Befunden und Diagnosen. Als er dann spätabends endlich den letzten Fall abgeschlossen hatte, war er, wenn auch müde, so doch glücklich und frei. Frei für den nächsten Tag. Der Sommerkeiler, den er so ersehnte und den er fühlte, ließ ihm keine Ruhe. Am Morgen nahm er seine Bracke, fuhr bis zur Jagdhütte und marschierte dann los. Er glaubte zu wissen, wo sich um diese Zeit so ein Riesenschwein versteckt haben könnte. Und daß so ein „großer Brummer" unstet ist und die lärmenden Frischlinge und Überläufer nicht leidet. Immerhin waren ja keine Anzeichen von schwachen Sauen zu finden gewesen. Nach einer halben Stunde überquerte er das Selitzatal in Richtung Osten. Er kannte alle Stellen, die vom Schwarzwild, so es ins Revier kommt, aufgesucht würden. Und heute ließ er sich nur vom Instinkt und von seiner Kenntnis der Wälder ringsum treiben. Und die Wälder ringsum kannte er so gut, daß man ihn in zappendusterer Nacht irgendwo auf diesen Hügeln, in diesen Tälern und Wiesen hätte aussetzen können – er hätte sich gar bald zurechtgefunden.

Oben im Hochwald, eine Viertelstunde hinter der kleinen Waldwiese, die er „Beim weißen Reh" nannte und das deshalb, weil er vor Jahren dort ein solches tatsächlich in Anblick bekommen, doch den Schuß aus unerfindlichen Gründen nicht gewagt hatte, befanden sich auf der schmalen Allee im etwa 80jährigen Bestand zwei nahe beieinanderliegende Suhlen, jede nur etwa vier oder fünf Quadratmeter groß, die aber immer wieder Sauen anzogen.

Aber sosehr er auch rund um die zähtrockenen, dunkelfeuchten Erdstellen suchte, fand er keinen Abdruck einer stärkeren Schale. Nur Rehe waren dort gewesen, was soviel hieß, daß sich diese hier schon heimisch fühlten und es weit und breit keine Sau gab. Einen Kilometer weiter, bei der Wegbiegung zum Wirtiswald, wo die verwachsene, alte Grenzallee aus dem Stangenholz kommend in den Hochwald mündete, wußte er den nächsten Sauwechsel. Hier war alles zundertrocken, und obwohl er jeden Zentimeter der in Frage kommenden Stellen besah, fand er nichts.

Der Hund war ob der sich nun bemerkbar machenden Tagesschwüle, die dumpf und drückend im Wald brütete, ganz lustlos und trottete nur so neben ihm her. Immer noch befand sich unser Jäger im Nordosten des Reviers, und als er mitten im hohen Holz zwischen den silbergrauen Tannen auf einem Moospolster rastete und den kleinen Imbiß, den er mithatte, mit dem Hund teilte, dachte er an den Sandweg und Yellowwater.

Es ist ja einfach, man muß sich in solchen Situationen nur in den Instinkt und die Wesensart eines Hauptschweines versetzen, eigene Erfahrung, Instinkt und Glück dazuzählen, und dann hat man's! Nämlich den Ort, wo es sich wohl fühlen könnte und wo es durch die dichtesten und kürzesten Stellen zu Felde zog.

Jede Wildart hat ihren bestimmten Wechsel, der, es mag sich aus gerade dieser Wildart zusagenden Bodenform und der Pflanzenbedeckung des Bodens ergeben, auch von neu in dieses Gebiet kommenden Stücken peinlich genau eingehalten wird. Und auf dieses Wissen baute der Jäger. Denn eines wußte er todsicher: Der Keiler, den er suchte, steckte im Revier. Irgendwo rundum in den riesigen Wäldern, morastigen Brombeergräben oder Fichtendickungen. Irgendwo, aber im Revier! Er spürte es, wenn er beim kurzen Rasten versonnen die rissige Rinde der Bäume betrachtete, und er spürte es, wenn er durch die das spärliche Blau des Sommerhimmels filternden weiten Äste der mächtigen Baumkronen emporsah, dort, wo laut miauend die jungen Wespenbussarde im weiten Blau unsichtbar umherglitten.

Die „Tote Allee" überquerte er bald und fand nun im weit jüngeren, gemischten Nadelholzbestand nach einigem Suchen den alten, verwachsenen, sich durch diesen Revierteil hin und her schlängelnden Abfuhrweg. Hatte die Bracke aber vorsichtshalber noch immer an der Leine und war in dem dumpfen, düsteren Bestand zu Mittag am sandigen Weg. Eines wußte er mit Sicherheit, brauchte darüber keine Minute nachzudenken, er mußte zu den nur ein paar Schritte großen, wenn nicht gar noch kleineren, ganz bestimmten Stellen, die er gut kannte und die ihn magisch anzogen. Alles andere rundherum konnte er glatt vergessen!

Am sandigen Weg bestand die Möglichkeit, zu jeder Jahreszeit und bei jedem Wetter abzufährten. Der weiche, lockere Boden sprach hier wie ein Bilderbuch. Und dort, nicht weit von Karls Lodge, er hatte sich, so wie jeder Jäger, für viele Örtlichkeiten eigene, an irgendwelche Geschehnisse erinnernde Tarnnamen angewöhnt, fand er groß und breit die Trittsiegel einer kapitalen Sau, die hier den Weg nach Westen zu überquert hatte! Höchstens einen halben Tag lang standen sie im graubraunen Sand.

Die Fährte auch nur annähernd weiterverfolgen zu wollen, wäre vollkommen sinnlos gewesen. Schon zwei schmale Schritte weiter verschwand jeder Tritt im weiten und trockenen Waldboden. Der Hund bewindete die Fährte, also stand sie wirklich noch nicht lange. Und ganz instinktiv, wie er es schon so oft getan hatte, verwischte der Jäger seine Spur und des Keilers Fährte auf dem weichen Sandweg und zog sich in den Bestand zurück. Sinngemäß der Fährte folgend. Einen Schrotschuß weiter kannte er eine lichtere, mit Birken und Buchen durchwachsene Stelle im etwa dreißigjährigen Bestand. Fand diese auch gleich. Suchte hier erst einmal nach Erdbeeren und rastete dann gemütlich im weichen Moos. Der Keiler war gefunden! Wo zog er hin?

Der Jäger ließ den hämmernden, lärmenden Buntspecht sein, ließ die ganze Insektenwelt, die er oft in stillen Augenblicken so gern betrachtete, unbeachtet und dachte angestrengt nach, wo der Keiler wohl, wenn er hier durchgezogen war, hinwechseln könnte. Westlich von diesem Punkt lag, keinen halben Kilometer entfernt, Yellowwater, die nächste Stelle, wo er zu fährten sein könnte.

Den Hund an der Leine, jetzt kreuz und quer durch das unwegsame Holz ziehend, war er bald dort. Yellowwater ist eine etwa zwei Schritt große, natürliche Wasserstelle im hier plötzlich blanken Lehmboden. In all den vielen Jahren hatte er es nicht erlebt, daß diese natürliche Tränke, immer etwas trübe, jemals ausgetrocknet wäre.

Müde und ganz verschwitzt stand er vor dem Wasserloch, das nur Sauen und allfällig vielleicht Rehe anzog. Die Hirsche respektierten die schwarzen Gesellen, die hier ihren Rastplatz hatten. Rundum von echtem Mischwald, Birken, Eichen, Buchen, Föhren und Fichten, Hagedorn und Haselnuß verwachsen, gab er, am Rande des großen Einstandes, der lang und breit gleichmäßig abfallend dem Tal zu lag, einen idealen Platz für die Schwarzröcke ab. Der Boden rundum war, wenn auch der doppelt mannshohe Bestand alles überschattete, ausgetrocknet und beinhart. Aber dort, auf dem etwa gut handbreiten Rand, der ganz natürlich immer vom allfällig schöpfenden Stück angefeuchtet wurde, prangte ein einziger Tritt. Und der Jäger war glücklich und erregt und betrachtete eingehend das braungelbe, trübe Wasser und daneben das starke Trittsiegel. Nur dieses fand sich, vom rechten Vorderlauf stammend, direkt am schmalen, glatten Rand des Wasserloches. Daß es sich um das gleiche handelte, das er heute schon einmal gefunden hatte, war sicher. Dieser Tritt zeigte zwar nach Osten, aber der Jäger folgerte ganz sinngemäß, daß ja die Sau, aus den etwa zwei Kilometer entfernten Feldern kommend, ganz artgemäß die Wasserstelle umrundet hatte, mißtrauisch wie alte Keiler nun einmal sind, und dann an der günstigsten, zugänglichsten Stelle geschöpft hatte.

Wenn sich's aber so verhielt, mußte der Keiler vom alten Sauwechsel, der das Selitzatal querte, bei der alten Fichte über den lehmigen Waldweg oberhalb des Standes gezogen sein.

Zum Stand im Selitzatal war es etwa eine halbe Stunde. Durch die alte Gemeindedickung konnte er nicht, er hätte, abgesehen davon, daß ein Durchkommen durch den fast einen halben Quadratkilometer großen und unwahrscheinlich dicht verwachsenen Bestand so gut wie unmöglich war, nur unnötig Wild hochgemacht und der Sau, so sie – und daran glaubte er sicher – in der nächsten Nacht diesen Bestand queren würde, nur seine und des Hundes Spur geliefert. Das hieß soviel wie, daß sich das Stück sofort in einen weit entfernten Revierteil überstellen würde. Im Hochwald oder Stangenholz ja, da könnte nicht viel passieren, dort werden des Zweibeiners und seines vierläufigen Gefährten Spuren fast von jedem Stück toleriert, aber drinnen im Dickicht, samt der hinterlassenen Witterung, das wäre Gift.

Jetzt genau in südwestlicher Richtung die Waldteile durchquerend, war er nach „Langer Allee", vorbei an „Aurora" und „Einser", den beiden verlassenen, alten Ansitzstellen auf den ehemaligen Waldlichtungen, bald bei der „Zerschnittenen Buche" und sah die grünen, hellen Waldwiesen des Standes durchschimmern. Folgte dem alten Hohlweg daneben und stand bei der hohen Fichte am Lehmweg. Fand an der gedachten Stelle nichts außer Rehfährten. Als er aber den mit Brombeeren, Haselnuß und Salweiden dicht begrenzten stillen Grenzweg, der nur im Sommer benützt wurde und da lediglich zum Abtransport des Heus von den oberen Waldwiesen, folgte, fand er nach keinen 25 Schritt den neuen Wechsel. Nicht einmal drei Handbreit maß er. Der Keiler hatte sich hier, wo unterhalb des Weges dem schmalen Bach zu ein dschungelhaftes Dickicht lag, einen neuen Wechsel gesucht.

Schon immer querten die Sauen an dieser Stelle das stille Waldtal. Glücklich ruhte sich der Jäger auf der sonnenüberfluteten, lehmigen Wegböschung von all der Kriecherei und Mühe der vergangenen Suche nach dem Keiler, den er so sicher gefühlt hatte, aus. Es war früher Nachmittag, und er hatte alles Vorgehabte verwirklicht. Viel weiter hätte er noch gesucht, und wäre es dabei Abend geworden, aber er hätte ihn sicher gefunden; ihn, den so heiß ersehnten schwarzborstigen Keiler!

Würde man das Ganze auf einer Karte verfolgen, so ergäben die Punkte – Sandiger Weg, Yellowwater und Hohe Fichte exakt eine Linie. Und die führte quer über das kühle, plätschernde Selitzatal, genau mitten hinein in die gelbwogende Getreidetafel der Dutkafelder.

Der Jäger überlegte, ob es ratsam wäre, gleich am selben Abend anzusitzen, wo er doch so viele Spuren in den ruhigen Waldteilen hinterlassen hatte. Ein brütender Sommertag lag über dem Land, und eine Spur verwittert da gar bald. Aber er bezwang sich, trotz Dreiviertelmond und heißem Hundstagwetter. Eine innere Stimme sagte ihm, daß es gut wäre, einen Tag zu warten. Der Keiler würde irgendwann, vielleicht schon nach einigen Stunden, irgendwo im Holz auf die dort ungewohnte Spur stoßen und sofort seine Richtung ändern.

Aber am nächsten Tag müßte er beruhigt sein.

Das Wetter blieb herrlich schön. Trotz aller Befürchtungen und obwohl schon fast zwei Wochen die Sonne vom blauen Himmel strahlte. Sogar der leichte Wind am Abend wehte weich zu Tal, wie schon all die Tage vorher. Der Jäger wählte sich in den hoch gelegenen, ein großes, weites, vom Wald umgebenes Quadrat bildenden Dutkafeldern im schmalen Waldstreifen, der dort hineinragte, einen übersichtlichen Platz aus. In den dichten Fichten und Föhren hatte er vor gut einem Jahr mit alten Freunden einen kleinen Ansitz gebaut.

Vertraute blind, daß der Keiler nach Durchqueren der großen Gerstentafel, die nach Norden grenzt, gerade dort irgendwo in die Felder ziehen würde. Gerste interessiert ja die Sauen nicht allzusehr. Wenn schon, so wollen sie mitten hinein in den hohen Weizen und Roggen. Weit weg von Weg und Steg, weit weg von Gefahr! Aber gerade dorthin, ins hohe Getreide hinein, langte die Reichweite dieses Ansitzes.

Abends, beim letzten Sonnenstrahl, ging der Jäger vom Süden durchs Getreidemeer zum Dutkasitz. Führte diesmal den präzise schießenden Sauerstutzen mit der mächtigen .300 Winchester.

Die Luft schien stillzustehen. Nur ganz leise, fein und weich ahnte man den warmen Luftstrom im Gesicht mehr, als man ihn spürte. Das weite Abendrot war über dem westlichen Pauliberg von der kirschroten, feurigen Glut über das zarte Rosa zum melancholischen Strohgelb und feinen, blassen, smaragdgrünen Ahnen des Abends übergegangen.

Und plötzlich, in all dem herrlichen Spiel der bunten Pastellfarben aus stillem, heißem Sommertag, verdüsterte sich der Himmel, wurde wieder blaß und dann majestätisch dunkelblau. Die Schatten fielen lang und fahl, und der Mond stand etwas weniger als ein Drittel hoch im Südosten. Nachtschwalben klatschten mit lautem Flügelschlag, irgendwo oberhalb des Waldrandes, um gleich darauf von einem Baum aus mit ihrem eintönigen und schnarrenden, nicht enden wollenden Ton das Knistern in den Getreidefeldern, das von den Rehen herrührte, die dort drinnen sicher und ruhig ästen, zu unterbrechen.

Eine halbe Stunde, nachdem die volle Nacht regierte – schon begann es leicht, aber spürbar abzukühlen –, zeigte das Nachtglas oben am Waldrand geradeaus durch die breite Gerste ziehend zwei, drei, fünf und jetzt sieben Hirsche. In einer Linie wie eine Schiffsformation die Halme durchpflügend und genau auf ihn zukommend! Geweihte, die nur Feistzeit und milchiges Getreide zusammenhielt. Links und rechts an den Ähren naschend, standen sie nach einer Viertelstunde keinen Schrotschuß weit neben seinem Ansitz mitten im Weizen. Zogen jetzt unstet umher, eifrig an den milchigen Ähren laut hörbar äsend. Der Beste, er zog ganz gegen die Regel diesmal als erster, mochte ein Vierzehn- oder gar Sechzehnender mit etwa 7,5 Kilogramm Geweihgewicht sein.

Ein Zwölfer, zwei Zehner und der Rest Achter oder der letzte gar nur ein Sechser. Der Jäger war beeindruckt, aber nicht sonderlich erregt. Er kannte das jährlich in diesen Wochen. Knapp vor Beginn der Schußzeit zogen die Geweihten so ins Feld. Und mit fortschreitender Feistzeit wurden sie immer heimlicher, bis sie schließlich ganz ausblieben. Geschossen wurden da die wenigsten Guten. Kam alles erst viel später im Jahr wieder ins rechte Lot mit dem Hochwild.

Die guten Hirsche waren grad vorbei, die schwächeren noch auf gleicher Höhe zu sehen und zu hören, da drehte er sich instinktiv nach vorne oben zum nördlichen Waldrand. Etwa vierhundert Meter, aber vom Mond jetzt gut ausgeleuchtet, ließ sich dort ein schwarzer großer Punkt im Nachtglas erkennen.

Und bewegte sich zügig genau in derselben Bahn, die die Hirsche hinterlassen hatten. Genau zu ihm. Ein Hirsch ohne Träger und Geweih, wie es schien. Der Traumkeiler!

Der Jäger, ein Schwarzwildjäger durch und durch, hatte schon viele Sauen gesehen. In allen möglichen Situationen. Im Getreide und im Schnee, beim Mond und in schwachheller Sternennacht. Und hatte in all den Jahren deren viele erlegt, daß er sogar ernsthaft daran gedacht hatte, beim nahen Hundert haltzumachen. Oder wenigstens eine große Pause. Aber beim Anblick dieses mächtigen, das Getreide im hellen Mondlicht durchpflügenden Keilers klopfte ihm das Herz bis zum Hals. Fast eine Minute lang, ehe es sich allmählich beruhigte.

Um einen Keiler handelte es sich ohne Zweifel. Erstens allein, außerdem vorn am Kamm viel höher und weit aus dem niedrigen Getreide ragend. Als er gar schon etwa gute 150 Schritt weit über eine kleine Kuppe den schmalen Weg zwischen den Felder querte und sich förmlich aufrichtete, wurde jeder letzte Zweifel beseitigt. Ein Hauptschwein! Ein richtiger Basse!

Jetzt war er im hohen Weizen drinnen! Nur der Kamm ragte heraus. Verschwand und zog jetzt rechtwinkelig nach rechts. Machte wieder einen Haken, um ganz genau in die Richtung zum Sitz des Jägers zu ziehen. Dorthin, wo sich das niedrige Roggenfeld befand. Und der Jäger, der trotz all der erlegten Sauen dem Augenblick dankbar war für das herrliche Sattsehen, hatte das Gewehr noch immer nicht berührt. Alles verlief so, wie er es sich vorher, wenn auch nur in Sekunden, immer wieder ausgemalt hatte! Wenn der Keiler kommen würde! Und wo er kommen könnte! Und wo ihm die Kugel anzutragen wäre! Sogar das Getreide hatte er verdammt und doch in Gedanken auf das 14 Gramm schwere amerikanische Geschoß vertraut.

Und jetzt war der Keiler tatsächlich da. Wirklich und wahrhaftig. Jetzt, wo es soweit war, überlegte er. Das Stück begann unruhig zu fressen. Hin und her ging es dabei. Unstet, wie alte Keiler sind, und dem Jäger, der voll im Banne dieses Erlebnisses stand, fiel jäh und plötzlich ein, daß er ja ganz genau gewußt hatte, wo der Basse kommen würde. Wo und wann und wie! Er hatte das Stück in den Wäldern, die viele Kilometer weit reichten, ausgemacht, Ort, Zeit und Tat berechnet und wußte plötzlich, daß er über den Keiler gesiegt hatte. Wieviel Schweiß und Mühe hatte ihm das Schwarzwild, das ihn so lockte, schon gekostet. Wie oft hatte er heiß nach Atem gerungen und wie oft müde und zerschunden gerastet. Und wie oft bei der nächtlichen Saujagd auf dem Boden liegend das Sternbild des Orion betrachtet. Im heulenden Wintersturm und in schwülheißer Sommernacht war er in den

Wäldern gewesen. Und bot jetzt ohne zu überlegen dem Keiler eine Chance. Er fixierte einen etwas fahleren, grauen Fleck etwa dreißig Gänge vor dem Keiler. Würde er bis dorthin ziehen, so wäre es um ihn geschehen! Die paar Minuten wollte er noch warten! Oder nur Sekunden? Jäh machte der Keiler eine Wendung nach rechts. Rauschend im Troll durch den fahlen Roggen. Augenblicks schlug das Herz des Jägers laut in der Brust, fühlte er im Hals jeden pochenden Schlag. Der Keiler schwenkte wieder ein, blieb im Troll, es mochten vielleicht siebzig oder gar nur sechzig Schritt dorthin sein, wo sich alle paar Sekunden der schwarze Kamm des Stückes aus dem Getreide hob. Jetzt war alles egal, alle Vorsätze vergessen. In den nächsten Sekunden mußte die Entscheidung fallen!

Und plötzlich, wie gekommen, war von einer Sekunde zur anderen der mächtige Basse verschwunden! Das hohe Getreide hatte ihn lautlos verschlungen. Sosehr sich der Jäger auch bemühte und mit dem starken Glas alles absuchte, der Keiler kam nicht mehr in Anblick. Er schalt sich einen Toren. Fünfmal, ja zehnmal hätte er ihn erlegen können. Und jetzt?

Nur allmählich beruhigte er sich. Als aber eine gute halbe Stunde später Tier und Kalb nahe und quer zur Keilerfährte rauschend durch das Getreide zogen und das Tier nicht absprang, wurde es für ihn zur Gewißheit, daß der Traum vorüber war.

Lange nach Mitternacht, als der Mond fahl und blaß in den westlichen Bergkämmen versank, bahnte sich der Jäger wieder den Weg zurück durch die an manchen Stellen mannshohen Weizenähren. Nahm deren auch eine Handvoll mit und band sie im Dunkel zu einem Strauß. Und je mehr er nun schon mit einer gewissen Distanz über all das nachdachte, was er in den vergangenen zwei Tagen erlebt hatte, war er glücklich. Sein Stolz gipfelte darin, daß er verlieren konnte. Man kann dadurch manchmal sogar zum Sieger werden!

Das Grab seines Freundes in der westlichen Hälfte des Friedhofes fand er selbst im Stockdunkeln. Oft hatte er ihn, den so plötzlich Verstorbenen, mit dem er innige Jagderlebnisse geteilt hatte, nachts nach erfolglosen oder erfolgreichen Ansitzen und Birschen besucht. So auch heute. Ein kühler, jäher Hauch, schon an den nahen Morgen gemahnend und wie aus den fahlfunkelnden, kühlen, stillen Sternen über ihn kommend, umwehte ihn still und sanft und plötzlich alles beherrschend. Unten im Tal, bereits jenseits des Ortes, schreckte weit entfernt, aber doch gut hörbar, ein Reh. Mußte der Stimme nach ein älteres Stück sein, dachte er instinktiv und legte die Ähren auf die dunkelkühle Erde.

Im schützenden, wohlvertrauten Getreidemeer.

Der schwarze Mantel

Es ist bereits einige Jahre her, da erhielt ich von meinem Freund Franje, auf komplizierten Wegen, die ihre Ursache wieder in meinem Beruf haben, überraschend eine Einladung in ein großes Jagdrevier. Ein Prachtrevier, einer schier alles beherrschenden Herrschaft gehörend. Dort sollte oder durfte ich bei einer Wildzählung mit dabeisein. Dies geht so vor sich, daß sich etwa am Ende des Winters, wenn in den Revieren die sogenannte tote Zeit ist, die zuständigen Jäger absprechen, auch manchmal Gäste einladen, und eine bestimmte Zone mit relativ vielen Beobachtern etwa für die Dauer eines halben Tages besetzen. Der Sinn des Ganzen ist der, daß man dann ein einigermaßen konkretes Bild über den wahren Wildstand erhält. Denn jeder der Beobachter hat Zettel und Bleistift bei sich, selbstverständlich eine Uhr, und notiert, was er um welche Uhrzeit an seinem Platz, den er zum gemeinsam abgesprochenen Zeitpunkt, das heißt, erst nach Eintritt der vollen Dunkelheit, verlassen darf, alles gesehen hat. So sollte es auch diesmal geschehen. Natürlich freute ich mich sehr, daß mir die Ehre zuteil wurde, als so verläßlich zu gelten, daß ich an diesem Tag mit der Korona der Auserwählten mitmachen durfte.

In der nächst dem Revier gelegenen Stadt traf ich mich mit Freund Franje. Natürlich hatte ich mich wieder einmal ganz leicht verspätet, was bei Leuten wie denen, die mich erwarteten, einen nicht zu entschuldigenden Fehler be-

Anblick von Schwarzwild läßt das Jägerherz immer höher schlagen.
Oben: Bache mit Frischling, die beiden sind tabu.

Unten: Er hat etwas „überzogen".
Überläufer in voller Flucht.

deutet. Tritt dann so ein Zuspätkommender anläßlich einer derartig großen Begebenheit in den Kreis der ihn Erwartenden, vermeint man schier, daß einen Blicke töten könnten. Aber nach außen ziehen sich die Münder bis zu den Ohren, und man begrüßt einander freundlich.

Leider hatte ein Teil jener, die die andere Revierseite beobachten würden, den Sammelplatz, den wir alsbald erreicht hatten, bereits verlassen. So nebenbei flüsterte mir Franje, der meine revolutionäre Stimmung zu vorgerückter Stunde kennt, zu, daß heute auch eine ganz hohe Persönlichkeit teilnehme. Hoffentlich wäre ich mir der Würde bewußt, was das bedeute, und ich möge am besten am Abend beim Zusammentreffen, er sagte es wortwörtlich, „die Goschn halten". Nur so könne man in diesen Kreisen angenehm in Erinnerung bleiben.

Der Wald umfing uns. Wir schrieben Anfang März. Ein leicht diesiger Tag, und nach kaum einer Viertelstunde hatte ich meinen Bestimmungsplatz, einen großen Hochstand am Ende einer Allee, erreicht. Franje hatte sich bereits vorher empfohlen und war sicher auch schon bei dem ihm zugedachten Auslug angelangt. Als ich so allein in dem, wie mir schien, großen, riesigen, düsteren Wald vor dieser mächtigen Kanzel stand, schwoll mir schier die Brust. Nicht zu glauben, welch unheimliches Vertrauen man in mich setzte. Ganz allein durfte ich hier die nächsten drei, vier Stunden zähneklappernd verbringen und stolz mit klammen Fingern auf das Stück Papier, das so angenehm in meiner Rocktasche knisterte, schreiben, was da wohl kommen würde. Also gehörte ich doch selbst auch zu der hochangesehenen Schicht. Und mit einer fast unbändigen Freude stieg ich über die Leitersprossen zur drei, vier Meter hohen, also etwa Schafotthöhe, vollkommen geschlossenen Kanzel empor. Doch wer beschreibt meinen jähen Schreck, wer mein Zurückfallen in absolute Demut, als sich plötzlich über mir die Tür öffnete und mich ein bebrillter, hubertusmanteltragender Förster empfing.

„Hab' schon lange auf Sie gewartet! Wo waren Sie denn so lange?" meinte er, mich hilfsbereit empfangend.

„Ja, wissen Sie, ich habe so einen Nebenberuf, der hauptsächlich in der Behandlung von Menschen besteht, und da kann man leider nicht immer so weg, wie man möchte!"

„Aha", meinte er. „Kann ich mir schon vorstellen. Aber . . .?" und er hob den Zeigefinger, das hieß soviel wie jetzt mußt du aufpassen, „heute ist Wildzählung, da muß man pünktlich sein."

Da hatte ich's jetzt. Ich war aber auch schon drinnen bei ihm, und wie sich dann herausstellte, war er gar nicht so tödlich ernst. Bot mir beliebig Platz auf dem schmalen Brett und meinte, daß hier allerhand vorbeikommen könnt. Darin bestand im übrigen das ganze Gespräch für mindestens zwei Stunden. Wir hatten schon einige Stück Wild, Schwarzwild und auch Rehe, gesehen, wobei er jedesmal entweder „Aha!" oder „Aha, aha!" oder auch „Fs, ts!" machte. Dies pfiff er mit so einer Eleganz seitlich durch die unterbrochene Zahnreihe, daß ich eine große Achtung vor ihm bekam. Der kannte sein Metier. Ich armer Tropf bog meine Zehen in den bockigen Schuhen hin und her – das einzige, was ich an meinem ganzen Körper zu bewegen wagte – und starrte andauernd hinaus auf die Allee und die große Lichtung, die sich von hier oben so wunderbar harmonisch in die Landschaft passend ausnahm. Nach diesen zwei Stunden verbrachten wir noch gemeinsam mindestens eineinhalb weitere, bis es dann nicht mehr dämmrig, sondern schon vollkommen dunkel war. In meiner Verwegenheit hatte ich im Rucksack eine Kamera mitgenommen und mit ihr einige Aufnahmen gemacht. Interessanterweise gab mein Begleiter dazu überhaupt keinen Komentar, außer Bemerkungen wie: „Sehen Sie was?" oder „Haben Sie was gesehen?" Es war im Grunde genommen eine recht gemütliche Unterhaltung. Ich wähnte mich zufrieden. Ernüchtert von der Tatsache, daß man mir ja doch nicht getraut und einen Companiero hiehergesetzt hatte, übte ich mich in Demut. Und er, anscheinend konnte er mich in keine der ihm geläufigen Kategorien einordnen, übte sich in abwartender Eleganz. Das heißt, außer diesen großen Reden, die er schwang, benützte er zwei- oder dreimal ein an ein mittleres Handtuch erinnerndes Taschentuch.

Endlich war es soweit. Stockfinster! Die Sterne funkelten durch die Ritzen unserer Kanzel, als wir beide auf sein gedämpftes Kommando „Jetzt können wir gehen!" die Stellung verließen. Ich hatte allerhand gesehen, ein paar Aufnahmen gemacht und über allerlei gegrübelt.

Schon marschierten wir ab, und bald trafen wir mit einigen dunklen Gestalten im Finstern zusammen. Diese hatten uns bereits erwartet, denn hier wurde nicht nur das Wild gezählt, sondern auch peinlichst genau die Beobachter, so daß keiner verlorengehen konnte. Gleich gesellte ich mich zu meinem großen Freund Franje, diesen im Dunklen erkennend, während ringsum, durcheinander, die Ergebnisse der vergangenen Stunden ausgetauscht wurden. Am liebsten, meinte ich zu meinem Freund, wäre es mir, wenn ich Franje jetzt nach Hause begleiten könnte. Ich würde dann gleich weiter zu mir heimfahren. Mir war nämlich ob der greulichen, bewegungslosen Sitzerei richtig kalt geworden.

Kaum hatte ich das meinem großen Gönner verstohlen mitgeteilt, als er mit vorgehaltener Hand, bei der Brust mich nehmend und zu ihm ziehend, durch die Zähne zischend aufmerksam machte: „Goschn halten, was glaubst du, wer da ist. Die höchste Persönlichkeit, die du dir vorstellen kannst! Jetzt gehst du mit! Wir fahren in den kleinen Ort vor Schelesnograd und kehren dort ganz groß ein. Hier darfst du auf keinen Fall unangenehm auffallen!" Daraufhin ließ er mich los, und alles setzte sich in Richtung der abgestellten Autos in Bewegung. Ich hatte natürlich keine Ahnung, wer hier dabeisein konnte, aber ehrfurchtsvoll schritt ich hinter der grünen, jetzt kohlrabenschwarzen Gilde her, in der auch Franje nach seinem Räuspern und kräftigem Ausspucken, das man deutlich hören konnte, mittendrin marschierte.

Nach kurzer Fahrt waren wir, ein ganzer Konvoi von Autos, in dem berühmten Weinort angelangt. Dorfhunde kläfften. Im abgeblendeten Scheinwerferlicht gingen links und rechts Männer mit dem balkapanischen Ausweis, das heißt, dem großen blauen Tuch, das sie um den Bauch gebunden trugen, dem „Fiata", wie man hier sagt, geschäftig hin und her. Zwei, drei Frauen und Kinder mit Milchkannen waren noch zu erkennen, und schon hielten wir vor dem hell erleuchteten Lokal. Eine herrliche, wohlige Wärme umfing uns dort drinnen. Als ich mich in dem allgemeinen fröhlichen Bewegen auch meines Mantels und meiner Mütze entledigt hatte, wurde ich auch schon zum bereits großen, rundum besetzten Tisch eingeladen. Ich blickte ringsum, und jetzt sah ich sie alle sitzen; die Ehrfurcht ließ mich schier erzittern. Würdevoll und weniger würdevoll, natürlich nur von mir so eingestuft. Ein großer Magerer neben einem kleinen Dicken. Einer, der gerade seine Brillen putzte, neben einem, der bereits Speise- und Getränkekarte studierte. Zwei, drei vollkommen ernst zu nehmende neben zwei gleich mir eingeladenen Gästen. Und jetzt, ich verneigte mich devot vor dem Anblick dieser Persönlichkeit. Ein ganz hoher Herr saß da dazwischen. Ganz etwas Außergewöhnliches. Ein Mann, der ein Steuer in der Hand hielt, bildlich gesprochen natürlich. Reif an Jahren, von interessantem Wesen. Er, den man überall den „Unbestechlichen“ nannte.

Schnell versuchte ich, zu einem Platz zu kommen, und ein glücklicher Umstand wollte es, daß sogleich ein angeregtes Gespräch entstand und ich nicht sosehr beachtet wurde. Über alle möglichen Wildarten und was es sonst derlei an solch einem Tag zu besprechen gab. Eingedenk der Worte meines Freundes, was ich zu tun hätte, oder besser gesagt, was ich nicht zu tun hätte, man kann das auslegen, wie man will, versuchte ich nur zuzuhören. Im übrigen fiel mir ein, daß diese hohe Persönlichkeit im ganzen Lande auch dadurch bekannt war, daß sie in einer bestimmten Phase des gemütlichen Beisammenseins eine mir bis dahin unbekannte, angeblich sehr interessante Geschichte erzählen würde. Es müßte sich nur jemand finden, der die hohe Persönlichkeit dazu im geeigneten Augenblick ganz unscheinbar auffordert. Ich hörte links, hörte rechts, sah auf Franje, der, mittlerweile war sein Essen schon gekommen, zupackte wie ein Seeräuber. Da trudelte auch meine Bestellung ein.

Ein allgemeines Messer- und Gabelklirren, unterbrochen von wiederkehrenden Prost!-Prost!-Rufen und einem gegenseitigen Zutrinken, nahm die nächste halbe Stunde ein. Endlich war alles geschafft, der Tisch abgeräumt. Da und dort plauderten zwei oder drei, und ich, bereits aufgewärmt, dachte nach, welche Ehre es für mich sei, hier in diesem Kreise so mir nichts, dir nichts mitessen zu dürfen. Selbstverständlich auf eigene Rechnung. Aber das hatte ja überhaupt keine Bedeutung.

Der Leiter des großen Reviers, in dem wir gewesen waren, erhob sich nun, nickte uns allen gütig zu, vor der hohen Persönlichkeit verneigte er sich sogar etwas und meinte: „Heben wir das Glas auf unser braves, gesundes Wild, auf unser frohes Zusammensein und auf . . .!“ Ich kann das Gesagte hier nicht so wortwörtlich wiedergeben, weil ich mir die überaus elegante Redewendung nicht merkte. Jedenfalls meinte er die hohe Persönlichkeit. Diese nickte wohlwollend zu ihm, worauf er sein Glas mit dem funkelnden, berühmten Rotwein an die Lippen setzte und einige Schluck trank. Selbstverständlich nachdem bereits die hohe Persönlichkeit das Glas an die Lippen gesetzt hatte. Ich fühlte mich überglücklich, in dieser Runde mittrinken zu drüfen, und so trank auch ich, von Franje mit gesenkten, aber doch feurigen Blicken angeeifert. Ob der rundum wieder einsetzenden Debatten und der aufgeräumten Stimmung, der Wirt hatte nichts weiter zu tun, als laufend neuen Wein zu bringen, trank ich, wohl gewiß meiner einfachen Herkunft entsprechend, scheinbar etwas über den Durst. Zudem war mir vollkommen klar, daß eine eventuell gezeigte Abstinenz sofortiges Mißtrauen, wenn nicht Todfeindschaft einbringen würde.

Das Vokabular hier erstreckte sich ja allgemein hauptsächlich auf Ausdrücke von jagdbaren Tieren und auf Stückzahlen. Immer wiederkehrend, gewisse Orte erwähnend, hie und da Jahreszahlen durchleuchtend, so daß ich, es ist sicher dem Blaufränkischen zuzuschreiben, streng dem Befehl meines Freundes und Gönners folgend, einfach nicht mehr weiß, was so Bewegendes gesprochen wurde. Plötzlich wurde ich aufgerufen! Jetzt war die Reihe an mir. Ich mußte schnell den weißen Zettel holen, um anzugeben, was ich gesehen hätte. Als ich jedoch mit bangem Herzen die paar Schritt vom Kleiderständer bis zur großen Runde zurückgelegt hatte, dieses weiße, gnadenlose Dokument in Händen, war es schon zu spät. Mein Hochstandbegleiter, der jetzt gegenüber ganz eng neben der hohen Persönlichkeit saß, hatte schon längst, seinem fabelhaften Gedächtnis die Zahlen entlockend, mündlich alles wiedergegeben. Somit konnte ich meine Mission bereits als erfüllt betrachten und setzte mich schnell wieder in die Runde. Glücklich, daß ich vor lauter Gedanken über die hohe Persönlichkeit nicht gestolpert war. Wieder gab es allseits einsetzendes Gemurmel und Gerede. Ein Zuprosten, und der weiß beschürzte Wirt rannte schon wieder flink mit neuem Blaufränkischen zu Stelle. Im geheimen fiel mir doch ein, daß ich noch eine weite Fahrt vor mir hätte. Ich meine, ob des Alkohols. Aber was nutzte das. Jeder Keim eines Aufbruches von dieser Runde wurde sofort erstickt, wenn ich durch das Oval meiner gesenkten Augenbrauen ergeben zur hohen Persönlichkeit hinüberblickte. Diese unterhielt sich glänzend mit dem Nachbarn, als sich plötzlich einer der Anwesenden bemüßigt fühlte und alles übertönend oder zumindest schien es mir so, der hohen Persönlichkeit sein Glas zuprostend, doch bittend einwarf: „Wie schön wäre das doch, wenn Sie uns ... (Hier folgte der Titel, es ist mir dies insofern so gut in Erinnerung, als sich bei diesem Wort alle der hohen Persönlichkeit zuwandten und das Gespräch allseits verstummte.) ... etwas von früher erzählen könnten. Sie müssen ja viel, viel schönere Erinnerungen haben als wir!“

Darauf schien die Runde nur gewartet zu haben, denn alles prostete der hohen Persönlichkeit zu, worauf diese, wie ich meine, ebenfalls nur gewartet hatte, sich laut räusperte. Während jetzt wirklich allgemeine Ruhe herrschte und jeder einzelne ehrfurchtsvoll zu der hohen Persönlichkeit hinblickte, entschloß sich diese, ein gewissen Zögern vortäuschend, doch etwas zu erzählen.

„Also, es ist schon lange her, und ich muß euch sagen, daß diese Zeiten wirklich sehr schön waren. Da gab es noch Hasen in großen Mengen, man konnte, Einladungen gab es von jeder Seite, sicher sein, an jedem Sonntag im Herbst irgendwo bei einer großen Hasenjagd mitmachen zu können. Ich lebte damals hier in der Nähe."

Während wir alle gebannt zuhörten, denn das war ja Ehrenpflicht, sah ich für einen kleinen Augenblick verstohlen zu Franje. Der blinzelte mir nur zu, und ich wußte alles. Jetzt hatte ich sie, die berühmte Erzählung. Wie viele hatten sie schon aus diesem hehren Munde gehört, und ich wurde vom Schicksal dazu auserwählt, selbst Augenzeuge dieses geschichtlichen Augenblicks zu werden. Schnell wandte ich wieder mein Auge dem Sprecher zu, denn anderes könnte übel vermerkt werden, als dieser fortfuhr:

„Da begab es sich, daß wir, mehrere Bekannte und Freunde von mir, auf dem großen, riesigen Feld zwischen Wulking und Schelesnograd, das damals noch jungfräulich und unbekümmert und nicht durch Autobahnen und Straßen vergewaltigt wie heute war, ja ein Paradies für sich allein bildete, eine große Hasenjagd veranstalteten. (Bei jungfräulich und genauso bei vergewaltigt hörte man ein gewisses Scharren der Füße, das aber sogleich wieder verstummte.) Es war so üblich, im Grunde genommen sollte es auch heute noch so sein, daß von jedem Revier anläßlich einer Jagd sämtliche Nachbarn oder zumindest eine Delegation von den Nachbarrevieren eingeladen wurde. Das war mehr oder weniger eine Tradition. Aber das Interessante war, daß schon einige Jahre vergangen waren und wir aus Wulking nie Gäste bei uns hatten. Also wissen Sie, wir gingen natürlich auch nicht zu ihnen. Das war doch eine richtige Bauernjagd, und ich sage Ihnen, Sie wissen ja, was das bedeutet. Dort wurde geschossen auf ‚Deubel komm raus!‘ (Bei dieser Passage wurde der hohen Persönlichkeit anscheinend der Hals trokken, denn sie griff nach dem Glas. Ein allgemeines Gemurmel setzte ein, und jeder tat einen kräftigen Schluck. Selbstverständlich tat auch ich einen kräftigen Zug, aber schon ging die Erzählung weiter.) Also diese Wulkinger waren eine eigene Mischung. Wir wußten nicht recht, wie viele ihrer waren. Es müssen etliche Mitglieder bei dieser Bauernjagd gewesen sein! (Das Wort Bauernjagd wurde so stark betont, daß sich die Gegenübersitzenden sogleich gerade setzten!) Dort wurde geschossen, was vor die Flinte kam, und selbstverständlich jeden Tag! Wäre das natürlich heute so, das wäre unmöglich, denn heute gibt es Gesetze! (Bei Gesetze zuckten unwillkürlich einige der Gegenübersitzenden zusammen. Aber nur ganz leicht, so daß es wie ein Zurechtrücken aussah.) Also an einem schönen Herbsttag hatten wir die Jagd. Und anläßlich der großen Weite des Feldes, das zu bejagen war, hatten wir sie eben wieder eingeladen, die Wulkinger, denn wir waren Kavaliere! (Jetzt setzte sich die hohe Persönlichkeit zurecht.) Wir waren Kavaliere, und uns spielte das keine Rolle, die Wulkinger sollten kommen! Und einmal eine anständige Jagd erleben können, so wie es sich unter Weidmännern gehörte!

Wir waren an diesem herrlichen Herbsttag schon mitten auf dem gewiß einige Kilometer weiten Feld an einem Kreuzungspunkt zweier Feldwege angelangt, und die Einteilung für den ersten großen Kreis der Treibjagd begann. Da schrie aus unserer Runde jemand laut! Sie müssen wissen, daß ja da ein großes Gewimmel um uns herum war. Es gab Schützen und Gäste und Hunde und Treiber und alles bunt durcheinander. Flaschen kreisten herum zum Begrüßungstrunk, denn da wurde nicht gespart! (Bekräftigend klopfte die hohe Persönlichkeit bei gespart mit dem halbvollen Weinglas auf den Tisch.) Jawohl, da schrie einer: Do schauts her, dort kommen die Wulkinger! Denn schon hatten wir, nachdem sie fast eine halbe Stunde zuvor beim Treffpunkt unterhalb Höflern nicht erschienen waren, selbstverständlich damit gerechnet, daß wieder niemand kommen würde. Und alle blickten wir über das weite Feld, wo vielleicht auf gut einen Kilometer Entfernung zwei dunkle Gestalten mit einem großen Hund in der Mitte sichtbar wurden. Das Feld war ja vollkommen eben, und kein Baum und kein Strauch verwehrte uns die Sicht. Es war recht interessant, daß doch noch aus Wulking, denn nur von dort konnten die zwei Silhouetten, die sich auf uns zu bewegten, kommen, welche zu uns stoßen würden! (Eine Atempause der hohen Persönlichkeit gab wieder Anlaß, zum Blaufränkischen zu greifen.) Tatsächlich war es so! Selbstverständlich wartete man, bis die beiden nähergekommen waren, denn wir waren alle neugierig, wie diese beiden Figuren bei näherem Zusehen ausschauen würden. Sie müssen wissen, meine Herren (und die hohe Persönlichkeit blickte allseits in die Runde), damals gab es ja noch keinen Bezirksjägertag! (Bei Bezirksjägertag räusperten sich einige der Anwesenden, das war sicher nur auf das heutige kalte Wetter bei dieser Sitzung zurückzuführen.) Und da konnte man sich ja gar nicht näher kennenlernen. Da kamen, von lautem Hallo begrüßt, diese beiden Personen mit dem großen Hund. Denn das war ja gar kein richtiger Jagdhund! Das war irgend so eine Mischung, die wir alle nicht enträtseln konnten. Aber weit entfernt selbstverständlich erinnerte das Tier an einen Jagdhund. Mit einer Schnur, die der eine der beiden Wulkinger fest in der Hand hielt, war der Hund angehängt! (Und die hohe Persönlichkeit lächelte allseits in die Runde. Jetzt lachte alles lauthals, und irgendeiner stieß sogar disziplinlos das Wort „Auch interessant!" heraus, was ihm allerdings nur Ruhe gebietende Blicke der hohen Persönlichkeit einbrachte.) Aber das ist gar nichts! Stellen Sie sich vor, diese beiden Menschen waren gar nicht jagdmäßig angezogen! Alle zwei hatten sie ganz gleiche schwarze Röcke an. Es muß wohl so gewesen sein, daß sie mit diesen schwarzen Röcken in der Kirche waren und anschließend gleich ihre schrecklichen Gewehre, denn die hatten sie umgehängt, mitgenommen hatten. Und um das Maß voll zu machen, waren sie gleich mit dem Riesenhund und ihren schwarzen Stiefeln übers weite Feld zu uns hergestapft. Aber was machte es. Die Jagd wurde eröffnet, nachdem die beiden Wulkinger allseits begrüßt worden waren. Im übrigen stellten sich diese beiden recht mürrisch an. Ich glaube sogar, daß sie gar nicht zu uns auf die Jagd kommen wollten, aber aus irgendeinem schlechten Gewissen der Wulkinger Jagdgesellschaft zu uns geschickt worden waren.

Die Aufteilung der Schützen für den ersten Trieb begann, und Sie wissen ja, wie das ist. Schon ging es los! Ein Schütze links, ein Schütze rechts, ein Treiber links, ein Treiber rechts. Interessanterweise, das muß ich noch sagen, wagte es niemand, über die schwarzen Röcke der beiden Wulkinger, ähnlich wie bei einem Begräbnis, auch nur die kleinste Bemerkung zu machen. Denn das muß ich sagen, das war auch damals nach dem Ersten Weltkrieg so, ein Jäger mußte ein grünes Kleid tragen! (Eine Atempause der hohen Persönlichkeit geschickt ausnützend, klopfte mein großer kroatischer

Gönner Franje seinerseits mit dem Glas auf dem Tisch. Nickte allen zu und erhob das Glas. Worauf das allgemein bekannte „Prost! Prost!“ und das helle Gläserklingen wieder einsetzten. Gefolgt von den lauten Schlucken meiner Tischnachbarn, selbstredend auch von meinem. Ich wußte nicht mehr, was ich davon halten sollte. Und kaum hatte ich wieder einen Blick zu Franje gemacht, der mir, fast nicht zu erkennen, schelmisch zugrinste, bemerkte ich, wie der kleine Dicke und einer neben mir schräg über den Tisch auch einander zublinzelten und gleich noch einmal das Glas erhoben. Aber da fuhr die hohe Persönlichkeit schon wieder fort.) Wissen Sie, diese beiden Wulkinger mit den schwarzen Röcken standen wortlos bei uns, und so wagte es auch der Jagdleiter nicht, sie bei der Aufteilung der Schützen länger warten zu lassen. Die ersten Ausgesandten schienen schon in der Ferne zu verschwinden, um ganz weit hinten bogenförmig den Kreis zu schließen. Nicht einmal die Hunde von uns wagten sich in die Nähe des großen, zerzausten Jagdköters, den die beiden Fremden noch immer an die Schnur gebunden zwischen sich hatten. Also sagte der Jagdleiter: ‚Bitte die beiden Herren!‘ und er zeigte zu ihnen. ‚Und ein Hund nach rechts!‘ Worauf sie sich wortlos in Bewegung setzten und der Schützenreihe folgten. Dort etwa, alle fünfzig Meter, vielleicht siebzig, achtzig sogar, schritten je ein Schütze und ein Treiber einzeln aus. Dort gingen die beiden Wulkinger erst recht gemeinsam, was ja ungehörig war. Denn es muß ja immer der gleiche Abstand eingehalten werden. Dann aber trennten sie sich doch etwas, und der ohne Hund blieb ein wenig zurück. Wir waren nur mehr ein paar Schützen, die wir noch auf die Einteilung warteten, und bald war es soweit: Auch ich war dran! So konnte ich das interessante Schauspiel selbst beobachten, wie sich dann nach dem Signal, als der letzte Schütze ausgegangen war und sich weit, weit drüben die beiden ersten Schützen, je von links und rechts kommend, getroffen hatten, mit einem Wort, wie sich der Kreis schloß. Die Treibjagd begann. Ich muß sagen, da herrschte noch Disziplin! (Diesmal zuckten die Gegenübersitzenden beim Wort Disziplin nicht mehr so stark zusammen wie beim ersten Mal, aber sicher tat auch der Blaufränkische seine Wirkung.) Bei uns wurde nicht schon beim Ausgehen, das heißt, bevor der Kreis geschlossen war, auf allfällig aufstehende Hasen geschossen. Sicher war das nicht im Sinn der beiden Wulkinger! Denn die sind ja sicher anderes gewohnt gewesen! (Und die hohe Persönlichkeit lächelte ironisch.) Ja, was soll ich sagen? Der Kreis, es war der erste Kreis noch dazu an diesem Tag, überall wurde fleißig geschossen, begann sich zu verengen und immer enger zu werden. Ringsum wurde ja sehr fleißig gepulvert! Überall rannten zwischen den Schützen die Treiber mit den umgehängten Hasen umher. Da wollte sich zwischen den beiden Wulkingern mit den schwarzen Röcken und mit dem großen, jetzt heulenden Hund, den der eine noch immer bei sich an der Schnur führte – nach den ersten Schüssen hatte der große, undefinierbare Hund zu heulen und zu bellen begonnen – ein Hase mitten aus dem Kreis heraus hindurchschwindeln. Natürlich in vollem Tempo! Das können Sie sich ja vorstellen! Da sahen wir, wie der Hund sich von dem einen mit dem schwarzen Rock losgerissen hatte und auf den gerade die beiden Wulkinger in der Mitte passierenden Hasen hinhetzte. Da hatten beide Wulkinger ihre Gewehre auch schon angelegt, und schon krachte es, während es bei beiden gleichzeitig aufblitzte. Und was glauben Sie, was jetzt geschehen ist? (Man hätte eine Stecknadel fallen hören können. Atemlose Stille herrschte. Nur der kleine Dicke, der sonst immer auch während dieser ungemein spannenden Erzählung deutlich hörbar leicht geschnauft hatte, schnaufte diesmal ganz laut. Sichtlich lockerte er damit die Stimmung, denn sogleich setzte ein allgemeines: Ja, was ist denn dann passiert? Das ist doch interessant, also allerhand! Spannend! usw. ein. Darauf hatte die hohe Persönlichkeit nur gewartet. Jetzt allseits die offenen fragenden Münder betrachtend, blickte sie weit, weit überlegen lächelnd gemächlich in die Runde. Alles verstummte. Es war direkt qualvoll, einen so zappeln zu lassen. Endlich fuhr die hohe Persönlichkeit fort.) Als sich auf die Schüsse der beiden Wulkinger mit den schwarzen Röcken ihr eigener Hund im Feuer überschlug und der Hase weiterrannte! (Ein tolles Gelächter setzte ein, anerkennend zur hohen Persönlichkeit ertönt es: Das hab' ich nicht geglaubt! Das hab' ich mir vorgestellt! Hochinteressant! Das waren Zeiten! Jetzt zeigte die hohe Persönlichkeit wieder den Meister der Erzählkunst, den König der Rhetorik. Gebieterisch, wie es schien, winkte sie, zur Ruhe gemahnend zu.) Ja, was soll ich Ihnen sagen, das war natürlich ein riesiges Hallo! Selbstverständlich wurde der Trieb sofort abgebrochen! Alles strömte zu uns her, zu meiner Seite! Immerhin war ja der Kreis nicht mehr groß gewesen, und so hatten alle Jäger und Treiber diese tolle Begebenheit beobachten können! Worauf sich die beiden Wulkinger wild gestikulierend beim toten Hund trafen! Man konnte ja in dem Wirbel nicht hören, was sie sagten. Aber sofort nahmen die beiden Wulkinger mit den schwarzen Rökken den toten Hund, der eine links, der andere rechts. Und ohne einen Gruß schritten sie wieder dorthin, nach Südosten. Übers weite Feld, wo man die Silhouetten ihrer Ortschaft erkennen konnte. Und das sage ich Ihnen, und das haben wir uns alle damals gesagt: Also wenn die beiden Wulkinger mit den schwarzen Röcken schon einige Jahre nicht zu uns gekommen sind und jetzt nur hier waren, um ihren eigenen Hund wie bei einer Exekution zu erschießen, das hätten sie, meine Lieben, auch zu Hause tun können!"

Ein Lächeln nur der hohen Persönlichkeit, und alles lachte jetzt lauthals. Die hohe Persönlichkeit hob jetzt ihrerseits das Glas, worauf selbstverständlich alles heftig nach den Gläsern langte und diese mehr oder weniger leerte. Wie ein großer, weißer Schatten war aber augenblicklich der beflissene, weißgeschürzte Wirt devot da und füllte alles voll. Er hatte ja, immer nur in der Ecke stehend, auf kleine Gesprächspausen gewartet, um dann seine Chance zu wahren, um seinen Blaufränkischen einzuschenken. Alles trank einander zu, und jetzt begannen laute Diskussionen, untermischt von Gelächter. Die hohe Persönlichkeit blickte triumphierend in die Runde, denn es war ihr ja gelungen, die Erzählung bis zur letzten Pointe restlos an den Mann zu bringen. Ehrlich gesagt war ich angenehm überrascht. Diese Story war einmalig, und eine echte, warme Freude stieg in mir hoch, daß ich doch mit einem echten Zeugen dieser Begebenheit, eben mit der hohen Persönlichkeit, an einem Tisch sitzen durfte. Aber jäh erschrak ich und dachte nach. Hatte ich nicht unbotmäßig viel gelacht? Doch da fiel mir das Schreckliche ein. Hatte mich armen Teufel auch schon die balkapanische Infektion, die Demut vor dem hohen Herrn, gepackt? Nein, Nein! Es hatte schon seine Richtigkeit, das war eben ein sogenannter Zeuge der Zeit, und ich fühlte glücklich die angenehme Wirkung des rubinroten Weines.

Es dauerte nicht lang, und alles drängte zum Aufbruch, nachdem die hohe Persönlichkeit kurz auf die Uhr geblickt und mit den Worten: „Ist ja schon reichlich spät!" sich erhoben hatte. In der ganzen Drängerei und Verabschiederei, die sich dann ergab, wurde ich so recht und schlecht von Franje begleitet. Wie von selbst landeten wir vor der Tür. Alles drängte zu den abgestellten Autos. Da sah ich etwas, das mich wie elektrisierend durchfuhr!

Ich erstarrte! Teufel noch einmal! Hatte ich zuviel von dem rubinroten Blaufränkischen, oder träumte ich? Was ich dort sah, eben im Halbdunkel jenseits des Lichtscheines der offenen Gasthaustür verschwindend, war die hohe Persönlichkeit. Augenblicklich rieb ich mir die Augen, denn was ich sah, konnte nur eine Täuschung sein: Die hohe Persönlichkeit war in einen kohlrabenschwarzen Mantel gekleidet!

Der neue Mann

Weit hinten in den pannonischen oder besser gesagt balkapanischen Regionen, wo sich, so scheint es, Balkan und Pannonien vereinten, in den ganz verschwiegenen Winkeln, gibt es wirklich noch wahre Jagd. Was heißt schon Jagd, was ist die Jagd eigentlich? Die Jagd ist heute gewiß kein Beutemachen um der Nahrung willen mehr; dazu geht es uns zu gut, ist die Zivilisation zu weit forgeschritten. In der Jagd finden wir die innere Erfüllung, das Trotzen gegen die Natur, das Sichbewähren vor ihr. Und die ersehnte Vereinigung mit ihr. Vor einer auch heute noch gnadenlosen Natur, von der nur Unwissende glauben, sie bezwungen zu haben. Es ist das Überlisten der, Gott sein Dank, noch mit vollem Instinkt ausgestatteten jagdbaren Tiere. Und wem dies alles gelingt und wer hier nicht verzagt, seinen Körper noch nicht etwa dem Gott Mammon verkauft hat, der ist in meinen Augen wahrer Jäger. Es gibt nicht mehr viele von dieser natürlichen, herzhaften Sorte. Und das Interessante und Schöne daran ist, daß die wenigen, die es wirklich sind, es selbst gar nicht wissen.

Dort hinten in den „Backwoods" gab es eine herrliche Gemeindejagd. Von einer Generation auf die andere übergehend, blieb sie immer im Ort. Gejagt haben nur Einheimische, mit beiden Beinen im Leben und auf heimatlichem Boden stehende, urwüchsige Menschen, aufrechte Leute. Menschen, deren Väter, Großväter und Ahnen schon den Wirrnissen ihrer Zeit widerstanden und sich immer wieder behauptet haben. Sogar ihr Deutschtum hatten sie in diesem Ort trotz kommender und gehender Herrscher, wechselnder politischer Einflüsse und vergehender Landesfarben rein bewahrt. Nur sind sie durch die nahe Grenze gewitzigt worden.

In der Seele ein ererbtes Mißtrauen gegen alles Neue und Fremde. Mit dem Herzen und dem Schweiß ihrer Arbeit mit ihrer ehernen Scholle verbunden.

Es gibt hier in dieser Gegend zwei Dinge aus alter Zeit, die gewiß auch mit das Wesen dieser Menschen geformt haben. Nämlich dort am östlichen Rand des Ödenburger Gebirges in einer anmutigen Landschaft den kleinen, im engeren Umreis berühmten Königsteich, mitten in den Feldern und Weingärten liegend. Keine ganze Schrotschußweite breit, in dem fast ein Dutzend Quellen mitten im kniehohen Wasser hervorsprudeln. Man sieht dort im glasklaren Wasser förmlich, wie die sprudelnden Wasserstöße den Sand von Sekunde zu Sekunde neu aufwirbeln. Hier hatte der ungarische König Bela bei seinen Streifzügen mit seinem Gefolge Rast gemacht, und nach ihm ist er benannt. Vermutlich waren diese Trinkwasserquellen sogar in den Hunnenkriegen öfters Rastplatz dieser kriegerischen Nomaden, wenn nicht sogar Attilas selbst, dessen unbekanntes Grab ja auch hier, nur etwas nördlicher, zu suchen ist, gewesen.

Und einige Tage vor der schicksalsschweren Schlacht bei Dürnkrut zwischen dem Habsburger Rudolf und Ottokar von Böhmen, die für viele Jahrhunderte das Bild Europas bestimmen sollte, rastete hier das große Ungarische Heer auf dem Zug ins nördliche Marchfeld, sich später bei Hainburg mit Rudolf vereinend. Nicht zuletzt waren es ja die genauso wie die späteren Panduren auch mit aus dieser Gegend stammenden Kumanen, die leichte ungarische Reiterei, die Rudolf zum Sieg verhalfen. Ganze 60 Mann haben damals die Schlacht entschieden. Etwas von diesem Abenteurer- und Kriegerblut ist sicher hiergeblieben.

Das zweite ist der Haschendorfer Fund, nach einem kleinen Ort benannt, der sich, wohl neben einer Hauptverkehrsstraße liegend, noch voll und ganz sein ländliches Wesen und seine idyllische Abgeschiedenheit bewahrt hat. Im Jahr 1914 wurde hier ein Bronzegerät aus der jüngeren Hallstattzeit von heute noch relativ unklarem Verwendungszweck gefunden. Es ist eine Art Mondaltar. Jedenfalls ein Kultbild zur Verherrlichung des Mondes, das sich heute im Ödenburger Museum befindet. Der international berühmte Fund, und das ist das Mysterium an dem Ganzen, entspricht einem ganz gleichen aus Balkara in Schweden. Es existieren nur diese beiden künstlerischen Kultgegenstände dieser Art überhaupt. Stammen sie von den Wikingern? Immerhin gibt es in der Burg Budapest herrlichen Normannenschmuck zu sehen. Es wird ewig ein Rätsel bleiben.

Doch zurück zu unseren balkapanischen Jägern. Nennen wir ihn, unseren Hauptakteur, Franz. Erstens sind schon einige Jahre vergangen, und zweitens bewundere ich ihn auch heute noch ob seiner natürlichen, ungezwungenen Art. Und drittens ist er, blond und jedem Wetter trotzend, hier in dieser unserer engeren Heimat als „der Wikinger" bekannt.

Franz wollte schon immer Jäger sein. Das heißt, Jäger war er vom Blut her, und im Wald trieb er sich umher, denn er war ein sehr fleißiger und tüchtiger Bauernsohn. Jede Arbeit im rauschenden Wald tat er zehnmal lieber als die auf dem flachen Feld. Im Flüstern der Bäume schlug sein Herz eben schneller als beim Mähen der Wiesen. Sosehr sich Hans auch bemühte, er durfte zwar bei der einheimischen Jagdgesellschaft mitgehen, um zu treiben, er war sogar schon bei der großen Hasenjagd eingeladen. Aber im allgemeinen wurde er von den anderen sogenannten Jagdpächtern, einer durch verschiedene Umstände auf Gedeih und Verderb verschweißten Gemeinschaft, leicht scheel angesehen – er war ein Neuer, ein Eindringling in schier mystisch umwobene Jagdgeheimnisse.

Sie wollten keinen Neuen, auch wenn er mit ihnen aufgewachsen und vom gleichen Schlage dünkte. Sehr mühsam und mit dem größten Einsatz an Bauernschläue, mit den verwegensten Kniffen hatten sie sich, nachdem der Pachtwert vor einer Vergabe von ihnen durch monatelange Beeinflussung der Gemeindeväter immer weiter gesunken war, in den Besitz des Pachtvertrages gebracht.

Es war ein bunt zusammengewürfeltes Team, das sich da durch allerlei Schicksalsfügungen zur jetzigen Gemeinschaft zusammengefunden hatte. Der eine war mit Haut und Haaren Jäger und schoß das ganze Jahr, der andere nur für herbstliche Sonntage bei den Hasenschlachten zu gebrauchen. Dieser hatte schon immer den Wald im Herzen, jener den Erlös der ganzen Plackerei. Etwa der flinke, untersetzte Baumhakl, Sepp gerufen. Bauer auf mäßiger Scholle und immer Gewehr bei Fuß. Selbstverständlich auch beim Ackern und Säen. Da hatte er schon ein eigenes Futteral fürs Feuerrohr auf dem Traktor. Ähnlich wie die Cowboys solches vor sich am Sattel haben. Aber ein Jäger durch und durch. Wenn man alles so überdachte, was er tat, er war in Ordnung. Ein Raubzeugbekämpfer ersten Ranges. Sprach aber nie davon. Hatte eines der überaus beliebten russischen Militärgewehre, als Reliquie in den Bauernhöfen ringsum vorkommend, in Verwendung. Ein gutes Stück, das er immer pries. Besaß zwei Jagdhunde, einen großen und einen kleinen, versuchte auch zu züchten und ärgerte sich immer, wenn ein Haushund ein bißchen mitmischte. Er gehörte zu den jüngeren der Gilde.

Oder Langbein, fast zehn Jahre älter. Ein Ehrenmann, dem jeder Hase leid tat. Hatte mehrere Söhne, von denen er hoffte, daß sie einmal alle so wacker würden wie er. Natürlich auch beim Jagen. Sprach wenig und wenn, dann treffend.

Die graue Eminenz war Weidinger, bei der örtlichen Verwaltungsbehörde beschäftigt und daher eine Ehrfurcht erfordernde Person. Ein großer Hasen-, Fasan- und Rebhuhnesser. Hatte einen Hund undefinierbarer Rasse. Allgemein „mein Kurzhaar" betitelt. Auf alle Fälle aber Vorstehhund. Weil er sich so verhielt!

Aus anderem Ton war Holzer gebrannt, besaß nicht nur außergewöhnliche Körperfülle, sondern auch eine kleine Säge, so für den Ortsgebrauch. Jeder im Ort würde sich schämen, der sein Holz nicht bei ihm schneiden ließ. Er brachte weit über 100 kg auf die Waage. Er verkörperte das Sinnbild eines Bären. Besaß aber den Instinkt eines allein in der Wildnis lebenden Trappers. Schoß gerne und sehr gut. Machte sich Gewissensbisse, wenn er schlecht traf, was selten der Fall war. Hatte unlängst mit Sepp Baumhakl ein mehrschüssiges Gewehr, das die Zeit in einem Strohschober überdauert hatte, ausprobiert. An einem strahlenden Sommertag und bei blauem Himmel. Und weil sonst nichts da war, auf einen weit entfernten weißen Punkt in den blumigen Wiesen, einen unschuldigen, aber von Holzer wegen verschiedener einfacher Theorien gehaßten Storch, gezielt. „Weil er sich von der grünen Wiese so gut abhob!" wie der einfältige Baumhakl glaubte. Auf gute 300 Schritt, aber schon beim ersten Schuß war der Storch, zwar seltsam schwankend, aber doch dem heimatlichen, gut zwei Kilometer entfernten Horst zugestrebt. War aber nur bis zum mitten im Dorf stehenden Kirchturm gekommen. Auf dessen Kreuz setzte er schwankend auf und stürzte nach 30 Sekunden wie ein abgeschossenes Flugzeug zu Boden. Mitten unter ernste Erwachsene auf dem sonntäglichen Kirchplatz. War ein großes Hallo gewesen! Anfangs Gottesfügung, wie der mitten in der Menge stehende Salvenmeier, ebenfalls Kompagnon der Jagdgemeinschaft, sofort vermeinte. War aber dann doch von der Menge als Krankheit des armen Adebar diagnostiziert worden. Vollmantelgeschosse hinterlassen ja nur ganz kleine Wunden. War als Wink des Schicksals vom Bürgermeister, dem Salvenmeier sehr zugesetzt hatte, der Schule geschenkt worden. Ausgestopft, versteht sich.

Holzer machte sich immer noch große Gedanken darüber, es war ja seine einzige schnöde Tat im Jägerleben. Verpflichtete den Sepp mit Handschlag zu unbarmherzigem Schweigen.

Ein Außenstehender, schon seiner Gesinnung nach, war der vorhin erwähnte Salvenmeier. Klein und schmächtig von Gestalt, noch dazu Arbeiter der Stirn. Gehörte somit zur Intellegenzia. Stieß durch Heirat in die Gesellschaft, da sein Schwiegervater ehedem zu der Garde derer von Hasenruh gehörte. Besaß auch ein Kugelgewehr. Hatte sehr flinke Augen. Ein äußerst braver Kirchengänger und voll von Mißtrauen gegen jedermann, der Sonntag vormittags etwas anderes im Sinn hatte. War den Jagdgesellschaftern nach anfänglichen Zweifeln sehr willkommen, da er das Image der Gruppe ungemein hob.

Weiters waren da noch der den meisten anderen nur bis zur Schulter reichende Weinsenal des Ortes. Führte einen alten „Deutsch-Kurzhaar“, den man aber jeder beliebigen Jagdhunderasse zuordnen konnte. Legte auf Schalenwild keinen Wert.

Dann gab es noch den eingeheirateten, drahtigen Zicho. Stammte aus dem ursprünglich kroatischen Nachbarort und war durch Liebesbande hierhergekommen. Ein großer Schweiger und Fuchstöter. Arbeiter der Faust, als Jäger von ungemein edler Gesinnung. Für einen guten Bock verschenkte er seine Schwiegermutter.

Der Kommandant der Gilde war der stämmige Spiegelberg. Ein Jäger, der einsame Spitze darstellte. Ein Schalenwildmann. Wenn er sich auf ein bestimmtes Stück einstellte, so war er auch entschlossen, dieses, wenn es sein mußte, bis Japan zu verfolgen. Meist kapitulierte aber das entsprechende Wildschwein früher. Besaß abwechselnd Hunde terrierähnlicher Rasse und mehrere Gewehre. Alles individuelle Stücke. Etwa die 7,62 Russian oder für die großen undurchdringlichen Dickungen die 9,3 × 74 R aus dem Luftwaffendrilling. Die Spitze war die vom Hofe, die hatte er sich eigens anfertigen lassen. Damit er dorthin langen könnte, wo die anderen zu denken aufhörten. An Schläue und echter Waldläufergeriebenheit war ihm niemand gewachsen.

Weiters hatte die Gesellschaft noch drei oder vier Mitglieder, die aber nie so recht in Erscheinung traten. Glücklich, wenn sie in Wald und Feld sein durften und immer auch auf das Wohl der anderen bedacht. Die besten Gesellschafter also.

Jagd ist Jagd und Schnaps ist Schnaps. Franz war ein Mann mehr, der nach dem neuen Jahr den Ertrag der vergangenen Saison mit ihnen teilen würde. Unter Umständen ein Mann mehr, der, einmal Einblick genommen, sich vielleicht wo verplappern würde. Und das würde dann nur neue Neider bringen. Wozu also den Ärger. Eine Jagdperiode ist so kurz, die paar Jahre vergehen so schnell, und alle waren glücklich, daß sie wieder über die Hürden waren, das heißt, das riesengroße Traumgebiet wieder erworben hatten. Hinzu kam noch, daß Kugelgewehre in dieser Nachkriegszeit verboten waren. Todesstrafe stand seitens der Besatzungsmacht drauf. Aber wie denn wollte man etwa einen Geweihten erlegen?

Franz schleppte Säcke voll Futter zu den Fasanschütten, stapfte im Winter, wenn die Scheite im Ofen knackten, im Wald umher und versuchte, sich unentbehrlich zu machen. Grüßte jeden einzelnen der gegenüber Fremden selbstbewußten Jagdherren schon von weitem. Aber es wollte nicht gelingen. Und wenn er bei zufälligen Begegnungen so ganz verstohlen manchmal die Sprache darauf brachte, so hieß es immer nur, wir sind ja selbst schon so viele, sonst macht uns die Behörde Schwierigkeiten. Und derlei mehr.

Das Frühjahr kam. Die Gänse riefen heiser in den Lüften und zogen nach Norden. Der erste Satz Hasen kam wunderbar durch, das Wetter hatte eben doch gehalten. Die Böcke wurden rot und fegten an den Waldrändern, und Franz wurde jedesmal, wenn er auf den weit in die Wildnis hineingreifenden, die Bäche begleitenden Wiesen mit ihrer Blumenpracht zu tun hatte, bei jedem Vogellaut, bei jedem Rehschrecken das Herz noch schwerer. Und es gab viele Vögel und viele Rehe in den weiten Waldauen! Ein paarmal hatte er schon Schüsse gehört, aber es half nichts, sosehr sich auch sein Wollen dagegen stemmte, er konnte ja nicht glattwegs in Richtung der Schüsse gehen. Dort, wo in Wirklichkeit seine Kameraden vielleicht gerade einen Bock erlegt hatten. Er übte sich in Bescheidenheit, seinem Instinkt vertrauend und der Erfahrung seiner Väter und Urväter gerecht, alles nach dem Leitsatz: „Die Musik spielt jedem nur eine Weile!"

Die Dorfstörche stolzierten auf den feuchten Wiesen umher, und tief im

Wald nistete deren Vetter, der scheue Schwarzstorch. Schwarz schillernd und mit rotem Schnabel. Die Störche sammelten sich, der Wald begann sich zu verfärben, und überall standen plötzlich die Herbstzeitlosen. Die Herbstzeitlose und die schönste Zeit im Jägerjahr, die Hirschbrunft, sind ein und dasselbe. Und Franz blickte von den den bergigen Wald begrenzenden Weingärten hinüber über die Grenze nach Osten übers lehmig gelbgraue, wogende Schilfmeer auf das blaugraugleißende, wie brünierter Stahl schimmernde Wasser des Neusiedler Sees.

Am Abend, als er müde von der harten, eintönigen Arbeit heimging, klingelten ein paar Enten wie zum Gruß im Dämmer knapp über ihn hinweg.

Und drüben in Ungarn stieg der volle Mond wie ein rot glühender, riesiger Ball aus der dunstigen Ebene weit hinter dem See, und sein widerspiegelndes Licht lag auf dem silbergrauen Wasser wie ein ruhiger, auf dem erstarrten Wasser gleitender rotgelber Blitz.

Franz seufzte. Lang hielt er's nicht mehr aus. Es vergingen einige Tage, absichtlich ging er nicht in die Nähe der Wälder, und kaum kam der Abend, verkroch er sich zu Hause, um ja nur keinen Hirsch röhren zu hören. Und er schlief sehr unruhig. Er verwünschte Sepp, seinen Nachbarn, der der Jagdgesellschaft angehörte und jetzt in den Wäldern herumkroch und ihn, den Franz, immer so von oben herab ansah.

Es war etwa Mitternacht. Der volle Mond blaßgelb. Und Franz warf sich auf seinem Lager hin und her. Sein Nachbar in der engen Gasse, Haus an Haus, der Sepp, startete ganz hinten im Hof den Traktor. Unverwechselbar! Franz sprang schlaftrunken auf und stürzte zum Fenster, hörte ganz einwandfrei, wie hinten in der Scheune beim Nachbar das Tor leise quietschend geöffnet wurde. Während der Traktor mit dem polternden Anhänger hinausfuhr und noch ein paar Wortfetzen leise und gedämpft zum Franz herüberhallten, wußte er, was es geschlagen hatte. Sein Instinkt ließ ihn nicht im Stich. Hier ging etwas vor, das auch mit ihm viel zu tun haben könnte. Er wußte noch nicht was, aber das Ganze war sehr mysteriös. Was machte Sepp um Mitternacht in der Scheune hinten mit dem Traktor. Und noch dazu, den verhaltenen Stimmen nach zu schließen, in männlicher Begleitung. Franz sprang in die Kleider, war schon in den Schuhen und auch schon draußen. Rannte durch den Hof nach hinten, setzte wie im Flug über die brusthohe Mauer und sah gerade noch das im aufgewirbelten Staub des Feldweges verschwindende Schlußlicht des tuckernden Traktors, den sein Nachbar in Richtung Wald lenkte.

Franz rannte auf der staubigen Straße, daß er schier vermeinte, es würde ihm die Lunge zerreißen, bis er den Traktoranhänger erreicht hatte, sprang wie ein Schatten auf die rückwärtige Bordwand und klammerte sich dort, die Füße unten auf dem Gestänge nach Halt suchend, fest wie eine Klette.

Es ging über zerfahrene Feldwege, durch kühle, lehmige Schluchten. Franz hing immer noch dran, jetzt schon auf dem Gestänge frei stehend, mit dem Kopf zeitweise über die Bordwand lugend. Ein paar Gestalten vorne erkennend.

Als Franz wieder einmal vorsichtig den Kopf hob, um über die Bordwand zu schauen, sah er im selben Augenblick die schwarze Wand des Eichenwaldes wie einen großen Schatten auf sich zufliegen.

Weiter ging es. Fortan brach das Mondlicht wie in Bündeln durch die Baumkronen und erhellte immer wieder für Sekundenbruchteile gespensterisch den vorbeifliegenden Boden unter ihm. Jetzt im Waldschatten fühlte sich Franz noch sicherer. Er wußte schon ungefähr, was los war, denn die Richtung führte einwandfrei auf dem bekannten langen Weg in Richtung zum Kahlschlag. Richtig. Kurz vor dem Schlagrand, mitten im kilometerweiten Hochwald, wurde das Fahrzeug langsamer. Wie eine Katze sprang Franz ab, lief noch eine Weile im Finstern mit und stellte sich hinter einen Baum. Der Traktor fuhr jetzt im Schritt, und Franz konnte in aller Ruhe hinter seiner Fichte mitansehen, wie Spiegelberg, der breitschultrige Kommandant der Jagdgilde, vom Anhänger sprang. Wie die Lichter des Traktors plötzlich zwei Mann, die neben dem Weg standen, erfaßten. Und vor ihnen lag ein Hirsch!

Schier kalt wurde es Franz in den Beinen und heiß in der Brust, und er stelzte schon von einem Bein auf das andere. Dort vor ihm begann ein Palaver. Schon ein paarmal wollte er hin, wollte sich zeigen, wollte sagen: Hier bin ich, Freunde! Ich freue mich mit euch! Aufrichtig und ehrlich! Es macht nichts, wenn ich auch nicht in der letzten Konsequenz zu euch gehöre!

Aber jedesmal hielt ihn sein Gefühl zurück. Seine Stunde war noch nicht gekommen. Eine Flasche kreiste dort ein paarmal herum, und er hörte sich die ganzen gedämpft geführten Gespräche mit an. Dann wurde der aufgebrochene Hirsch verladen. Das Haupt abgetrennt und nebenan auf den Anhänger gelegt. Der Traktor startete, wendete, hielt wieder. Franz kauerte sich blitzschnell vor dem über sein Versteck gleitenden Lichtstrahl nieder.

Die Flasche kreiste noch einmal, alle Beteiligten stiegen auf. Einer reichte die Flasche dem Fahrer, und das Fahrzeug setzte sich Richtung Dorf in Bewegung, fuhr jetzt an seinem Versteck vorbei. Alle drei, die dort außer dem Fahrer beteiligt gewesen waren, saßen vorne auf dem querliegenden Brett gleich hinter dem Fahrer. Und der Hirsch lag hinter ihnen und das Haupt auf dem ausgebreiteten Bündel Stroh daneben. Franz schnellte hoch wie die Sehne einer Armbrust, sprang über ein paar Löcher, stolperte über eine Wurzel, verknackste sich schier den rechten Fuß in einer alten Wagenspur, aber dann war er durch den aufgewirbelten Staub auch schon hinter dem Anhänger und hing schon wieder wie das wahre Unglück hinten an Bord. Nach einer Viertelstunde passierten sie den Waldrand. Franz hatte seinen blonden Schopf schon ein paarmal über die Bordwand gesteckt und das Geweih auf Armweite betrachtet. Eine glückliche Fügung, es war während der Fahrt auf der leichten Strohunterlage noch weiter nach hinten gerutscht. Eine reine Instinkthandlung: Franz hatte das Geweih beim Augsproß erwischt und sosehr ihn auch sein Arm schmerzte und die Stöße des Anhängers ihn erschütterten, er hob das Haupt langsam zurück und sprang samt diesem in die schützende Dunkelheit. Wie ihn dünkte, in die herrliche ewige Freiheit. Alles weitere war eine Spielerei. Hier, wo er geboren und sein ganzes bisheriges Leben verbracht hat, kannte er jeden Stock und Stein, ob es finster war oder ob die Sonne schien. Den Hirsch hatte er über der Schulter. Die beiden Stangen hielt er mit den Armen fest, und frohgemut trabte er über die abgeernteten Felder dem nächtlichen Bellen der Dorfhunde entgegen. Zweimal rastete er in den Weingärten und in den Feldern. Immer glücklich und mit heißem Herzen und bebenden Fingern das vor ihm liegende Hirschgeweih befühlend und betrachtend. Nach kaum einer Dreiviertelstunde war er schon fast daheim. Kurz vor dem Ort – er war ja in den Feldern entlang der Raine getrabt und mußte nicht die großen Umwege des Fahrzeuges in Kauf nehmen – sah er die Lichter des Traktors neuerlich dem Wald zustreben. Besser konnte es gar nicht sein. Die waren jetzt der Meinung, das Hirschgeweih verloren zu haben.

Franz stieg rückwärts über die Mauer, pfiff noch ganz leise dem Haushund, der seinen Herrn erkannte und rutewedelnd zu ihm kam. Schnell hielt Franz dem Hund den Fang zu, als dieser auf das Haupt mit dem Geweih losgehen wollte, schlich auf den Boden, verstaute Haupt und Trophäe im Stroh und kehrte, nachdem er sich noch kurz gewaschen hatte, glücklich und reich, aber dennoch leise ins Schlafzimmer zurück. Er schlummerte schon friedlich zwischen Halb- und Tiefschlaf, als er noch wie von ferne das leise Tuckern des heimkehrenden Traktors hörte. Gut so!

Der neue Tag begann, und etwas Interessantes ereignete sich. Ganz anders, als es Franz erwartet hatte. Schon am Morgen war sein erster Gedanke gewesen, daß nun alles vom Hirsch sprechen würde. Nichts dergleichen geschah, die nächtliche Begebenheit und der seltsame Transport wurden von niemandem erwähnt, und jetzt, nachdem er kurz vor dem Essen draußen vor dem Haus Sepp gesehen hatte, dämmerte es ihm, und er spannte alle seine Willenskraft an, um diesem kühl ins Auge zu sehen. Sepp tat aber, als ob überhaupt nichts vorgefallen wäre. Schien es allerdings eiliger zu haben als sonst immer. Jetzt wußte Franz wieso! Der Hirsch konnte nicht zu Recht geschossen sein, es mußte damit irgendeine Bewandtnis haben, denn der Geweihte wurde einfach totgeschwiegen. Sicher lebten sie alle damals nach dem Motto: „Rußland ist groß und der Zar ist weit", auch bei der Jagd soll es ja so etwas geben. Trotz aller Vorschriften und Psalmgesänge so mancher Institutionen.

Je mehr er daran dachte, desto sicherer wurde er. Der Hirsch war mit einem verbotenen Kugelgewehr erlegt worden. Ja, so war es! Die Tage vergingen, Franz hatte das Geweih klammheimlich ausgekocht und neuerlich verstaut und wunderte sich, daß keiner von denen, die er nächtlicherweilen, ohne daß sie es ahnten, begegnet hatte, auch nur ein Wort sagte.

Dann allerdings ergab sich's einmal, und Franz, der täglich auf den Heuboden schlich und sein auf so seltsame Weise erbeutetes Hirschgeweih begutachtete und betrachtete, traf eines Tages den allgewaltigen Spiegelberg, den durch viele Salben geschmeidig gewordenen Befehlshaber derer von Huberto, und fragte ihn ganz treuherzig und leise lächelnd, ob es nicht doch einen Platz bei den Füsilieren gäbe. Er, Franz, möchte um alles in der Welt doch Mitglied oder besser gesagt noch immer Mitglied der Jagdgesellschaft werden. Gerade jetzt, wo doch jeder Mann gebraucht würde. Länger konnte er sich aber nicht zurückhalten und wieherte dem Spiegelberg, dem berühmten Waldläufer, mitten ins Gesicht, und diesem fiel es wie Schuppen von den verkniffenen Augen. Jäh weiteten sich seine schmalen, blaugrauen Lichter und wurden immer größer. Wäre Spiegelberg kaiserlicher Offizier gewesen, wäre jetzt das berühmte Monokel daraus gefallen. Aber nein, er war der Spiegelberg, der stämmige Träger von Röhrenhosen, der in den heißen Sommern gerne auch auf die Schuhe verzichtete. Und dann begann bei ihm das einseitige Zucken im Mundwinkel. Plötzlich, frei von aller Not, schlug er Franz auf die Schulter, daß dessen Rock nur so staubte. Jawohl! So war es! Franz war sein Mann! Natürlich! Eine Selbstverständlichkeit, Franz war der neue Mann in der Jagdgesellschaft, und was das Schöne war, er brachte sogar eine Morgengabe mit – ein gutbehütetes, von allen sosehr herbeigesehntes Hirschgeweih.

Fotonachweis

Leopold Banny (18)

Franz Matula (9)

Inhaltsverzeichnis